江北新区发展研究报告（2020）

李北群　朱帮助　魏向杰 等　著

科 学 出 版 社
北 京

内 容 简 介

南京江北新区作为国家级新区的后起之秀，在建设全国一流新区进程中主动作为、先行先试，进行了大量卓有成效的实践探索。本书围绕新时代高质量发展这一主题，从省、市、区三个层次，针对突出问题，采用实证分析与规范分析、比较分析与案例分析等相结合的方法开展应用性研究，系统总结了江北新区发展进程中遇到的热点、难点问题，并提出一系列有针对性和可操作性的建议举措。

本书可为从事国家级新区高质量发展研究和决策管理的理论研究工作者及政府管理部门提供素材、研究方向和决策参考。

图书在版编目（CIP）数据

江北新区发展研究报告. 2020 / 李北群等著. —北京：科学出版社，2020.12

ISBN 978-7-03-066289-7

Ⅰ. ①江…　Ⅱ. ①李…　Ⅲ. ①经济开发区-研究报告-南京-2020　Ⅳ. ①F127.531

中国版本图书馆 CIP 数据核字（2020）第 190395 号

责任编辑：刘翠娜　王楠楠/责任校对：王萌萌

责任印制：吴兆东/封面设计：蓝正设计

科 学 出 版 社 出版

北京东黄城根北街 16 号

邮政编码：100717

http://www.sciencep.com

北京虎彩文化传播有限公司 印刷

科学出版社发行　各地新华书店经销

*

2020 年 12 月第　一　版　开本：787×1092　1/16

2020 年 12 月第一次印刷　印张：13 1/4

字数：310 000

定价：180.00 元

（如有印装质量问题，我社负责调换）

前　言

南京江北新区，是2015年6月27日由国务院批复设立的第13个国家级新区，也是江苏省唯一的国家级新区。江北新区深入贯彻习近平新时代中国特色社会主义思想①，按照“三区一平台”的战略定位，聚力聚焦创新策源地、建设江北新主城和“两城一中心”新兴产业地标，在建设全国一流新区进程中创新驱动、内外联动，进行了大量卓有成效的改革和实践探索，进一步丰富了创新研究的土壤。

本书分为12章。第1章基于江苏省特殊省情和新时代下的发展需求，结合联合国环境规划署所构建的绿色发展评估框架和国家层面指标体系，构建江苏省绿色发展评估框架，并根据评估结果从绿色经济转型发展、资源利用效率提升、绿色财富创造和绿色消费驱动四方面提出政策建议，为江苏省绿色持续发展提供技术支撑。

第2章以创新生态系统理论为支撑，立足于南京创新生态系统的现状，对标南京打造创新名城的目标，从人才开发、营商环境、金融服务、知识产权管理、科技成果转化等方面深刻剖析当前存在的短板和制约因素，并在长三角一体化的视野下提出打造创新生态系统、构筑南京科技创新生态系统的战略思路及实施路径。

第3章在乡村振兴的背景下，采用典型案例分析的方法，总结江苏生态资源转化的主要表现和特征，并从生态资源转化效率、生态资源政策、产业结构、人才培养四个维度探讨江苏生态资源转化过程中存在的突出问题，据此进行系统的政策设计，还就生态资源转化的阻力机制、生态资源转化的效率评价等研究方向进行展望。

第4章采用2008～2017年江苏省13个市的平衡面板数据，利用双重差分方法检验水生态文明城市建设试点与城市水生态环境之间的关系，评估水生态文明城市建设试点的政策效果，并进一步采取单差法和反事实法进行稳健性检验。研究结果表明：全国水生态文明城市建设试点政策能够有效改善城市水生态环境，试点实施当年效果最明显，同时具有其他环境政策所没有的长效性。

第5章以消费理论为基础，结合江苏消费升级的总体趋势，深入分析江苏产品和服务供给体系所取得的成就及存在的问题，并从推动重点消费工程、促进消费结构升级、推进旅游消费、促进健康消费、扩大和升级信息消费、推动幸福产业消费、完善消费体制机制等方面提出江苏构建高质量产品和服务供给体系的思路与对策。

第6章基于经济发展新常态的现实背景，深刻阐释新旧动能转换的重要性和必要性。

---

① 中国共产党章程（中国共产党第十九次全国代表大会部分修改，2017年10月24日通过）。

立足江苏的产业结构调整和技术创新的深刻变化等现实基础，深入剖析新旧动能转换中存在的产业链协同优势不足、空间联动性不强、集群自主创新能力不强等主要问题，借鉴上海、浙江、广东、山东、重庆等的实践经验，提出江苏新旧动能转换的发展路径。

第 7 章立足于南京江北新区“两城一中心”建设进展的现实，科学分析并提出芯片之城、基因之城及新金融中心等下一步发展的重点和难点，并从高质量发展、聚焦重点、加大金融支持等方面提出建议举措。

第 8 章从香港 Co-WIN 案例出发，全面规划南京江北新区社区天气资讯网络构建的技术路线，包括指导思想、建设宗旨、平台发展战略、平台架构及核心模块等，系统总结了该平台不仅能够服务南京，辐射长三角，还将成为其他国家级新区建立社区天气资讯网络的典范。

第 9 章在系统梳理中国气象谷的前期工作的基础上，重点突出“两核、三轴、一带”的总体规划、中国气象谷启动区规划、国际风情一条街规划、创新创业一条街规划、双子楼规划、原滨江学院西区规划、龙王山风光带规划，整体全面地呈现了中国气象谷未来的发展方向、重点任务和具体举措等。

第 10 章聚焦中国气象谷，分别从战略定位、发展突破口等方面进行深刻阐述，据此提出需加快集聚全球科技创新资源、构建良好的创新创业生态系统、加大对企业的扶持、促进气象探测行业与环境融合发展等建议举措。

第 11 章从营商环境和欠发达省域的基本概念及要求出发，深刻分析欠发达地区营商环境建设的短板，通过与相对发达地区的营商环境现状进行比较，找出营商环境改革和政策效果上的差距，据此提出欠发达地区营商环境逆势突围的关键性战略。

第 12 章在系统总结相关研究成果的基础上，构建经济高质量发展转型成本测度体系，确定经济高质量发展转型成本测度方法，并利用统计数据对广西经济高质量发展转型成本进行测度，得出了可靠的结论，据此提出广西经济高质量发展转型政策的建议举措。

本书由李北群总体设计，朱帮助、魏向杰等策划、组织和统稿，是江北新区发展研究院集体智慧的结晶。前言主要由李北群撰写，第 1 章主要由汪峰、李北群、朱帮助等撰写，第 2 章主要由胡国良、魏向杰等撰写，第 3 章主要由张慧明、李北群、朱帮助等撰写，第 4 章主要由曾维和、朱帮助等撰写，第 5 章主要由李慧等撰写，第 6 章主要由魏向杰等撰写，第 7 章主要由何正全等撰写，第 8 章主要由张明杨、朱帮助等撰写，第 9 章主要由夏景明、魏向杰等撰写，第 10 章主要由姜彩楼、朱帮助等撰写，第 11 章主要由李洁等撰写，第 12 章主要由朱帮助、王平、叶顺心、黄丽清等撰写。在本书的撰写过程中，吴谦等参与了修订工作，在此向他们表示衷心的感谢和崇高的敬意！

限于自身水平和时间，本书难免有疏漏与不足之处，敬请广大读者批评指正，以便我们在今后的工作中加以改进。

李北群

2020 年 9 月 8 日

目　　录

前言
第 1 章　新时代江苏省绿色发展的思路与对策 …… 1
1.1　新时代下江苏省绿色发展背景 …… 1
1.2　江苏省绿色发展现状评估框架 …… 2
1.3　江苏省绿色发展现状评估 …… 7
1.4　新时代江苏省绿色发展思路和对策 …… 11
第 2 章　南京构建一流创新生态系统 …… 13
2.1　创新生态系统的内涵及运作机制 …… 13
2.2　南京创新生态系统的现状及短板 …… 16
2.3　借力长三角一体化打造创新生态系统 …… 20
2.4　构筑南京科技创新生态系统的战略思路及实施路径 …… 28
第 3 章　乡村振兴与江苏生态资源转化 …… 37
3.1　引言 …… 37
3.2　乡村振兴背景下江苏生态资源转化的现状分析 …… 38
3.3　江苏生态资源转化存在的问题分析 …… 47
3.4　实现高质量生态资源转化的政策设计研究 …… 52
3.5　展望 …… 56
第 4 章　水生态文明建设与江苏水生态环境改善 …… 57
4.1　引言 …… 57
4.2　政策背景和研究假设 …… 58
4.3　研究设计 …… 60
4.4　实证分析：回归结果 …… 66
4.5　稳健性检验 …… 70
4.6　结论与建议 …… 73

第 5 章　江苏构建高质量产品和服务供给体系 …… 74
5.1　江苏构建高质量产品和服务供给体系的重要意义 …… 74
5.2　江苏消费升级趋势明显 …… 75
5.3　江苏产品和服务供给体系现状分析 …… 82
5.4　江苏构建高质量产品和服务供给体系的思路与对策 …… 87
第 6 章　江苏加快新旧动能转换研究 …… 91
6.1　江苏新旧动能转换的背景 …… 91
6.2　江苏新旧动能转换的现实基础及主要问题 …… 92
6.3　全国主要省（市）推动新旧动能转换的实践经验 …… 95
6.4　江苏新旧动能转换的总体思路 …… 97
6.5　江苏新旧动能转换的发展路径 …… 98
第 7 章　江北新区“两城一中心”建设重点难点问题 …… 101
7.1　江北新区“两城一中心”的建设进展 …… 101
7.2　“两城一中心”建设的重点和难点 …… 103
7.3　江北新区“两城一中心”建设的对策建议 …… 107
第 8 章　南京江北新区社区天气资讯网络构建的技术路线 …… 111
8.1　引言 …… 111
8.2　他山之石：香港 Co-WIN 案例分析 …… 112
8.3　南京江北新区社区天气资讯网络平台构建的技术路线分析 …… 117
8.4　结论与启示 …… 120
第 9 章　中国气象谷功能规划与建设调查 …… 121
9.1　前期工作 …… 121
9.2　总体规划 …… 122
9.3　中国气象谷启动区规划 …… 122
9.4　国际风情一条街规划 …… 128
9.5　创新创业一条街规划 …… 132
9.6　双子楼规划 …… 134
9.7　原滨江学院西区规划 …… 141
9.8　龙王山风光带规划 …… 142
9.9　结论与建议 …… 144
第 10 章　中国气象谷：打造国际一流的环高校特色知识经济圈 …… 145
10.1　战略定位 …… 145

10.2　中国气象谷发展的突破口……147
10.3　建议……150
第 11 章　欠发达地区打造一流营商环境……152
11.1　国际一流营商环境的概念和要求……152
11.2　欠发达地区的营商环境建设基础……154
11.3　相对发达地区与欠发达地区的营商环境现状比较研究……157
11.4　相对发达地区营商环境建设对欠发达地区的经验与启示……163
11.5　欠发达地区营商环境逆势突围的关键性战略……165
第 12 章　欠发达地区经济高质量发展转型成本测度……168
12.1　引言……168
12.2　经济高质量发展转型成本测度体系……171
12.3　广西经济高质量发展转型成本测算实证研究……178
12.4　成本视角下广西经济高质量发展转型政策研究……189
参考文献……197
附录　指标解释……202

第1章　新时代江苏省绿色发展的思路与对策

绿色发展是基于传统发展的重要模式创新，是能改善人类福利和社会公平，同时极大地降低环境危害和生态稀缺性的经济发展模式。本书基于江苏省特殊省情和新时代下的发展需求，结合联合国环境规划署所构建的绿色发展评估框架（GEP）和国家层面的指标体系，构建江苏省绿色发展评估框架。在此基础上，本书对江苏省2015～2017年的绿色发展现状进行评估。评估结果显示，江苏省绿色发展水平整体呈现持续上升的趋势，2017年江苏省绿色发展综合指数得分超过1分，表明江苏省绿色发展整体情况超过国家与地方的要求，显示出当地推动绿色发展的持续努力和良好势头。然而各维度指标之间的变化存在差异，部分指标得分（如资源足迹、生态足迹）有所降低。因此，在江苏省高速发展转型为高质量发展的新时期，为建设"强富美高"的新江苏，本书从绿色经济转型发展、资源利用效率提升、绿色财富创造和绿色消费驱动四个方面提出政策建议，为江苏绿色持续发展提供技术支撑。

1.1　新时代下江苏省绿色发展背景

党的十八大以来，为了顺应世界绿色发展的潮流，解决我国传统经济增长方式带来的资源环境问题，以习近平同志为核心的党中央着眼国内外大局，站在实现中华民族永续发展的战略高度，将生态文明建设纳入中国特色社会主义事业"五位一体"总体布局，提出了"决不以牺牲环境换取一时的经济增长"①和"绿水青山就是金山银山"②等一系列关于绿色发展的具有前瞻性、战略性和全局性的重要论述，确立了我国生态文明建设的总体目标和生态文明体制改革总体实施方案，建设美丽中国成为人民心向往之的奋斗目标。"要从转变经济发展方式、环境污染综合治理、自然生态保护修复、资源节约集

① 中国新闻网. 习近平：决不以牺牲环境换取一时的经济增长[EB/OL].（2013-05-24）. http://www.chinanews.com/gn/2013/05-24/4855350.shtml。

② 新华网. 习近平：决胜全面建成小康社会 夺取新时代中国特色社会主义伟大胜利——在中国共产党第十九次全国代表大会上的报告[EB/OL].（2017-10-27）.http://www.xinhuanet.com//politics/19cpcnc/2017-10/27/c_1121867529.htm。

约利用、完善生态文明制度体系等方面采取超常举措，全方位、全地域、全过程开展生态环境保护”①，这对于破解当前我国经济发展难题具有重要的理论指导意义。

江苏省位于中国大陆东部沿海，介于东经116°18′～121°57′和北纬30°45′～35°20′之间，人口稠密，经济繁荣，教育发达，文化昌盛。同时，江苏省人均GDP、综合竞争力、地区发展与民生指数均高居全国各省（区、市）前列，是中国综合发展水平较高的省份。然而，随着工业化、城镇化的加速推进，面积较小、人口密度大、人均环境容量小、单位面积工业污染负荷高的特殊省情，使得江苏省资源环境制约愈加明显。尽管江苏省不断加大环境保护力度，生态环境保护工作取得了重要进展，但快速的经济增长和城镇化使全省能源消耗继续增长、污染物排放总量居高不下、环境质量难以改善，总体环境形势依然十分严峻。此外，近年来，国际外部环境复杂严峻，经济面临下行压力，在我国经济由高速增长阶段转向高质量发展阶段过程中，江苏省深化绿色发展将成为满足人民日益增长的优美生态环境需要的紧迫之举。

基于江苏省的特殊省情和新时代下的发展需求，江苏省委省政府加快发展理念革新，推动发展方向的绿色低碳化，做出了一系列决策部署。党的十八大以来，江苏省委省政府出台《中共江苏省委江苏省人民政府关于深入推进生态文明建设工程率先建成全国生态文明建设示范区的意见》，率先颁布《江苏省生态文明建设规划（2013—2022）》，率先划定生态红线，开展绿色发展评估，扎实推进生态空间保护、经济绿色转型、环境质量改善、生态制度创新等一系列重要举措，旨在率先建成全国生态文明建设示范省，努力建设“自然环境之美、景观特色之美、生态宜居之美、人文风尚之美、城乡协调之美”交相辉映的美丽江苏。在上述背景下，通过构建江苏省绿色发展框架，摸清江苏省绿色发展现状，结合新时代下江苏省的发展需求，提出有针对性的绿色发展思路和对策，有利于探索江苏省绿色发展的政绩考核制度，也有利于促进江苏省绿色发展的重点领域改革，更有利于江苏省生态文明目标与社会经济建设目标的深度融合。

1.2 江苏省绿色发展现状评估框架

1.2.1 GEP

联合国环境规划署发布的GEP指出，跨越地球边界、持续的贫困问题和不公平的分配对人类生活的影响愈加显著。因此，包容性的绿色经济（inclusive green economy）是综合性实现创造就业、缓解贫困和促进社会公平的主要途径。

为更好地评估绿色经济，GEP以保障安全的地球边界为前提，着眼于消除贫困、共享繁荣和经济发展转型，从经济、社会、环境三个维度构建区域绿色发展评估框架。如图1-1所示，经济维度主要考虑绿色贸易、绿色创新、可再生能源供给、能源利用、资源足迹五个方面，社会维度主要考虑帕尔马比率、基础设施建设、性别平等、社会保障、

① 人民日报. 习近平在山西考察工作时强调 扎扎实实做好改革发展稳定各项工作 为党的十九大胜利召开营造良好环境[EB/OL].（2017-06-24）. http://cpc.people.com.cn/n1/2017/0624/c64094-29359849.html。

教育、预期寿命六个方面，环境维度主要包括大气污染、自然保护区、取水量、土地利用、生态足迹、温室气体排放、氮排放、包容性财富指数八个方面。基于对上述三个维度 19 个要素的发展水平评估，最终形成绿色发展综合指数（GEP+）。

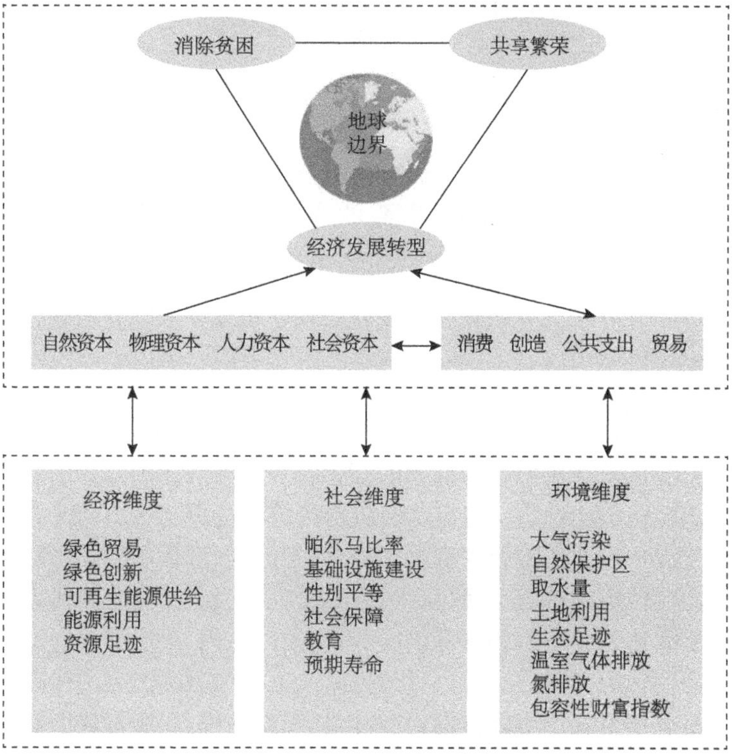

图 1-1　GEP（社会-经济-环境维度）

GEP 还能有效评估各区域的绿色经济发展现状和未来可持续发展潜力。如图 1-2 所示，绿色经济指标现状（绿色经济维度）覆盖绿色贸易、绿色创新等 13 个指标，未来可持续发展潜力（可持续发展维度）则包含温室气体排放、包容性财富指数、氮排放、土地利用、生态足迹和取水量六个指标。

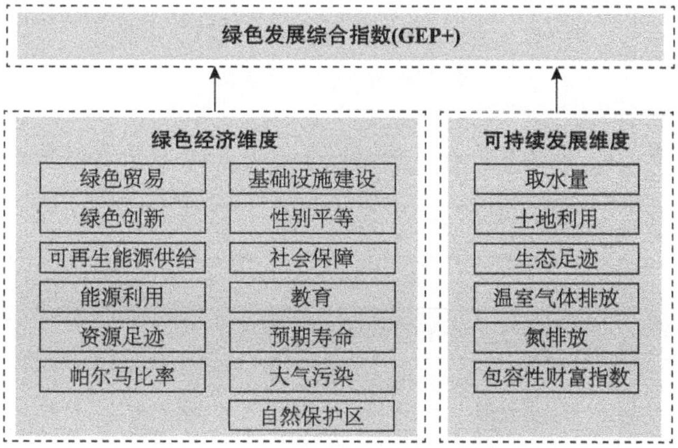

图 1-2　GEP（绿色经济-可持续发展维度）

GEP 的基本思路是，首先基于 GEP 选取各考量因素的表征指标，并判定各维度各指标为正向指标还是负面指标，确定各项指标的目标值，从而实现对单项指标的评分。在基于各项指标权重计算的基础上，得到各维度的得分和 GEP+的得分。可以看出，GEP 与联合国可持续发展目标密切相关，不仅可以实现不同国家地区或区域之间的绿色发展评估，而且更加重视评估发展过程而非评估结果。

1.2.2 江苏省绿色发展评估框架

本章以联合国环境规划署发布的 GEP 和指标选取原则为基础，综合考虑国内相关绿色发展、生态文明指标体系，结合江苏省的特点进行指标甄选，最终形成江苏省绿色发展评估框架指标体系。基于所选取的指标体系和江苏省绿色发展评估框架，评估 2015～2017 年江苏省绿色发展情况，从而有针对性地提出新时代下江苏省绿色发展的思路和对策。

1. 评估指标选取和解释

基于 GEP，江苏省绿色发展评估框架的指标选取如表 1-1 所示，各项指标的解释及数据来源见附录。值得注意的是，包容性财富指数并不适用于在省级层面评估因而未予以考虑。2016 年 12 月，国家发展改革委、国家统计局、环境保护部和中央组织部四部委联合印发了《绿色发展指标体系》和《生态文明建设考核目标体系》两套指标体系。《绿色发展指标体系》包括资源利用、环境治理、环境质量、生态保护、增长质量、绿色生活和公众满意程度共七个一级指标，56 个二级指标。各指标的权重根据指标来源文件进行分类和排序得到，综合指数由各单项进行无量纲化处理后加权求和得到。本章构建的江苏省绿色发展评估框架指标体系与《绿色发展指标体系》整体重合度较高，且相对较为精简，基于公开数据即可实现评价，无须多级政府部门的未公开统计数据，更能实现对江苏省绿色发展的快速评估。此外，《绿色发展指标体系》重点着眼于节能减排、提高资源利用效率等维度，而基于 GEP 的江苏省绿色发展评估框架指标体系覆盖范围更广（涉及生态环境保护、经济生产、民生以及生态足迹等多项指标）。

表 1-1 江苏省绿色发展评估框架指标体系

GEP 指标	江苏省绿色发展评估框架指标体系	单位
绿色贸易	企业 ISO14001 认证总数	/
绿色创新	规模以上企业 R&D 经费	万元
可再生能源供给	可再生能源供给占比	%
能源利用	单位 GDP 能耗	吨/万元
资源足迹	城镇居民人均消费性支出	元
	农村居民人均消费性支出	元
帕尔马比率	乡-城人均年收入比	/

续表

GEP 指标	江苏省绿色发展评估框架指标体系	单位
基础设施建设	生活垃圾清运量	万吨/万人
	平均每万人拥有公共汽车数量	辆
教育	平均受教育年限	年
预期寿命	婴儿死亡率	‰
性别平等	城镇单位从业人员女性占比	%
社会保障	养老保险覆盖率	%
	医疗保险覆盖率	%
	失业保险覆盖率	%
大气污染	$PM_{2.5}$ 年平均浓度	微克/米 ^{3}
	二氧化硫排放强度	百吨/亿元 GDP，万吨/万人
自然保护区	自然保护区面积占比	/
温室气体排放	温室气体排放	亿吨碳
氮排放	总氮排放强度	吨/亿元 GDP，吨/万人
	氨氮排放强度	吨/亿元 GDP，吨/万人
取水量	单位 GDP 用水量	米 ^{3}/万元
	人均耗水量	米 ^{3}
土地利用	耕地面积占比	%
生态足迹	人均生态足迹	万吨碳/万人
包容性财富指数	不适合在省级层面使用	/

资料来源：根据联合国环境规划署 GEP 报告整理。

2. 正负向指标的判定

正向指标指向上发展与增长会带来绿色发展进步的指标。正向指标的指标值越大，评价得分越高，如企业 ISO14001 认证总数、规模以上企业研究与发展（research and development，R&D）经费、乡-城人均年收入比、医疗保险覆盖率等。而负向指标指向下发展与减少会带来绿色发展进步的指标，这些指标值越小，评价得分越高，如单位 GDP 能耗、婴儿死亡率、二氧化硫排放强度等。基于正负向指标的定义，对江苏省绿色发展评估框架各项指标的判定结果见表 1-2。

表 1-2　江苏省绿色发展评估框架正负向指标判定结果

指标	判定结果	指标	判定结果
企业 ISO14001 认证总数	正向	医疗保险覆盖率	正向
规模以上企业 R&D 经费	正向	失业保险覆盖率	正向
可再生能源供给占比	正向	$PM_{2.5}$年平均浓度	负向
单位 GDP 能耗	负向	二氧化硫排放强度	负向
乡-城人均年收入比	正向	自然保护区面积占比	正向
城镇居民人均消费性支出	负向	温室气体排放	负向
农村居民人均消费性支出	负向	总氮排放强度	负向
生活垃圾清运量	正向	氨氮排放强度	负向
平均每万人拥有公共汽车数量	正向	人均耗水量	负向
平均受教育年限	正向	单位 GDP 用水量	负向
婴儿死亡率	负向	耕地面积占比	正向
城镇单位从业人员女性占比	正向	人均生态足迹	正向
养老保险覆盖率	正向		

资料来源：根据公开资料整理。

3. 指标目标值的确定

目标值为中央政府或江苏省政府在政策制定或规划编制中设定的发展目标。本章优先使用江苏省设定的相关目标，若该项指标无省级层面的目标，则使用国家层面的目标。若该项指标的国家目标过低不适用于江苏省，或省级、国家层面均无相关目标，或目标值的要求低于预期值，则均以预期值替代。在这里，指标预期值为根据评价年份前三年增长情况计算得到的当年预测值，如正向指标中存在先增长后减少，或先减少后增长的情况，则依据指标增长各年份的平均增长率进行预期值的计算。负向指标同理。当现有的目标和预期值均不符合要求时，可根据具体情况进行目标的设置。

4. 单项指标得分计算和指标权重确定

各项指标的得分主要基于评估当期及前一期的指标值和该指标的当年目标值进行计算。指标权重则以评估当期前一年指标值与当年目标值差距进行衡量，以表征该指标当年目标实现的难易程度。差距越大，实现目标越困难，权重越高，该项的努力越被关注。值得注意的是，正向指标和负向指标的计算方法有所差异。

令 y^1 是当期值，y^0 是前期值，y^*是目标值，对于正向指标而言，该正向指标得分 p 和权重 π 分别为

$$p=\frac{y^1-y^0}{y^*-y^0} \tag{1-1}$$

$$\pi=\frac{y^*}{y^0} \tag{1-2}$$

对于负向指标而言，该负向指标的得分 p 和权重 π 分别为

$$p=\frac{y^0-y^1}{y^0-y^*} \tag{1-3}$$

$$\pi=\frac{y^0}{y^*} \tag{1-4}$$

特别地，以 2017 年各项指标计算为例，当 2017 年指标值与 2016 年指标值相等，且未完成 2017 年目标时，指标得 0 分，表示该指标没有进步。当 2016 年指标值已经完成 2017 年目标时，指标得 1 分，表示该指标提前完成了计划。

5. 分组得分与总分的计算

基于计算的单向指标得分和权重，可以计算求得各单项指标 GEP 得分（单项指标得分 × 权重），在此基础上，对各项指标的 GEP 得分进行加权平均，即可得到各维度总得分和绿色发展综合指数（GEP+），如式（1-5）所示。

$$\text{GEP+}=\frac{\sum \pi \cdot p}{\sum \pi} \tag{1-5}$$

可以看出，在江苏省绿色发展评估框架指标体系中，得分以 0、1 两个分值为分界。大于 1 分为超额完成目标，等于 1 分为恰好完成目标，0～1 分为存在进步但尚未完成目标，等于 0 分为维持不变；小于 0 分为存在退步。该分界既可用于计算 GEP 总分、分维度得分，也可用于单项指标 GEP 得分的分析。

1.3　江苏省绿色发展现状评估

1.3.1　江苏省绿色发展总体现状

江苏省绿色发展水平整体呈现持续上升的趋势。如图 1-3 所示，2015～2017 年，江苏省 GEP+、绿色经济指数和可持续发展指数三项得分稳步上升。2016 年三项得分开始超过 1 分，意味着评价期内江苏省的整体绿色发展水平已经达到目标值。2015 年，江苏省 GEP+得分为 0.90 分，在 2016 年和 2017 年分别快速上升至 1.33 分和 1.73 分。其中，江苏省绿色经济指数得分由 2015 年的 0.96 分上升至 2016 年的 1.31 分和 2017 年的 1.64 分。可持续发展潜力上升相对较快。2015 年，可持续发展指数得分仅为 0.78 分，而在 2016 年和 2017 年，该项指标得分分别快速上升至 1.38 分和 1.92 分。

2015～2017 年，江苏省绿色发展三维度（社会、经济和环境）各指标之间的变化存

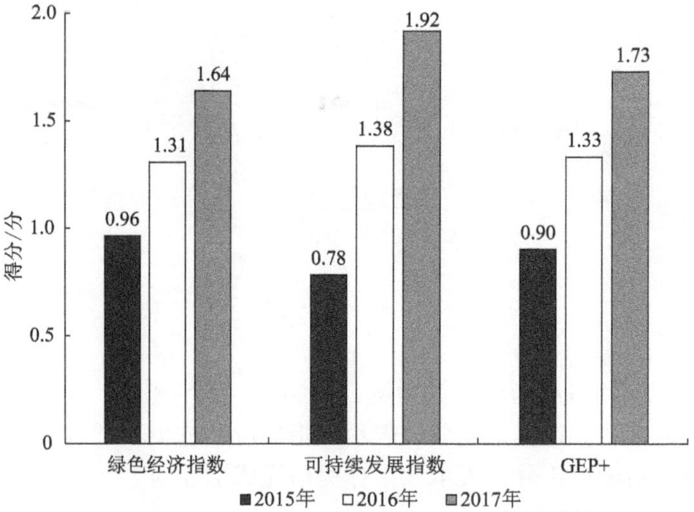

图 1-3　2015～2017 年江苏省绿色发展总体得分情况

在差异。如图 1-4 所示，环境维度（2015 年得分为 1.15 分，2016 年得分为 1.95 分，2017 年得分为 2.27 分）和社会维度（2015 年得分为 0.90 分，2016 年得分为 1.13 分，2017 年得分为 1.96 分）均呈现持续上升的趋势。其中，环境维度的进展尤其显著，评价期间维持着稳健上升的趋势，其中，2016 年上升得较为明显。社会维度指标得分上升得相对较为缓慢，但在 2017 年上升得较为明显。此外，经济维度指标得分则出现了先增后减的波动情况，2015 年得分为 0.44 分，2016 年得分升至 0.45 分，2017 年得分回落至 0.40 分。

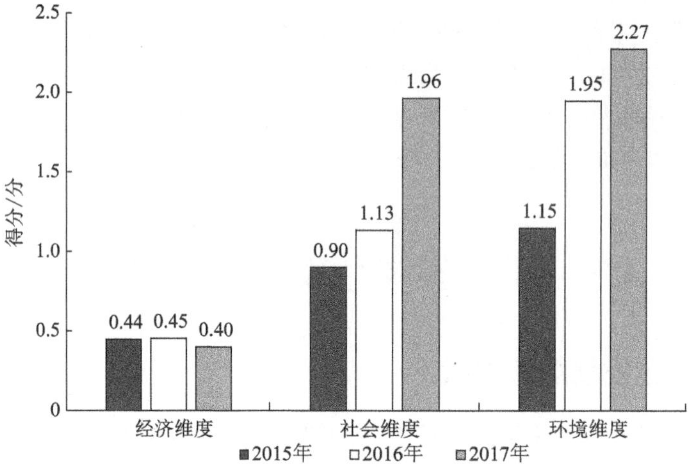

图 1-4　2015～2017 年江苏省绿色发展三维度得分情况

1.3.2　江苏省绿色发展分指标现状

针对具体 18 项指标进行横向比较可以看出，不同单项指标在评估期内展现出不同类型的变化。总体而言，如图 1-5 所示，2015～2017 年，温室气体排放指标先降后增，教育、预期寿命和社会保障三项指标持续显著进步，而 2017 年能源利用、资源足迹、帕尔马比率、基础设施建设、氮排放和生态足迹六项指标得分较 2015 年有所降低，其他指标（除自然保护区、性别平等基本维持不变外），大多数项目均取得了不同程度的进步，且仍有继续进步的空间。本节针对经济、社会和环境三个主要维度中取得较大进展和降低较快的代表性指标进行分析。

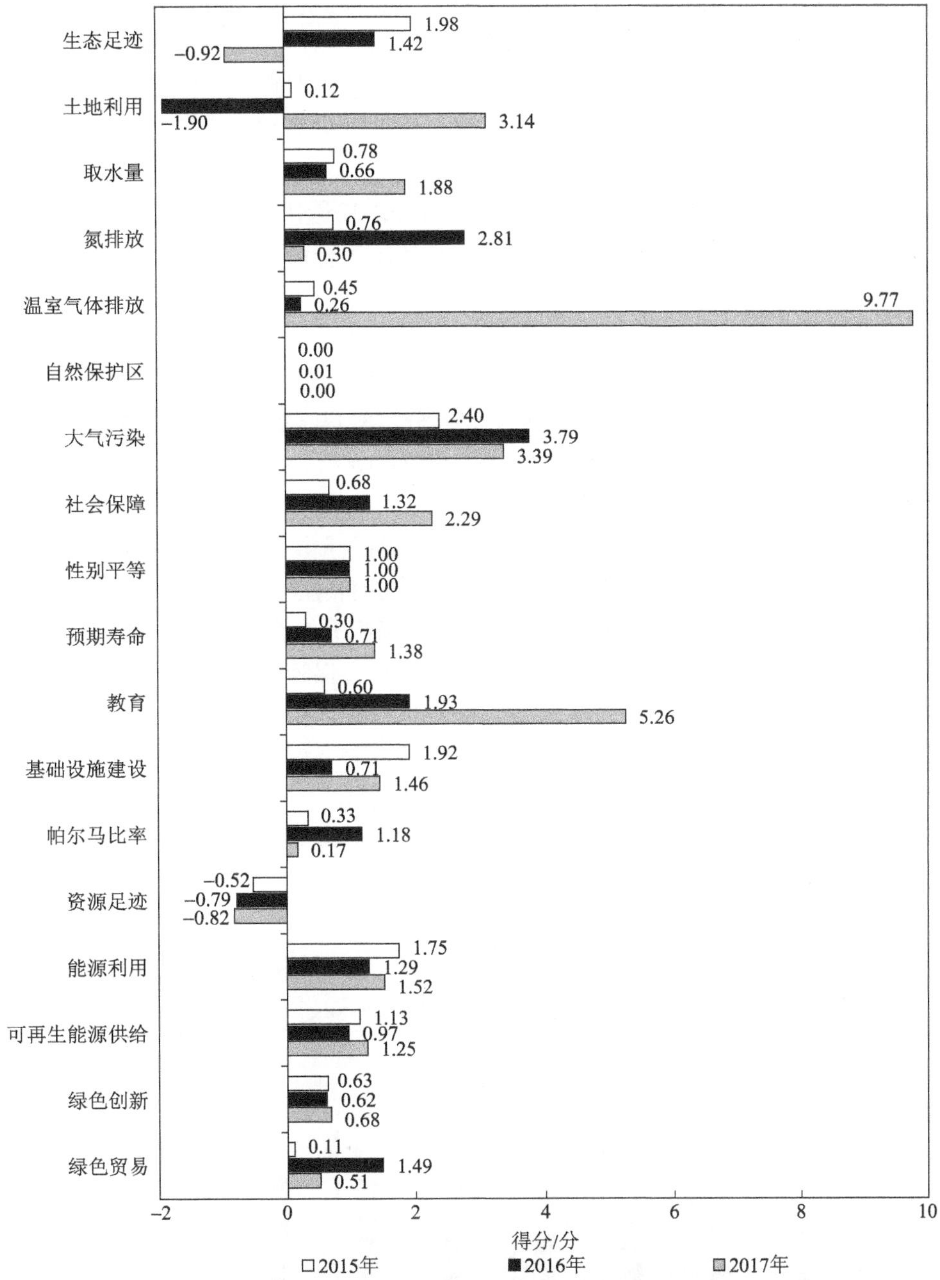

图 1-5　2015～2017 年江苏省绿色发展单项得分情况

经济维度指标中，2017 年绿色贸易、绿色创新和可再生能源供给三项指标得分较 2015 年均有所上升，能源利用指标得分虽然与 2015 年相比有小幅度下降，但是 2015～2017 年该项指标得分皆大于 1，可见近年来江苏省社会经济发展过程中对于能源利用的高度重视，这也和江苏省“十三五”以来的能效提升、煤炭总量控制等一系列政策的实施息息相关。

值得注意的是，资源足迹指标在 2015～2017 年一直为负数，主要原因在于该指标缺少省级层面的物料资源消费微观数据，以城镇和农村居民的人均消费性支出进行替代，一定程度上未有效考虑技术进步所产生的影响。尽管如此，城镇和农村居民人均消费性支出的不断上升必然会对资源产生更高的需求。2010～2017 年，江苏省城镇居民人均消费性支出和农村居民人均消费性支出（按 2010 年不变价计）年均增长 7.1%和 10.4%，这将会给江苏省未来的绿色发展带来巨大压力，因此，倡导绿色生活和绿色消费对于江苏省的绿色发展变得至关重要。

2015～2017 年，社会维度指标中教育指标得分增长最快，体现了江苏省社会经济发展中教育水平的不断提升。本章使用平均受教育年限表征教育指标。按照不识字或识字很少以 0 年计、小学以 6 年计、初中以 9 年计、高中以 12 年计、大学及以上以 16 年计，分别以相应的统计人数为权重，求得总体加权受教育年限。《中国人口和就业统计年鉴（2016～2018）》中全国 1%人口抽样调查数据计算结果显示，该项指标得分增长最快，由 2015 年的 0.60 分持续上升至 2017 年的 5.26 分。根据《2017 年江苏省国民经济和社会发展统计公报》，2017 年九年义务教育巩固率达 100%，高等教育毛入学率达 56.7%，比上年提高 2.0 个百分点，总体呈现增长态势。

此外，社会维度指标中，预期寿命和社会保障指标得分同样出现持续增长趋势。2015～2017 年，以婴儿死亡率衡量预期寿命，该项指标得分由 2015 年的 0.30 分稳步提升至 2017 年的 1.38 分。随着江苏省医疗水平的不断提升，2010～2017 年，江苏省婴儿死亡率不断降低，年均下降约 6.6%（图 1-6）。在社会保障方面，基于对养老保险、医疗保险和失业保险三项基本保险的覆盖率综合考虑，该项指标得分由 2015 年的 0.68 分稳步提升至 2017 年的 2.29 分。自“十二五”以来，养老保险覆盖率、医疗保险覆盖率和失业保险覆盖率分别年均增长约 5.6%、12.6%和 4.3%。可以看出，近年来，江苏省在社会经济发展过程中，密切关注各项民生问题，且各项民生相关指标提升显著。

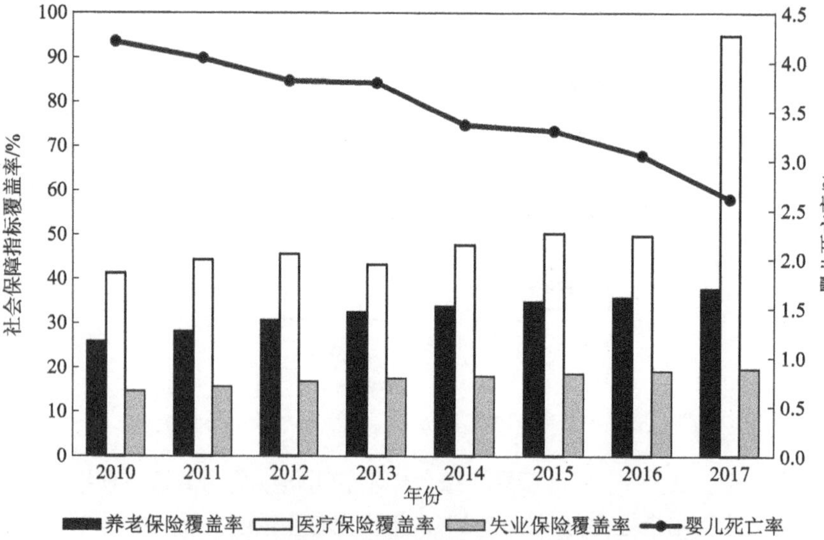

图 1-6 2010～2017 年社会保障和预期寿命各指标值变化

在环境维度指标中，2017 年温室气体排放指标得分较 2015 年增长较多。随着碳排放强度成为各区域政府的约束性控制指标，江苏省通过淘汰落后产能、控制煤炭总量、提升能源效率、升级技术等一系列手段积极实施节能减排，成果较为显著。“十二五”以来，江苏省碳排放强度（基于 2010 年不变价）持续降低，特别在“十三五”时期内，江苏碳排放在受到经济下行和生态环境资源约束的情况下，依然保持每年都能超额完成下降 4.5%的目标和“十三五”时序进度任务，继续保持全国领先水平。

2015～2017 年，江苏省生态足迹指标得分逐年下降。2015 年生态足迹得分为 1.98 分，2016 年降至 1.42 分，相对而言，这两年生态足迹指标表现良好。然而，2017 年江苏省生态足迹指标得分降至－0.92 分。主要原因在于 2015 年之后部分用地类型面积开始有所下降。如图 1-7 所示，2010～2015 年，农地和林地面积基本保持平稳上升趋势，2016 年开始，农地和林地面积每年都有所下降。

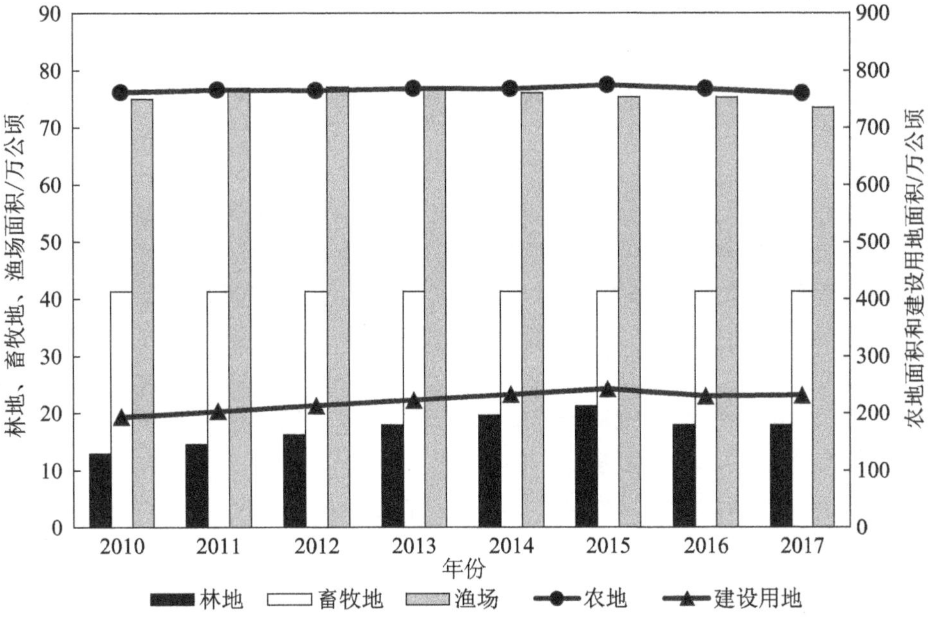

图 1-7　2010～2017 年江苏省主要用地类型面积变化

1.4　新时代江苏省绿色发展思路和对策

基于构建的江苏省绿色发展评估结果发现，2015～2017 年，江苏省绿色发展水平整体呈现持续上升趋势，2015～2017 年的绿色经济指数、可持续发展指数和 GEP+三项总分稳步上升，2016 年三项得分开始超过 1 分，意味着评价期内江苏省的整体绿色发展水平已经达到目标值。然而就具体维度指标来看，部分维度指标的表现依然欠佳。比如，2015～2017 年，经济维度综合得分均低于 1 分，资源足迹指标得分一直为负分，2017 年江苏省生态足迹和氮排放指标相较 2016 年存在一定的退步。因此，在江苏省高速发展转型为高质量发展的新时期，为建设“强富美高”新江苏，需要以绿色经济转型发展、资源利用效率提升、绿色财富创造和绿色消费驱动为抓手，为全国未来绿色持续发展探路。

深入推进“四化联动”，提升绿色发展水平。实现绿色发展，必须依靠新型工业化、信息化、城镇化、农业现代化“四化联动”，以生态文明理念促进“四化”同步发展。在未来，江苏省可以在转型升级工程、科技创新驱动工程、农业现代化工程等方面，加强与生态文明建设工程的深度融合，降低对高能耗高污染产业的依赖，大力发展战略新兴产业和现代服务业、持续淘汰相对落后产能，加强产业园区生态化改造，深入实施产业结构优化升级。江苏省城镇化与工业化是现代化的两大引擎，也是江苏绿色发展面临的机遇和挑战。

提高资源集约化利用水平，提高绿色发展效率。资源集约化利用水平不高是实现绿色发展的一大瓶颈。尽管江苏省资源利用水平处于全国的前列，但是与国际先进水平相比还有较大差距，节能减排的任务仍十分繁重，江苏省可在一些重点领域加强集约化利用。在能源利用方面，切实提高能源利用效率，降低能源消耗和二氧化碳排放强度。在水资源利用上，积极推进节水型社会建设，发挥水价对节约水资源的调节作用。在土地资源利用上，江苏省应紧紧围绕提高城镇化发展质量，构建科学合理的城镇化宏观布局，大力提高城镇土地利用效率、城镇建成区人口密度，促进生产空间集约高效、生活空间宜居适度、生态空间山清水秀。

加强环境治理和生态修复，创造更多绿色财富。建设良好的自然生态和生产生活环境，是补齐绿色发展短板的现实需要。不断改善环境质量，减少主要污染物排放总量，在大气治理方面，以治理 $PM_{2.5}$ 为核心，全面开展工业烟粉尘治理、挥发性有机污染物防治、机动车尾气和城市扬尘防控。在水污染治理方面，以控制氮、磷为重点，深入推进长江、太湖流域水污染治理，确保饮用水源安全。在自然生态保护方面，要高度重视生态安全，实施自然生态系统休养生息，开展重大生态修复工程，扩大森林、湖泊、湿地等绿色生态空间比重，增强水源涵养能力和环境容量，保护生物多样性，增强生态产品生产供给和服务能力，创造更多绿色财富。

引导消费模式转型，增强绿色消费驱动力。党的十九大报告中指出“倡导简约适度、绿色低碳的生活方式”。在新时代下，消费行为、消费模式和生活方式的绿色转型既是江苏省经济社会转型的重要内容，又是催生江苏省社会经济绿色转型的持续内生动力、奠定江苏省经济社会绿色转型的群众基础。大力弘扬全社会树立绿色消费理念，积极培育生态文化、生态道德，引导公众履行环境保护的社会责任和义务，建立经济社会转型的社会共识和群众基础。积极推动绿色消费，倡导勤俭节约、绿色低碳、文明健康的消费观，推动全民在衣、食、住、行、游等方面加快向勤俭节约、绿色低碳、文明健康的方式转变，构建绿色消费全民行动体系。全面建立绿色采购制度，推动绿色产品供给，制定重点产品绿色生产技术政策，为绿色产品生产提供技术支持，打造绿色商品供应链，建设绿色产品流通服务体系。完善绿色采购相关法规政策，及时调整政府绿色采购清单，扩大产品覆盖范围。完善绿色消费政策机制，积极推进环境保护“领跑者”制度的实施，完善生产者责任延伸制度；完善财税制度，健全利用价格补贴机制，积极引导消费者购买资源节约型产品或节能环保低碳产品。通过政府、企业和公众的紧密配合、共同努力，使节约资源、保护环境、坚持绿色发展方式和生活方式成为自觉行动，努力使蓝天常在、绿水长流、空气洁净成为常态。

第 2 章　南京构建一流创新生态系统

2.1　创新生态系统的内涵及运作机制

随着新一轮智能技术革命和全球贸易冲突的加剧，全球产业竞争正从最初的物质要素生产投入，产品供应链全球分工、彼此嵌入、整体优化，向构建创新经济体和产业创新集群转化，并最终向构建创新生态系统演进。创新生态系统是由多层次子系统组成的若干个复合创新系统构成，各子系统又是基于技术需求、技术创新、技术服务、技术维护等系统以及人才、信息、资金、文化、制度等各要素共同组成的复杂的产业创新生态系统。创新生态系统是打造区域竞争优势的重要支撑。构建高质量一体化的区域创新生态系统，有利于在南京一体化推进过程中提升区域整体竞争力和区域创新力。

2.1.1　创新生态系统是动态开放的雨林生态系统

创新生态系统是一个相互依赖、共生共赢，具有共生关系的经济共同体，也是一个基于长期信任关系形成的稳定的创新雨林体系。根据国外研究定义，创新生态系统是由多层次子系统组成的若干个复合创新系统构成，系统与系统之间具备完善合作创新的雨林体系，其内部各要素之间通过发挥各自的功能性作用，和其他子系统共同运作、协同创新，最终实现技术创造和价值实现，形成了相互依赖和共生演进的生态关系。

国外创新生态系统认为：创新生态系统描述的是一种彼此融合的状态，即区域内各创新子系统已经形成了创新的“栖息地”，如同一个生态系统，区域内不同支持体系和合作主体之间形成了一个相互依赖和共生演进的创新生态系统。国外研究者把创新生态系统类比为区域经济中的这种经济实体运行机制：通过优胜劣汰实现产业的最优创新组合从而实现可持续发展，各主体之间是异质协同而不是竞争对立的相互关系。美国竞争力委员会在《创新美国——挑战与变革》报告中将创新生态系统定义为由社会经济制度、企业创造主体、金融支持机构、高等院校和科研院所、人力资本等构成的有机统一体，其宗旨是建立有竞争力的技术创新区域。创新生态系统的基本特征是，企业与科研机构之间的合作，风险资本的有力支撑，市场机制的交易运作和企业家精神的发扬光大。也有学者把创新生态系统看成一个由企业组成的具有共生关系的经济共同体，认为创新生态系统是一个基于长期信任关系形成的利益交易网络。综合理论界和实际创新工作部门的意见：创新生态系统可以看作一个具备多层级、多系统的创新生态雨林系统，自内部通过发挥各自的功能性作用，和其他子系统共同运作、协同创新，最终实现技术创新和价值体现。

国内学者自 20 世纪 90 年代开始对创新生态系统多有研究。国内学者大多认为，创新生态系统是一个以企业、高等院校、科研院所、政府、金融服务机构等为主体的多系统的网络复合组织，该组织通过网络之间的协同合作，整合人力、技术、信息、资本等创新要素，实现创新子系统的有效运作，最终实现各个主体的可持续发展。

国内对创新生态系统的研究经历了三个阶段。

1995～2005 年（第一阶段）的创新生态系统研究主要围绕“可持续发展”（sustainable development）的主题展开，“可持续发展”是一个动态变化过程，它强调组织保持持续创新能力以取得长期竞争优势。

2005～2010 年（第二阶段）主要围绕“开放创新、协同发展”主题展开研究，研究结果认为，创新生态各主题必须突破传统组织边界，通过利益的协同发展，从与外部合作中引入创新能力，缩短企业研发周期和提高研发效率，使企业、市场、创新研究等实现优势互补。典型的开放创新渠道模式包括产学研合作、技术联盟与并购、技术转让、技术外包和企业技术成果外部开发等。

2010～2018 年（第三阶段）的创新生态系统主要围绕“协同创新、价值创造”的命题展开研究。在开放创新的基础上，“协同创新”是多元主体参与合作，并寻求共同利益的有效运作机制，通过“协同创新”，实现包括大学、企业、科研院所、政府和金融服务机构等创新因子的有效汇聚，跨越技术与信息壁垒，进行人力、技术、信息和资本等创新要素的深入整合，从而实现各系统的持续高效运作并实现对最大价值的追求。“价值创造”是指企业研发、生产、供应产品或服务以满足用户需求，同时保持各系统持续高效运作并实现对最大价值的追求。2017 年后，创新生态系统研究的主要命题集中在“创新生态经济体”。它不仅强调组织间的协同发展，而且重视参与者间通过包容发展实现互惠共赢。根据 2018 年《中国创新生态系统报告》，创新生态系统的要素包括：市场组织体系、人力资本、金融资本及产业资本、研究团体、制度与监督、教育和培训、文化支持等。因此，根据国内研究成果，创新生态系统可以理解为一个以企业为主体，大学、科研机构、政府、金融服务机构等为系统要素，政府、企业、科研单位共同组成的复合型网络系统，通过系统间各子系统的相互分工协作，整合人力、技术、信息、资本等创新要素，实现创新因子的有效汇聚，为各创新主体带来创造价值，实现各个主体的可持续发展。

目前，理论界和实践部门的基本看法是：创新生态系统是个多重复合的要素系统，不仅各要素之间相互作用，且各子系统之间处于交互作用中，外部环境变化，如政策创新会导致创新生态系统结构发生变化，从而导致创新生态系统的能量层级发生变化，其结果是推动创新生态系统知识要素、技术要素、人力资本、创新成果的对外扩张和相互复制，自我内生扩张，进而实现创新生态系统各主体的自我发展、自我修复、自我扩张的持续发展。

2.1.2 创新生态系统作用基础在于发挥创新协同效应

在创新生态系统中，参与主体，如企业、高等院校、科研院所、政府、金融服务机构、中介服务机构等都有着各自的利益诉求，创新生态系统要有效地发挥作用，系统中各参与主体必须在市场机制的作用下发挥协同效应。

第一，政府作为制度创新的主体，其主要职能是为创新生态系统提供优质的政府服务，包括根据国内外宏观环境的变化制定有效的财政、金融、支持政策，调整战略性新兴产业政策、完善高级人才及一般技术人才培育培训政策，提供廉洁高效的行政服务体系和创新服务体系。

第二，作为技术创新的微观主体，企业在创新生态系统中处于主体位置。其与创新生态系统其他主体均具有服务需求和价值创造的交互关联，创新生态系统中的其他子系统则是企业这个微观系统的外围共生系统。企业创新系统一方面对外围子系统提出市场需求，另一方面对外围子系统提供周到的服务支持。

第三，高等院校和科研院所是创新生态系统的源头和技术的原始提供者。高等院校和科研院所大多从事前瞻性、基础性、原创性的技术研究，这一点上和企业的"问题技术"研究不同。高等院校、科研院所的这一技术创新定位，决定了其在创新生态系统中的核心地位和原创性功能，也是决定一个国家或一个地区创新生态系统质量的关键因素。

高等院校、科研院所不仅向创新生态系统提供人才、知识、信息、管理、技术，向企业提供当下技术发展的最新趋势，从而影响企业的产业发展方向，而且通过向技术市场提供研究成果而获得回报，从而满足科创主体的价值实现，推动科创主体持续有效地发挥作用。可见，高等院校和科研院所遵循市场机制的作用，通过技术产品的市场化、产业化，为其技术持续创新提供资金支持。

第四，中介服务机构遵循市场机制为创新生态系统提供多层级全方位的技术创新服务，从而推动人才、技术、信息、财务、法律等创新知识在创新生态系统中的扩散、传播，更为关键的是对科技成果产业化、市场化起牵线搭桥的作用，推动技术创新成果走向企业、走向市场。只有在中介部门的作用下才会以低廉的内部交易成本，实现科研成果与企业应用的价值转换。

第五，各类金融服务机构是创新生态系统的输血系统，是创新生态系统中风险资金、创业创新资金的主要提供者。作为创新生态系统的重要组成部分，各类金融服务机构维持着创新生态系统的持续运转，纵观各个失败的创新主体，其创新失败的原因固然多种多样，但缺少资金持续支持是创新生态系统失败的最关键因素。所以，金融服务机构的积极高效的投融资系统，就如同是创新生态系统的输血系统，起着至关重要的作用。

第六，技术成果的最终需求者。对技术的最终需求构成创新生态系统的最直接驱动力。对技术成果的需求层次、需求方向，决定了技术创新及最终消费的实现，是创新生态系统运行的目的和归宿，可见，对技术成果的最终需求决定了技术的原创方向和原创动力，是创新生态系统最基本的决定因素和最重要的技术创新单元。

2.1.3　创新生态系统的核心在于创新要素的自由流动

大自然生态系统运行表现为三个方面：生态系统能量提供和维持、系统之间以及系统各要素之间的交互作用、系统各要素在交互作用基础上的自我扩张和自我发展。相应地，创新生态系统的运行同样具备上述基本的运作模式：一是技术研发的生产者、提供者，二是对技术的需求者，三是与技术创新相对应的诸要素的提高，包括人才、信息、资金等的供给。创新生态系统根据层级不同分为三个层面：前瞻性技术研发，其解决的是基础性、原创性技术研发；产业共性技术研发，其解决的是产业层面共同面临的高端技术需求问题；企业“问题技术”研发，其解决的是企业层面在生产过程中，各个节点、各个环节出现的技术需求问题。创新生态系统的三个层级尽管技术创新任务不一样，但技术创新运作规律是一样的，都是通过对知识和信息的加工，生产出新的技术理念和技术产品，满足企业的技术需求。在前瞻性技术研发层级，最基础的信息要素是原创性知识和对未来技术发展的预判。而企业“问题技术”研发，则是根据生产系统、产品系统中出现的现实问题给予解决的方案。

大自然生态系统的运行与发展过程中，系统本身具有自我选择、自我变异、基因遗传的功能。同样，创新生态系统也具有类似的自我选择、自我复制、自我平衡的功能，具体表现在以下三个方面：自我复制自我推广、自我选择自我革新和自我平衡自我发展的功能。

自我复制自我推广在创新生态系统中表现为成熟理念、成熟经验的复制，共性技术、共性平台、共性信息的复制。自我复制自我推广可以少走弯路、提高效率，减少重复试验、节省不必要的重复试验经费。当然，过度复制，就会形成路径依赖甚至进入创新陷阱，从而失去内在动力。自我复制自我推广的目的是保持产业创新生态系统的竞争力、生存力和持续发展能力。

自我选择自我革新是创新生态系统中创新发展路径、创新理念、创新技术的适应性的一种自我检视、自我淘汰的过程。产业创新生态系统在发展过程中容易发生以下三个致命性错误：一是创新路线的错误；二是创新理念的错误；三是创新产品的适应性错误。一个完善健全的创新生态系统对可能出现的三种错误具备自我选择自我革新的功能。

自我平衡自我发展的功能是指创新生态系统在自我选择自我革新的基础上，通过对自身缺陷的修复实现自我发展、自我壮大。这也是有的创新生态系统在经过一段时间辉煌过后很快销声匿迹，而有的创新生态系统则不断发展壮大的原因。自我平衡自我发展不仅包括对自身功能的缺陷的修复，更主要的是对外部环境变化而引起的自身适应水平的改变，其最终目的是提高创新生态系统的高效性和自我生存能力。

2.2 南京创新生态系统的现状及短板

2.2.1 南京创新生态系统的组织与运作现状分析

南京是新一线城市，以建设创新名城作为目标，国家和地方都在推动其创新发展。南京的最大优势是科教人才资源丰富，南京的科研机构众多，达到6000余所，科研资源丰富，这也是其发展的最大潜力，高校数量、在校大学生、两院院士数量都在全国处于前列。南京目前建设创新名城的策略是推动“两落地、一融合”，为了留住人才，南京市政府在进行人才需求分析的基础上，对各个问题给出切实可行的方法，加大政策扶持力度、增强安居保障、落实环境优化、加强激励力度等。在推进“两落地”方面，南京培育更多的创新型企业、推动学校企业联合创新科研项目的落地。南京各高校深入贯彻市政府的政策，已取得许多成绩，各个高校都形成了自己的创新特色，目前南京大学已成立南京大学-南京生物医药研究院、南京南大-浦口开发区国际低碳环保研究院、南京南大光电工程研究院有限公司、南京环保产业创新中心政产学研四个平台，覆盖了生物医药、环保节能、电子信息工程以及光电等领域，大致形成了涵盖全市的成果转化渠道，至 2017 年底，南京大学毕业生留在南京工作的达到 40%，说明南京对知识人才的吸引力非常大。东南大学 2013～2018 年获得 15 项国家科技大奖，在全国高校排名第七。东南大学正在全力推进重大工程结构国家重点实验室、生物健康大数据重大基础设施建设。南京航空航天大学在纳米材料、先进结构、先进制造等领域取得创新成果，负责国家大型飞机专项、载人航天航空工程等一系列国家重大科技项目。南京农业大学的环境生态学、生物与生物化学等都进入国家重大技术攻关行列。

近年来南京各企业与研究所联系紧密，企业为研究所提供资金、产品、原材料保障，研究所为企业提供技术支撑。例如，江苏省产业技术研究院积极探索新的创新资源集聚合作模式，在全球范围内寻找合作者，已经与硅谷、伦敦、斯图加特等八个全球活跃的创新地区建立合作关系，共同构建“跨境平台”。目前南京市的各大研究所的方向是用小技术拉动大产业，小技术有时候往往是大产业中至关重要的一环，以纳米技术为例，纳米技术是当前比较新兴的一项技术，南京大学主导的“纳米黑金光热水处理技术”被评为年度十大技术转移优秀案例。目前纳米技术已经吸引了近 500 家企业落地，研究所的新技术催生着更多项目落地。在未来十大新兴产业中，有七个运用到纳米技术，如半导体的材料应用、新能源材料稳定性等的研究和开发。南京开始推动“两落地、一融合”计划，将在南京落地的科研机构看作市场化的“股份制公司”，让科研人员持大股，社会资本参与，政府做好后勤保障工作，真正做到产学研一体化，据统计，南京已累计签约新型研发机构 168 家，集聚中外院士 52 人，新增科创企业近两万家，同比增长 23%，许多出自一流高校和顶级实验室的新型研发平台已经在南京顺势而起。南京现在虽然科研院所的成果转化效率有所提高，但是仍需不断为科创能量“松绑”，坚持人才是第一生产力，发展科教兴城。

南京市政府在深入贯彻新发展理念，落实省委推动高质量发展方面，走在全国的前列，南京市政府颁布了《南京市级科技创新基金实施细则（试行）》，从根本上解决了科创企业创业初期融资难的问题，科创基金不以营利为目的，采用市场化调节、专业化管理，投资方式包括合作成立子基金投资、直接投资和跟进投资，以合作成立子基金投资为主，直接投资、跟进投资为辅，在管理上南京将成立由市长担任主任委员的基金管理委员会，负责确定年度投资重点及方向等。南京市政府深入了解科研院所的需求，立足市场化做强创新主体，加大创新技术引进力度，对于进入省高新技术企业培育库的科技型中小企业给予一定的奖励，支持企业进行并购，做大做强，加大对科技型企业的融资担保力度，降低银行对中小型创新技术企业的贷款基准，实行人才强市计划，加强引进国内外先进技术人才以及人才安居力度，试行“先租后售、租购并举”的安居方式，鼓励高校以及事业单位科技人员组建新型技术转移服务机构，并给予一定的奖励。南京致力于用融合化促进创新协同，推动区域一体化和长三角一体化，落实长三角创新城市群建设，推动城市间创新资源共享，加强高校、科研机构和企业之间的合作，实现南京科教资源整合、优势叠加、创新协同，推动高校和企业人才实验室的联合建设，同时注重军民融合协同创新，以促进军民两用特色产业集聚发展，鼓励企业获得军工产品科研生产相关资质，对进行装备研制创新开发的企业给予 100 万～300 万元的奖励。

为了支持党中央和省委省政府颁布的创新举措，中国人民银行南京分行出台了《关于南京地区加强金融服务小微企业的实施意见》，搭建政企银合作平台，完善信息沟通机制，联合政府共同为中小企业创新技术的发展提供政策和资金支持，鼓励和支持法人机构发行小微企业金融债券，积极推动小微企业创新项目在宁落地，促进小微企业发展，2018 年交通银行与南京市科学技术局共同开展“银企合作”的试点工作，南京市科学技术局为银行提供有前景的科技企业，而银行为南京市科学技术局推荐重点科技项目，并给予 8 亿元的授信额度。南京市政府通过批准了南京江北新区新金融中心项目，推动金融与实体经济的合作互动，形成长三角经济带内具有一定影响力的特色金融产业集聚区，江北新区出台了《南京江北新区加快建设扬子江新金融集聚区的若干意见（试行）》，为新区建设具有强大资本吸纳能力、产融结合能力以及创新转化能力的新金融中心提供政策依托。在科技体制综合改革试点中，南京市积极引导金融机构加大对科技创新企业的融资支持，南京银行推出四个专项金融服务，包括针对新型研发机构的“鑫融合”专项服务、针对科技型人才企业的“鑫人才”专项服务、针对高新技术企业的“鑫高企”专项服务以及针对拥有科技成果转化项目的“鑫转化”专项服务，给予科技企业 100 万～300 万元的信用类科技贷款支持，积极推进有关知识产权方面的创新，在江北新区等三个园区推广“园区+平台+担保+银行”知识产权质押融资模式，截至 2018 年底，南京市科技企业贷款融资额度已超过 7 亿元。

2.2.2 南京创新生态系统的短板与制约因素

南京市政府虽然近年来为建设创新名城做出了很多努力，但是南京距离“创新名城”仍有一段距离，还有许多问题亟待解决。

1. 人才开发机制和保障机制不健全

一是不重视创新人才的挖掘和培养，没有突破传统的选人用人机制，过分重视学历和理论，忽视创新能力的考核，没有形成创新人才培养模式，导致创新人才的需求和供给不协调；二是政府、企业、高校和中介机构没有形成合适的沟通机制，政府无法准确了解各方面需求，制定的指导政策缺乏针对性和实用性；三是激励措施不到位，缺乏动态性和可操作性，企业为了吸引人才采取的住房补贴政策没有根据市场行情的变化逐步推进，股权激励等政策也难以落实；四是企业的主体地位不到位，人才优惠政策在企业中难以落实到位，企业没有形成完善的创新人才培养机制和创新成果转化的激励诱导机制；五是科创环境与创新环境不匹配，南京高校众多，拥有丰富的科教资源，但是对于创新人才培养的开发投入却远远不足；六是没有形成有利于创新人才成长和领军人才引进的大环境，南京的科教资源、学术环境无法适应创新活动的要求，如国际交流合作的机会少、几乎没有社会化的实验室、配套基础设施不完善等都严重阻碍了创新活动的开展，国内高校创新人才培养的周期长，容易形成断层，形不成团队，创新性突破难度大。

2. 创新生态系统和营商环境僵化

南京市政府服务意识有待进一步提升，行政办事需要更加高效透明，按照目前的服务理念，还无法满足企业快速高效地完成创新工作的要求，甚至政府的透明公开程度不够导致人们对创新创业方面的知识了解不足，从而使得政府制定的政策缺乏实用性，只停留在理论层面，无法满足企业和科研机构的真正需要。虽然南京为了促成创新企业的设立，减轻了科技创新型企业的税费，但是南京和长三角区域的其他城市相比，仍不具备竞争力。南京市政府在推动产学研一体化模式时，资料考察不足，没有深入到企业内部了解其需求，解决的都只是皮毛问题，根本性的信息沟通不畅问题并没有得到很好的解决。

3. 金融服务业无法匹配创新的需求

南京虽然已经放宽创新创业企业的融资准则，但是对于创新创业企业来讲仍然无法解决其融资难题,南京现阶段的金融政策扶持尚不能满足初创阶段科技企业的发展需求，科技金融不能提供覆盖创新链全过程的资金服务，创业资金不足以及政府补贴较少是当前南京创新企业面临的主要难题。南京科教资源丰富，科技成果多，但是它对于科技创新成果的补贴却远远不足，难以支撑创新成果转化为现实产品。南京的金融投资机构也存在诸多问题，如没有通畅的投资变现渠道，导致许多投资资金在项目中无法灵活地周转；在投资方面没有参考实际，盲目照搬国外方法，采取少数股权投资的方法，导致信息不对称，管理难以控制，甚至导致部分被投资企业陷入资金运转不当的困境；许多投资机构利用自己的闲置资金投资企业，但是没有理性思考，盲目“下注”，导致资金被套和亏损。另外，在目前的金融融资体系下，创新技术企业存在融资渠道单一、银行信贷难、金融融资门槛高以及信息不对称等诸多问题，这些是制约创新企业发展的现实难题，南京目前尚未构建一个公开、公平、高效的金融融资服务体系，以及一个统一的金融融资平台、信用平台和以第三方评级机构为主体的大型综合融资平台，从而使创新型中小企业无法获得发展所需的资金。

4. 知识产权管理力度不够

虽然南京市加强了对于知识产权的管理，但是仍然无法满足现有知识产权发展的需要，南京的商标、版权和专利分别归属于不同的管理部门，导致它们之间“各自为政”，只考虑和解决自己部门的问题，缺乏整体意识，阻碍了知识产权的发展，不利于政府全面加强对知识产权的统一领导和协调管理，另外在机构设置方面，重视商标管理工作，而版权和专利管理相对薄弱。知识产权管理执法力度不够，近年来专利申请层出不穷，导致更多的专利纠纷，但是执法机关在对于侵权问题的处理方面，对于侵权者的处罚以及对被侵权者的赔偿力度不够，使侵权者没有得到应有的制裁，没有从根本上解决侵权问题。政府对于知识产权中介机构的建设支持力度不够，不能适应当前知识产权发展的需要，同时对于已经建立的知识产权中介机构缺乏有效的监管，特别是对于涉及专利的机构，更是缺少必要的事前审查和监督。专利申请的周期太长，内容太烦琐，太多时间浪费在无用的内容上，一个专利的申请时间要达到几年，严重挫伤了创新者的积极性。商标注册也存在同样的窘境，另外，还会出现专利、商标重复授权的现象。不仅政府机构对于知识产权管理不完善，企业也缺乏必要的知识产权管理制度，企业的领导者重视有形资产而缺乏对无形资产的监督和管理。

5. 高校和科研院所科技成果转化效率不高

南京高校学术氛围浓厚，层次较高，科研实力雄厚，成果较多，但是高校和企业的联系不多，信息沟通和共享不畅，导致科研成果和南京现有的产业联系不大，科技成果转化供求不平衡。作为科技成果的需求方，企业的动力和能力不足阻碍了科技成果就地转化，大型国企缺乏创新动力而小型民企缺乏创新能力，企业无法激发足够的创新活力，也无法给予更多的创新和研发投入。企业缺乏自主研发能力，而且无法对高校和科研机构的创新技术进行有效的开发，无法促成科技成果转化为现实产业，同时企业没有树立依靠科技进步推动企业发展的理念，市场观念不强。科研院所和高校重“学术意识”轻“市场意识”，高校和科研院所的专家在选择科研项目时，往往重视其学术水平的高低和创新性，较少考虑它是否具有投放市场的必要，是否具有现实意义，导致许多科研成果只停留在实验室层面。成果转化需要供求双方——高校和企业的共同努力，南京的供求双方合作存在诸多问题，一是没有构建有效的中介机构，导致供求双方信息闭塞，信息沟通和共享不通畅，高校无法了解企业的现实需要，而企业也担心高校的创新科技是否能为其带来现实效益，导致经济和科技脱节；二是双方合作方式单一、落后，高校和企业的合作大都是短期的单独项目合作，缺乏更深层次的合作。成果转化需要一个很漫长的过程，也需要较多的资金投入，需要承担较大的技术风险和市场风险，根据市场调查，从创新科技到试点再到投入生产所需要的资金比例大致是 1：10：100，创新阶段的资金可以依靠政府和学校支持，投入生产的资金可以向银行贷款，但是试点环节的风险却无人愿意承担，政府也没有有效的风险机制和投资机制来解决这一问题，这直接阻碍了科技成果的转化。

2.3 借力长三角一体化打造创新生态系统

创新生态系统涉及创新主体、创新手段、创新成果的应用等多个系统，创新生态系统不可能孤立于一个行政区域，需要在一体化的制度体系下实现创新生态系统的共建、共治、共享。同样，也需要以一种开放合作的视野，借力长三角一体化，依托长三角平台，通过共建 G60 科创走廊，打造南京创新生态系统。

2018 年 11 月 5 日，国家主席习近平出席首届中国国际进口博览会开幕式时指出，将支持长江三角洲区域一体化发展并上升为国家战略[①]，推进更高起点的深化改革和更高层次的对外开放。南京在三省一市之间功能定位互补性强，上海以“四大中心”为定位，正在建设具有世界影响力的经济、金融、贸易、航运、科技创新中心和国际文化大都市。所以，南京构建一流创新生态系统，不能只局限于南京区域，应该用长三角一体化视野来审视南京创新生态系统的建设。实现上海的功能定位需要以产业和实体经济来支撑，南京完全可以从和上海产业对接的角度发展产业技术创新。例如，江苏就提出把江苏实体经济发展尤其是制造业发展对接上海金融服务业，同时承接上海金融服务业的下一级金融服务机构。长三角区域也是科技研发的重要基地，其中，张江和合肥是国家科技研发中心，目前南京区域技术研发面临的问题是科技研发机构多而分散，没有形成集群式发展。研发机构之间对研发方向、研发目标的定位也缺少协同。所以，推进南京构建一流创新生态系统，需要走一体化科技创新生态区的路径，通过科技创新生态集聚发展来提升南京的科技创新力。

2.3.1　城市群是一流科技创新生态区城市载体

科技创新城市群是指那些以综合高等教育、技术研发、科技创新、高端服务为核心功能的多个城市集合体。城市群是一个系统功能的集合体，其主要功能包括城市的生活、经济、社会、文化与生态等。在这些功能中，核心功能是经济，主体功能是生活，其他功能都围绕经济、生活功能而展开。科技研发的第一服务对象是产业，同时科技研发也深刻影响着人们生活的方方面面。同时，科技成果的转化也依赖于以城市为载体的空间环境。例如，只有在一个大数据得到充分利用的城市，信息技术研发机构才会有更大的成长空间。

科技创新城市群在 20 世纪后半叶的兴起，有其经济社会的原因。20 世纪 90 年代以后，社会形态逐步由工业化社会向信息化社会转变。社会进入知识经济时代，传统的中心城市功能及其产业结构都进一步升级转变，体现知识创造的技术研发、科技创新、信息传输成为核心功能，知识、信息、人才成为城市中最有价值的要素群体。城市群也依据科技创新的实力、能力和活力进行等级划分并予以关联协同。率先迈向科技创新城市群的是发达国家和地区的世界级城市群，这些城市群的一个共同特点是科技覆盖了生产、教育等各个领域，先进技术及时体现在生活工作的各个环节。美国硅谷是世界上典型的科技创新城市群，以旧金山为核心，沿 101 号高速公路至圣何塞，上千家高科技公司分布在一系列城市中。科技创新城市由多种因素促成，但优越的地理位置、先进的高等教育、宽松的营商环境、发达的产业基础都是科技创新城市形成的必要条件，所以，有时科技创新城市也是世界大都市圈内的核心城市。近年来，纽约已经成为仅次于硅谷的提供技术就业最多的城市，进而成为美国东部重要的科技创新中心，而波士顿-纽约-华盛顿城市群也已成为举足轻重的科技创新城市群。在英国，以伦敦为核心，囊括了牛津、剑桥的城市群，其间分布着近百家智能科技世界旗舰级的企业。日本以东京为核心，以

① 新华网. 2018 年. 习近平在首届中国国际进口博览会开幕式上的主旨演讲（全文）[EB/OL]. (2018-11-05) .http://www.xinhuanet.com/politics/leaders/2018-11/05/c_1123664692.htm。

筑波科学城等为重要载体，正在建设基于信息化的超智能城市群。

2.3.2 南京构建一流创新生态系统具备优良的科技条件和产业基础

1. 南京构建一流创新生态系统的制度框架不断完善

南京构建一流创新生态系统不能脱离长三角区域而一枝独秀，需要与长三角区域科技创新互动共建。2010年，人们对长三角区域达成初步共识，要求进一步扩大长三角空间区域，“泛长三角”首先进入学者研究考虑的范畴，江西、安徽甚至福建都被纳入长三角一体化的视野。过去由江浙沪两省一市主要领导参加的经济协作会议开始扩容。然而，最终“泛长三角”由于体制的障碍和实际操作上的困难而被搁置，只有安徽最终被纳入长三角空间区域。此后，长三角两省一市经济协作会议变为三省一市主要领导座谈会，每年轮流在四地召开。接下来长三角一体化进入实质性顶层设计阶段，2018年11月习近平总书记在出席首届中国国际进口博览会开幕式时指出，“将支持长江三角洲区域一体化发展并上升为国家战略”。从此，长三角区域从最早期的经济协作会议发展到后来的区域主要领导座谈会，再后来到2017年成立了长三角区域合作办公室，进而合署办公。长三角一体化的顶层设计沿着两条路径展开，一是中央层面，在宏观规划上给予长三角区域政策支持；二是地区合作层面，主要是三省一市各对口职能部门就长三角区域在发展过程中出现的问题加以协调，对长远发展做出一体性规划，在这期间共同制定并出台了《长三角地区一体化发展三年行动计划（2018—2020年）》。

2. 南京跨区域科技创新合作已经有良好的基础

随着南京区域一小时经济圈的逐步形成，科技研发部门之间的横向合作不断增加，城市与城市之间的专项技术合作也越来越多。科技资源共享平台建设不断增加，例如，长三角率先推进大型科学仪器、实验设备开放共享。三省一市共同发起“长三角大仪网”，大型科学仪器装备装置和研发资源在长三角区域主要研究机构之间已经实现对内开放共享。截至2018年底，“长三角大仪网”已集聚区域科研机构内的2298家单位的32481台（套）大型科学仪器设施，进入共享平台的科学仪器设备总价值超过298.61亿元。针对国家重大攻关项目，长三角科研部门在科技部的协调下，就共享重大科研设施、联合开展科研攻关取得了喜人的成果。在共同推进国家“未来网络试验设施”、量子通信“京沪干线”“高效低碳燃气轮机试验装置”等重大科技基础设施建设领域，科研部门不仅就关键大型设备实现了共享，而且就科研人才、科研资金、科研场地等都开展共享，积极推动国家超级计算无锡中心等的已建重大科研设施面向三省一市开放共享。此外，长三角区域正在围绕公共安全、民生保障、环境保护、新能源汽车、电子信息、节能环保、先进制造等领域共同开展联合攻关项目。

3. 南京已经自发形成多形式科技协作区

南京不同区域产业特色明显，科技互补性强，因此，长三角区域目前已经建立了多个跨区域、跨行业、特色鲜明的创新协作区。例如，2017年，上海松江与浙江嘉兴、杭州共同签署《沪嘉杭 G60 科创走廊建设战略合作协议》。2018 年，G60 科创走廊升级到沪苏浙皖 4 地 9 城的“3.0 版本”，江苏苏州，浙江湖州、金华，安徽宣城、芜湖和合肥加入。G60 科创走廊的形成与扩展表明，长三角区域已形成科技一体化创新的共识。再如，在跨行政区建立创新协作区方面，南通以“接轨大上海、建设北大门”为目标，全面对接上海，研究制定并印发《南通对接服务上海科技创新资源行动方案》，在科技衔接、产业转移、产城融合等领域已经全面对接上海、面向长三角。长三角区域跨行政区试点建设在上海嘉定和江苏苏州昆山、太仓 3 个相邻的行政区展开，在产业技术研发领域共同推进“嘉昆太创新区”的建设发展，使嘉定汽车产业园、昆山集成电路产业园、太仓德资企业园实现良性互动。

4. 南京科技创新要素流动更加顺畅

近年来，长三角区域主动促进科技创新要素流动，主动推进科技成果的产业化和市场化。2018 年三省一市联合签署了《长三角地区关于共同推进技术转移体系建设合作协议》，在贯彻落实国家科技成果转移转化示范区建设，推动科技研发与产业融合发展，鼓励技术转移的同时，制定实施了长三角区域科研机构设备、人才、资金一体化法律法规，使长三角区域科技一体化有法可依，有章可循。此外，促进长三角区域科技国际合作、军民科技成果双向转化、长三角技术交易市场联盟建设等方面的工作也全面推开，技术成果转移、技术人才合作、技术设备共享等方面都取得了显著成效。

在地域空间上，长三角区域支持互建共建跨区域各类新型研发机构。长三角内很多高校院所在驻地外建立了一系列产业技术研发机构，如江苏与复旦大学、上海交通大学、浙江大学、中国科学技术大学、中国科学院上海光学精密机械研究所等长三角地区知名高校院所共建南京先进激光技术研究院、浙江大学苏州工业技术研究院等新型研发机构。许多长三角的企业也将研发与创新中心放在上海等科教资源密集的城市。上海、南京、杭州、合肥等产业优势明显的城市的开发区和高校集中区，也建立了大项目科技研发机构。

2.3.3　构建一流创新生态系统还需要突破传统行政体制的约束

1. 南京一流创新生态系统建设依赖长三角一体化的制度创新

长三角和京津冀、珠三角不一样，京津冀规划发展实现了顶层设计，由中央直接负责，而珠三角是在一个省内，可以靠省级力量来推动，但长三角横跨三省一市，推动主体不清晰。虽然多年前，长三角就成立了长三角三省一市主要领导座谈会，定期召开成员单位的协调会议，工作也在不断深化，但更多的还是自下而上地推动，大家就各自的需求，找到对接点，还没有形成统一规划和长效的发展机制。无论是国家层面的推动，还是三省一市间的协调，长三角都需要在体制平台上形成面向未来的顶层设计，也需要建立更有效的沟通、协商、解决具体问题的机制。

虽然经历了多年一体化推进，但是目前还很难列举出一个体面的一体化成就，如果一定要举例，那就是交通一体化近五年取得了喜人的成就，长三角基础设施互联互通方面取得了长足的进展。区域一体化实质上就是经济一体化，目前，长三角一体化最大的瓶颈也就在于经济一体化，尤其是产业一体化。

第一，产业空间规划很难协调。经过多年一体化发展，三省一市依旧是按照各自的经济社会发展需要，制定各自的发展规划。三省一市由于各自的发展基础不同、自然禀赋不一样，在长三角一体化中的功能定位就大不相同。然而这种功能定位上的区别并没有体现在三省一市的统一规划当中，各地市产业发展自成体系，各自的经济社会规划也是各自一张图，在最有可能合作的交通、卫生、环境、科技等领域依然按照各自的发展目标制定规划，这就难免为日后的经济社会发展带来协调上的困难。

第二，科技创新呈现同质化竞争，缺乏分工协作。三省一市经济区位不同、产业发展基础不一样。江苏以外向型制造业为主、上海明确为“四大中心”、浙江以民营经济见长，安徽后来居上，在汽车、电子、新材料等领域快步赶超。但在现实产业发展布局和空间规划上，三省一市产业同质化率在85%以上。产业的同质化导致对生产要素的无序竞争，导致优质产业资源竞争加剧的状况。

2. 行政分割阻碍创新要素资源的自由流动

长三角一体化在管理体制、运行机制、产业结构等深层次领域还面临许多瓶颈和障碍。

第一，现行的三省一市行政区划边界的“硬”约束，具体体现在各自对财政收入的追求和经济增长指标的考核。这导致三省一市在经济发展中必然追求自身经济利益最大化而忽视与周边区域的协作，甚至对企业投资进行不合理的干预。传统的行政体制阻隔了经济一体化的进程，构成了阻碍长三角区域经济一体化的壁垒，也成为南京城市经济区形成与快速发展的巨大障碍。

第二，现行的行政管理体制和财政体制，决定了各地只顾追求各自部门的利益，割裂了区域间共同的利益基础。三省一市区位相邻，各项基础设施建设本应按照经济区划加以统筹规划，这样才能取得最佳的经济效益。但事实上，长三角区域内部港口结构性矛盾突出，上海港运力紧张、航运实施长期处于满负荷状态，而与其相邻的太仓港、江阴港、镇江港则长期处于运力放空、设施闲置的状态。航空运输市场运力业也严重不平衡，各级人流、物流中心节点建设不平衡。

第三，产业趋同造成索取资源要素相近，市场无序竞争，区域间产业无法形成分工协作，产生恶性竞争。目前，南京地区产业竞争主要还是遵循传统的低成本的路径依赖，通过对生产要素的过度竞争，压低生产要素价格，走低成本扩张的道路，客观上形成了南京区域产业竞争手段单一、产业结构雷同的产业同构现象。除了产业同构现象严重，南京都市圈的发展定位和发展模式也极其相似，造成城市功能相似、城市外形雷同，结果是南京区域间索取资源要素相近，产生恶性竞争。

第四，长三角一体化的运作机制主要由政府力量推动，市场动力不足，市场机制缺失。从1982年国务院决定成立上海经济区至今，南京融入长三角一体化经历了一个动态发展过程，从最早期对南京经济圈建设发展到融入长三角一体化区域发展战略。这期间大致经过早年间单个地方政府之间主动沟通协调，到2005年，首次长三角区域行业协作会议在浙江召开，再到长三角两省一市经济协作会议变为三省一市主要领导座谈会，每年轮流在四地召开这一逐步上升的机制运作过程。纵观整个过程可以发现，长三角一体化的运作机制主要由政府力量推动，市场动力不足，市场机制缺失。根本原因还是传统行政边界背后的利益驱动力量过于强大，单靠个别地方政府之间的一对一协调，不可能从根本上解决问题。长三角经济区经过多年的协作和一体化发展，虽然取得了一些成就，但这些成就仍然只停留在利益关联以外的层面，如交通、旅游等。

2.3.4　构建南京创新生态系统必须有一个包容性的发展机制

推动长三角一体化发展，需要在尊重长三角经济区各利益主体的前提下，构筑一个兼顾各方利益、依靠各地产业优势、发挥各地自然禀赋的包容性发展机制。其内容包括：协商一致的政策体制环境、红利共享的营商环境、分工协作的产业体系和合作高效的科技研发创新体系。也就是要在紧密的命运共同体、利益共同体和责任共同体基础上，通过制定各种制度化的区域规划和产业要素分工条约、法规，以及建设相应的监督执行机构，撤销阻碍一体化发展的各类行政机构，促进生产要素的自由流动。

实现长三角区域内所有合作成员的共同成长，可提升区域的综合实力和综合竞争力。推进长三角一体化发展，不能仅仅局限于南京区域，而应该将长三角一体化与长江经济带发展战略、“一带一路”倡议相结合，从政策空间、产业空间、发展机遇相叠加的视野来研究长三角一体化发展。也就是说，长三角一体化发展，不仅需要放到重塑世界大都市圈和全球治理模式变迁这一国际大背景当中来考察，还要综合考虑国内多重政策叠加所带来的发展机遇。

1. 试点跨区域科技合作区，寻求跨行政区的创新结合点

共建 G60 科创走廊，试点建立跨区域科技合作区，是跨区域科技合作的有益尝试。目前，试点跨区域科技合作区的最大障碍是不同区域的行政制度不同。长三角一体化高质量发展的关键就是要破除区域割据和无序竞争，按照市场经济原则，尊重彼此利益，实现共同繁荣。所以，长三角一体化的切入点是打破地方行政割据。行政区域限制长三角区域经济合作的背后推手是区域经济利益，可以通过以下几种渠道创新利益分配机制，来推动建立跨区域经济合作开发区。一是按照市场经济规律，通过股权合作模式，实现产能的高效利用。例如，太仓港与上海港将合资成立码头公司，共同经营管理太仓港集装箱三期下游两个 5 万吨级泊位。同时，双方将在码头操作平台、物流运输体系、通关一体化、信息共享等方面开展对接合作。二是完善目前已经比较成熟的分税制模式，让产业转移方和产业承接方通过事先协议约定，分享合作期间的税收，达到合作双赢的效果。三是合作地双方政府通过协商，将“飞地”未来一段时间的收益固定化，定期交给所在的政府财政部门，此外，在人员就业、环境保护、产业发展方向协调上取得一致，在上述基础上，实现跨区域科技合作区建设试点。长三角区位相邻、文化相近、产业协同性强，近年来长江南北两岸沿江高速迅速改善，苏南、苏中与上海已经进入一小时经济圈，江苏劳动力素质高，综合商务成本远低于上海，以产业链共建为路径，以开放合作的模式充分吸纳外部力量，创造互促共赢局面，使全产业链上的各方通过产业的关联

效应共同实现价值增值。

目前，长三角地区上海和南京功能定位明确，国家对上海的明确定位是“四大中心”，对南京的明确定位是中国东部地区中心城市，是跨江发展的先进制造业基地和现代服务业集中区。除此以外，长三角区域其他地区经济社会发展有其自身特色，但功能定位模糊，城市与城市之间定位差异性不大，分工不明确，发展方向、发展重点有许多重叠交叉。构建跨区域项目合作平台，以项目引导合作，以产业链为基础，实现产业共生发展，尤其是推进江南江北产业融合发展，是长三角区域跨区域经济合作的一条有效途径。例如，南通地区造船业有明显优势，而苏南地区以电子信息产业见长，实现南通地区造船业与苏南电子信息产业在产业链上的深度融合，可以推进南京区域寻求跨行政区产业合作的结合点。因此构建大项目合作平台，完善和提高平台上的合作机制，是推动南京产业合作向纵深发展的一个重要举措。

2. 借助5G与大数据技术，推进大项目创新合作平台

长三角区域产业合作之所以长期停滞不前，一个重要因素是各方在利益分割面前难以达成协议。5G与大数据技术快速发展，大数据的快速传输、人工智能的广泛应用，使得产业的融合发展过程中，借助于大数据和人工智能来实现利益分配成为非常容易的事。例如，长三角区域各省边界收费站取消，不是各方利益的消失，而是因为借助于大数据和人工智能技术，可以很清楚地知道车辆在长三角区域行驶的数量和区域布局，从而可以借此进行高速公路一站式收费后的利益分配。

当前形势下，要深化长三角区域借助5G与大数据技术，推进大项目创新合作平台的发展，关键要做好两个方面的工作。一是体制转换，取消阻碍长三角区域中各自过时的行政机构和收费平台。二是建立大数据共享平台。所谓“一站式”服务的基础就是长三角区域内数据共享。在大数据共享平台基础上的产业合作，将利用网络渠道获取长三角区域内企业、投资人、招商机构对产业的需求和信息反馈，大数据平台建设需要坚持以市场为导向，以企业为主体，以完善激励约束机制为动力，构建跨区域多领域多层面的大数据项目合作平台。例如，长三角区域省级海关有五个，其中，浙江省就有两个省级海关，下属地级市及部分县级市都设有海关，对长三角区域进出口货物进行管理。事实上，这种管理模式不仅浪费各种资源，还降低了进出口企业的进出关效率。所以，改革长三角区域海关管理体制，改五个省级海关为一个长三角区域海关已经是长三角一体化的迫切需要。除了改革长三角区域海关管理体制，另一项重要工作就是构建长三角区域海关大数据平台，通过海关大数据平台实现物流运输体系、通关一体化、信息共享等方面的对接合作。

3. 江浙皖沪联合，打造我国科技创新中心区

长三角区域不仅是我国经济较发达的地区之一，也是科研力量集中，高等院校、科研院所数量较多的地区。此外，长三角区域还是我国高科技园区数量最多、园区质量最高、科技成果转化较为显著的地区。

应借助雄厚的制造业基础，发挥苏南、杭州国家自主创新示范区的带动作用，构建

区域创新共同体，研究规划建设南京地区科技创新圈，打造南京区域科技生态圈。江浙皖沪联合，共同推进国家赋予的各项重大试点任务，相互借鉴共享改革成果。在长三角一体化的进程中，能否利用好上述科学技术资源，能否将科技资源转化为创新成果和先进生产力，关乎南京构建一流创新生态系统的发展方向。为此，江浙沪皖三省一市亟待整合资源，打造地区科技创新中心。

从长远看，江浙沪皖三省一市应考虑联合出资成立跨区域的“产业技术研究院”，为此，南京科研管理相关部门有必要考虑对现行科研创新管理体制、高科技企业的认定、科技成果的统计加以改革，鼓励不同区域高科技企业、不同区域科技研发力量通过跨区域横向合作，提升南京区域的科技竞争力。

4. 以交通、信息等基础设施一体化作为突破口构建创新生态系统

长三角地区更高质量的一体化，有赖于交通、基础设施的高质量一体化发展。一是长三角区域虽然交通便捷，长三角区域沿海、长江、钱塘江、太湖构成了长三角区域最基本的空间布局，最近十年，高速铁路、高速公路、空港快速发展，构筑起长三角一体化的立体交通网，但长三角区域枢纽经济没有形成，和立体化的交通体系相配套的交通梗阻仍然存在。长江南北高速铁路网尚在推进过程中，以上海为中心的枢纽经济还在建设过程中，三省一市区域性快速便捷交通网络有待于进一步提升。二是长三角区域枢纽经济发展出现结构不平衡。萧山、禄口、浦东国际机场运力严重过剩，而同一时期，长三角区域绝大部分地方机场运力又严重不足，机场设施空置浪费现象严重。内河运输和远洋运输同样存在运力不均衡的问题。导致物流运输结构性失衡的一个重要原因也是缺少快速便捷的交通运输网络。所以，从发展枢纽经济的视野出发，大力推进长三角区域交通、信息等基层设施建设对于长三角区域经济社会高质量发展尤为必要。三是大数据、人工智能的发展，使得长三角区域交通一体化发展更加便捷，借助于大数据和人工智能来计算汽车通行数量等进而实现利益分配成为非常容易的事。所以，打破地区、部门、层级的信息壁垒，利用物联网、云计算、大数据等新技术促进数据信息与交通等基础设施产业的融合和共享，率先实现长三角地区交通、信息、政府服务的互联互通，是南京构建一流创新生态系统的突破口。

5. 依托“一带一路”建设，实现跨区域的国际创新合作

长三角一体化要高质量发展，其发展视野、发展空间不应该局限于长三角区域，“一带一路”为长三角一体化发展提供了广阔的地域空间和政策空间。应把长三角一体化发展战略叠加于“一带一路”倡议，实现跨区域的国际产能合作。跨区域合作的主体是企业，重点是产能释放和技术引进。长三角区域是全球重要的制造业基地但还不是制造业高地，部分行业产能严重过剩，而这些行业相对于“一带一路”国家却有着巨大的市场空间。另外，“一带一路”沿线许多国家有和中国的高端制造业相配套的先进技术，通过引进项目，可在合作生产的同时引进我国欠缺的技术和资源。推动传统的外向型经济从大规模、高速度向更高质量、更好效益转变，实现从引进外资、输出商品到输出资本、输出商品模式的产业升级。尤其是江苏、浙江依托自身良好的产业基础和外向型的经济

模式，依托完善的综合交通体系，嵌入“一带一路”倡议，是长三角企业通过融入“一带一路”进而带动全流域一体化的一条重要路径。

2.3.5 高层次科技创新集聚区是科技创新深度合作的必然选择

长三角一体化经历了多年的发展，在科技创新领域出现了一系列新变化，但这些变化距离科技创新一体化目标还比较远。这是因为，目前长三角区域的科技合作都还是停留在单个项目之间的合作、单个科技园区与园区之间的合作、单个科研单位与科研单位之间的合作，南京构建一流创新生态系统需要更高层次、更高目标的科技合作。通过高层次科技创新集聚区建设，实现：①由单个科技园区技术创新向跨区域多个科技园区合作创新转变；②由单个项目技术合作向制度化科技联合体转变；③由科技园区建设向产业、科技园区融合发展转变；④由简单技术跟踪模仿向高端基础性技术研发转变。为了实现以上各种转变，在推进长三角一体化过程中，需要强化制度创新，优先推进科技管理一体化、营商环境一体化。

这些发展趋势表明，长三角区域科技创新正在从过去的单一项目创新进入多领域科技创新与更广阔的空间响应的新阶段。以优势产业为先导、以科技研发实力为基础，长三角区域正在形成大容量的创新型城市群、特色化创新走廊、创新型科技产业园区。长三角区域迈向世界第六大城市群，成为世界级科技创新城市极，是长三角一体化发展的必然趋势，是与 2025 年我国进入创新型国家行列、2030 年进入创新型国家前列、2035 年基本实现现代化以及到 21 世纪中叶建成世界科技强国和社会主义现代化强国相向而行的。到 2035 年，长三角以上海建设具有全球影响力的科技创新中心为引领，与南京、杭州、合肥等城市共同瞄准世界科技前沿领域，联手打造全球科技创新城市群，不断优化开放包容共享的创新生态，加快形成网络化、开放型、一体化的创新驱动发展格局，科技创新实力持续增强，新兴主导产业率先勃兴，城市与郊区生态优美，努力成为全球创新网络的重要枢纽，以及国际性科学、技术和产业的重要策源地，基本实现现代化，为全国高质量发展提供强有力的创新支撑，更好地服务于“一带一路”和长江经济带的发展。

2.4 构筑南京科技创新生态系统的战略思路及实施路径

2.4.1 构筑南京科技创新生态系统的战略思路

南京是我国地区科教资源较为密集、科技创新力较强的地区。推进科技创新协同，打造具有高竞争力、高辐射力的全球科技创新集聚区，要把握好自主创新与扩大开放的辩证关系，瞄准国际前沿，对标世界一流水平，吸收整合全球创新资源，全面提升区域科技创新能力，特别是科技产业创新能力。

1. 以创新人才自由流动催生科技创新资源

在各类创新要素中，创新人才具有核心地位。创新人才的高度集聚与高效流动，是南京构筑高层次科技创新集聚区的基本前提。南京不仅要成为人才的汇聚之地，更要成为激发人才创新活力之地，激发人才潜能，释放人才价值。

一是要营造尊重人才、保护人才的环境。人才的创新创意能力是创新活动的重要源泉，而适宜的体制机制与环境是激发人才活力的关键因素。南京地区要广泛吸收借鉴国内外先进的人才政策，为创新人才创造最优环境。例如，税收政策是影响人才，特别是高端人才的一个重要因素。2019 年初，财政部、国家税务总局发布了《关于粤港澳大湾区个人所得税优惠政策的通知》，按内地与香港个人所得税税负差额给予补偿，为特殊人才、国际化人才提供有针对性的个人所得税减免政策。这一政策的出台，有效地解决了内地与香港在个人所得税上的税差问题，对于深圳、广州等地吸引高层次人才提供了有效支持。南京在吸引高端人才，特别是国际化人才方面，也要对标国际标准，积极探索有利于吸引人才的特殊政策支持；同时，营造有利于各类人才充分发挥聪明才智的区域发展环境，让各类人才在南京地区各展其才、大显身手。

二是推动人才与产业的深度协同。南京人才政策的重要出发点是推动产业发展，推动形成一大批具有世界竞争力的产业集群，培育一大批具有前瞻性的未来产业。人才在其中如何发挥作用，是南京人才政策制定的关键所在。整体而言，近年来南京各地出台了一系列人才政策，有力地推动了本地产业的发展。然而，与国际先进水平相比，目前南京地区产业与人才结合的紧密度还不足，即便是一些具有优势的主导产业，也普遍面临人才支撑不足的问题。究其根源，一方面在于，许多产业源自于国际产业转型，真正的创新中心来自发达国家，产业的高级化过程业已开始，但尚未取得根本突破，相关产业人才的培育、引进同样处于发展过程之中，总体水平相对滞后；另一方面在于，南京地区存在科技创新与主导产业脱节的问题，虽然本地人力资本数量较多，但与产业紧密结合的人才供给不足，即便是处于国内领先的产业集聚区，也面临高水平人才特别是产业化人才供给不足的问题。与此同时，创新人才的支撑力不强，也延缓了主导产业的转型升级力度，加之西方跨国公司对产业链控制权的牢牢把握，导致一些产业在事实上陷入了产业分工地位结构性锁定的被动局面，而突破之道是必须形成强有力的人才支撑。

三是构建富有引领性的人才培育机制。对于南京地区而言，既要继续积极吸引人才，向华为那样，延揽全球顶级人才，以人才国际化推动创新国际化，带动企业国际化、产品国际化，即采用国际化人才机制，构建具有巨大吸引力的人才机制，激发高层次人才的创新活力；也要坚持自己培养的主渠道作用，把现有的和潜在的人才资源开发利用好。南京地区是我国人才资源较为丰富的地区，自古以来就是我国人才密集型地区，在新形势下仍具有明显的人才优势。因此，南京地区要发挥好基础教育、高等教育的作用，持续培养高层次、高素质创新人才；同时积极破除制约人才资源流动和人才发挥作用的阻碍因素，营造开放包容的发展环境，鼓励不同文化的交流、不同思想的碰撞，促进人才的集聚和创新创意的涌流，打造世界人才高地。

2. 以全方位的技术应用实现大通量创新

进入新时代，南京区域推进科技创新要强化产业集聚性和前沿引领性。所谓产业集聚性，就是围绕当下与未来的主导性产业集群，构建大通量、高能级的产业科技创新集群；所谓前沿引领性，就是要从跟随性创新转向以我为主的引领性创新，通过促进创新创业、科技成果转移转化和产业化应用示范，切实提高科技创新成果的原创性和应用性，逐步形成世界领先的高端产业集聚区。

一是要提升产学研联合创新水平。在政策层面，既要落实好国家关于增加企业研发投入等方面的优惠政策，也要积极探索更贴近企业需求、本土产业成长需求的优惠政策，引领具有现实优势或潜在优势的产业成长；对科研院所、企业科技创新成果给予支持，重点支持产业化的创新成果；以科技产业应用为导向，强化产学研联动，重点推动科研院所科技创新活动与企业需求、市场需求相衔接，形成科技创新产业化的便捷通道；为科研院所、企业等各类主体创新提供丰富且有针对性的知识产权、税收政策、法律等全方位服务；鼓励和引导企业利用专利工具提升产业化水平，增强产品附加值和竞争力。

二是切实提高科技创新活动的国际化水平。南京地区主导产业以及重点培育的战略性新兴产业、未来产业均已深入地嵌入全球分工体系中，在更高站位、更高水平上构建高层次科技创新集聚区，必然要树立世界眼光，以国际化视野来谋划、推动科技创新活动。一方面，要积极引进国际知名的研发机构、技术中介机构等创新机构，利用这些机构加强对国际创新资源的吸收利用；另一方面，要鼓励外资研发机构与本地研发机构深度合作，不仅要进行高频次的学术交流，更要围绕产业发展进行深层次的科研合作，借助技术链的垂直传递效应和水平扩散效应，带动整体地区科技创新活力的增强，拉近与国际先进水平的距离，在有优势的领域敢于实现对国际先进水平的赶超，勇于在处于行业前沿的“无人区”进行创新探索，为全球科技创新及产业化做出来自南京的增量性、独特性贡献。

3. 以现代化经济体系推动现代化创新治理

高层次科技创新集聚区建设离不开高水平的区域创新治理。面向未来发展需求，南京地区有条件率先探索构建区域性现代化创新治理体系，与构建现代化经济体系相配合，为高层次科技创新集聚区建设创造最优条件。首先，要发挥市场机制在构建现代化经济体系和现代化创新治理体系中的基础性作用，充分发挥市场在资源配置中的决定性作用，充分激发企业作为市场活动微观主体的作用，以推动科技创新及产业化为导向，推动企业在南京协同创新中成为创新决策、科研组织、成果转化、研发投入、产业布局的主体。进一步夯实政府间科技创新合作平台，形成标准统一、交流便捷、知识产权得到保护和互认共享的区域性科技创新公共平台。发挥各类市场化中介创新机构的作用，推动科技创新资源在南京地区的高效配置，强化区域共同市场的特殊功能，促进南京地区科技创新资源的充分利用。其次，强化创新类社会政策的探索，构建强有力的社会保障网络，对各类创新活动进行“托底”，解除创新者的后顾之忧。推动政府作用更富效能、市场机制更富效率、社会组织更具活力，构建由多层级政府部门、多元化创新主体、多类型社会组织共同参与、深度协同的区域性科技创新治理体系，为南京地区科技创新及产业化创造现代化的治理环境。

2.4.2　南京构筑高层次科技创新集聚区

南京构筑高层次科技创新集聚区的路径是构建"一核三区多点"的南京科技创新圈。所谓"一核"，就是强化高等院校、科研院所的龙头作用和国家综合性科学中心的引领作用。因此，强化"一核"对于南京区域构筑高层次科技创新集聚区具有至关重要的作用。所谓"三区"，就是强化江宁经济技术开发区、江北新区、南京经济技术开发区三个区域的辐射带动力。在南京创新载体中，这三个区域的创新水平仅次于上海，均具有较强的创新集聚辐射力，是带动周边地区创新发展的核心区域。南京地区腹地广阔，在构筑一流创新生态系统时需要依靠上海及周边的辐射和带动，仅依靠上海的带动显然是不够的，必然要强化南京、杭州、合肥等区域创新中心城市的带动力，与发挥上海创新核心作用紧密协同。所谓"多点"，就是推动南京科技创新圈向更多城市布点，聚力打造有序分工、高效协同、具有国际竞争力的创新型城市群，为南京创新生态系统建设提供强有力的支撑。

1. 联合大院大所，加强科学基础研究

南京地区是我国大院大所较为密集的区域之一，在基础研究领域具有特色优势。在新一轮科技革命和产业变革深度发展的情况下，我国要抢抓机遇，大幅度提升国家科技创新水平，推进产业转型升级，形成高质量的发展新优势。与世界先进水平相比，制约我国科技创新及产业化水平的根本因素，不仅在于我国科技创新产业化效率低下、渠道不畅，更为关键的因素在于我国基础研究薄弱。应用型创新成果易于引进和模仿，但原始型、基础型创新却难以引进和模仿，更难以在短时期内实现质的飞跃。然后，从长期竞争力养成和长远发展需要看，只有培育出强大的原始型、基础型创新能力，才能让我国科技创新及产业化真正达到世界前沿水平。因此，南京地区在构建高层次科技创新集聚区的过程中，不仅要关注应用型科技创新以及当前主导产业的转型升级，更要关注基础创新能力的培育。

南京区域拥有发达的科技创新资源，特别是大院大所云集，为提升基础创新能力创造了必要条件。未来，南京要瞄准国际基础研究的先进水平，积极推进体制机制创新和创新生态营造，加深国际合作，鼓励多培育具有国际领先水平的基础型、前沿性科技创新成果，不仅体现南京地区的创新水平，也代表国家前沿水平，参与全球科技创新竞争，为南京地区产业创新转型提供富有前瞻性、引领性的基础支撑。南京区域重点依托上海、合肥综合性国家科学中心，聚焦能源、信息、生命、材料、环境、物质等交叉前沿领域，开展高水平研究，推动实现基础型、原创性突破，为未来产业发展提供源头性创新支持。南京等区域创新中心城市积极申请建设综合性国家科学中心，加强对自身创新资源的整合，推动在重点领域的基础创新突破，为南京基础创新能力的提升提供更多支持。

2. 组建产业技术联盟，联合攻关产业关键技术

组建产业技术联盟是提升产业创新能力的有效方法，不仅具有区域性技术创新联盟

的一般优势，而且具有更强的针对性，可以围绕特定产业的需求，深度地嵌入产业链各环节、各领域，聚焦产业链不同环节的特色化需求，进行精准化协同技术攻关，不仅更容易取得技术突破，而且技术突破与产业需求紧密结合，可以迅速发挥实际效果。

当前，技术创新跨国转移和合作已成为时代潮流。任何一个地区都很难完全依靠区域内部的力量从事解决自身需求的技术创新。一方面，技术创新活动的复杂化，让任何单个企业或特定区域都无法承担全部的创新流程，必须依靠跨地区和跨国合作来完成；另一方面，信息网络技术以及高能级枢纽网络的飞跃发展为科技创新活动突破地理疆界创造了可能性，降低了科技创新合作的成本。这意味着区域性技术创新联盟不仅是区域性组织，而且从一开始就具备强烈的开放性，需要深度嵌入全球创新链体系当中，成为全球创新网络的有机组成部分。南京区域构建高层次科技创新集聚区，必然要打造面向世界前沿水平的产业技术联盟。在具体实施路径上，既可以探索聚焦区域重点产业，开展国际研发交流合作，利用国际研发网络对接本地产业化需求，也可以培育提升本土跨国公司的全球资源配置力，通过构建高水平的全球供应链体系，与全球各类研发设计机构及企业进行创新合作，实施创新外包，以降低成本、控制风险，聚焦核心竞争力的培养与提升。

3. 把自贸区和国家级新区作为科技创新的重要载体

上海市是全国最早开展自贸区探索的地区，在自贸区建设上积累了丰富经验。南京市拥有多个国家级开发区，江苏成为最新一轮自贸区扩容的省份。南京地区构建高层次科技创新集聚区不可能也不需要另起炉灶，而是要发挥好自贸区、国家级开发区、国家级高新区、国家级新区、国家级自主创新示范区等各类“国字号”战略平台的作用，积极开展前沿性制度创新、科技创新，推动科技创新资源在特定战略平台的高度集聚。李克强总理在 2019 年政府工作报告中提出，赋予自贸试验区更大改革创新自主权，增设上海自贸试验区新片区①。支持国家级经开区、高新区、新区开展自贸试验区相关改革试点，增强辐射带动作用，打造改革开放新高地。这意味着，各类国家级战略平台不仅要学习复制自贸区经验，而且可以自主开展自贸区相关改革试点。这种制度性松绑具有巨大的创新激励功能，有望为南京区域构筑高层次科技创新集聚区注入强大的制度活力。

长三角区域是我国对外开放高地，是西方跨国公司集聚地。近年来西方跨国公司在全球配置资源中出现了一个令人瞩目的趋势，就是纷纷实施“逆向创新”战略，不再将研发活动留在总部，造成研发与生产的空间分离，而是直接将研发创新活动置于产业转移目的地，促进研发创新与加工制造的紧密结合，这有利于提高创新效率，提升创新产业化水平，并有利于开拓发展中国家市场。在这一趋势中，拥有强大产业配套优势和巨大消费市场优势的中国成为实施“逆向创新”战略的首选地，南京区域尤其成为重点区域。因此，南京区域在推进自贸区等各类国家级战略平台建设中，要积极利用好“逆向创新”战略带来的机遇，将西方跨国公司的创新优势与本地创新优势有机结合起来，围

---

① 中国政府网. 2019. 政府工作报告[EB/OL]. (2019-03-16). http://www.gov.cn/premier/2019-03/16/content_5374314.htm。

绕本地主导产业发展，打造世界级科技创新集聚高地。

2.4.3　南京构筑一流科技创新生态区的实施对策

1. 以产业优势为基础，构建特色化科技创新集聚区

上海打造全球科技创新中心，既要为上海产业转型升级提供引领性支撑，也要带动南京地区乃至长江经济带产业转型升级，这是上海作为世界级创新策源地的题中应有之义。江苏、浙江、安徽等区域创新水平均处于全国较高水平，其中，江苏处于全国第一方阵前列，安徽则处于快速上升阶段，在国家科学中心建设上更是走在了江苏、浙江前面。可见，长三角三省一市均具有在自身优势领域成为世界级创新策源地的功能，上海在其中发挥龙头引领作用，与南京共同打造世界级创新策源地，同时与区域性优势产业相结合，形成以上海为核心，以扬子江城市群、杭州湾城市群、皖江城市群为重点的科技创新集聚区。

目前，南京虽然科技研发能力位列全国前列，但是科技研发主体与企业脱离，成果转化率低，既面临科技研发能力不强的问题，也面临科技对产业支撑不足的问题，科技成果产业化仍面临深层次矛盾问题。造成南京地区科技转化率偏低的原因主要在于科技成果产业化的内生激励不足，特别是市场化水平不够充分。例如，南京国有经济、民营经济、外资经济“三分天下”，民营经济作为科技创新主渠道的形势尚未形成。许多专利源于科研院所而非企业，而这些专利本身并非源自市场驱动，如何转化为市场化应用成果还需要一系列复杂的转化机制。南京地区专利授权量在全国占比高达 40%以上，但专利许可占同期专利授权量的比例低于 5%，造成这一反差的深层次原因在于许多专利源于科研院所，在科研院所与企业需求之间存在科研成果转化瓶颈，科研院所对技术的研发大多并非源自市场驱动，对专利实用性、市场化的考量较少，科研成果与产业脱节，成果产业化水平低。江苏的科创资源多而不强，与产业的联系不太紧密。长期以来，南京地区面临科技创新及产业化发展有高原无高峰的问题。虽然科技创新资源丰富、产业竞争力较强，但缺乏世界领先的重大科技创新成果和处于行业产业链顶端的优势产业及链主型企业。此外，南京地区科技创新资源虽然丰富，但空间分布不均衡，较少有像张江这样的高端集聚区，缺少高端效应和集群效应。原因之一是产业资本和金融资本分离，技术创新得不到金融资本的支持。所以，构建一体化技术创新投融资平台，推动产业资本和金融资本融合，是建设高层次创新集聚区的一项重要工作。

2. 深化现有园区之间的合作，提高科技合作的质量

第一，提升现有科技园区的合作质量。重点推进张江、苏南、杭州、合芜蚌四个国家级自主创新示范区的合作。积极创新合作方式，拓展创新领域，提升合作效果，并建立南京区域的综合性自主创新示范区，不断促进科技合作的深度和广度。范围更广一些的平台就是各省市的高新产业园区。当前，南京高新技术产业园区合作总体上仍处于合作方式不规范、合作缺乏深度的阶段，在如何进行有效利益、责任分配，如何深度推进科技创新合作，如何加强产业链对接整合，如何合作开拓区域市场，如何“抱团出海”、

联手开拓国际市场等方面，仍处于前期培育阶段，尚未形成成熟经验。在南京高质量一体化进程中，要持续加强深层次合作探索，提升高新园区的合作层次和水平。例如，南京各地各类孵化器、众创空间等科创平台数量多、种类多，但跨地区合作不多，在加强区域协同、提高利用效率方面，有很大的提升空间。

第二，推动毗邻区跨界创新合作。近年来，在苏州、南通、嘉兴等临沪地区已经开展了多种类型的跨界创新合作，取得了积极成效。上海张江长三角科技城、浙江临沪产业合作园区、江苏和安徽的苏皖合作示范区，以及G60科创走廊均已成为区域合作创新的典型示范。在上海、江苏、浙江交接处的长三角一体化示范区，也着眼于提升区域创新合作水平，促进区域产业发展，在各省市毗邻区开展创新合作，采取灵活的方式，因地制宜、规范建设，在基础设施、创新载体、机构合作、融资服务等方面实现探索合作，逐步扩展范围，实现“由点到线再到面”的科技合作扩展。

第三，提升产学研联盟与中介联盟在创新生态中的作用。发挥产学研联盟和中介联盟在构建区域生态系统中的主力军、黏合剂功能，促进区域内产业、高校、研究机构的合作联盟建设，整合各地区学术科研力量。在产业层面，重点加强产业内外的科技信息交流与沟通，促进产业内科技创新合作。在高校方面，探索组建南京高等院校联盟，鼓励高校间开展联合攻关。在研究机构方面，鼓励研究机构的域内异地研发中心建设。从产学研三个方面来看，应加强企业与高校、企业与研究机构的合作，促进企业与高校和研究机构共建科技园，推动高校和研究机构的科研力量与产业企业发展实际相结合，同时支持高校与研究机构共建研发中心，提高科技创新的集成度和成果现实度，推进科技创新成果产业化。

3. 组建“飞地式”高端技术创新区，有效整合区域重大创新平台

目前，长三角区域技术研发基地主要集中在核心城区，离产业集聚区太远。世界发达国家的高端科技集聚区主要集中在高校附近，既可以利用高校资源也能敏锐感知世界前沿技术。长三角区域研发力量主要集中在城市核心区，对世界前沿技术的敏感性钝化，研发目标与企业的技术需求信息不对称。科技研发以项目合作为主，缺乏高端化的技术研发基地。长三角地区技术研发力量雄厚，三省一市在一些重大项目上进行过卓有成效的合作。例如，上海和江苏就深海探测进行过合作，上海与安徽就量子通信也进行过合作。但长三角区域缺少跨地区的长久性高端化的技术研发基地。

建议南京地区加强重大创新平台的有效整合。一是推动高层次国家高新区等园区平台的协同整合。长三角地区拥有全国数量最多的国家级高新区，是科技创新产业化的主战场，应推动区域、产业相近的高新区等高端园区之间进行创新协同，重点围绕主导产业链进行深度协同，提升产业创新的高度与厚度。二是强化自贸区的带动作用，促进区域创新平台的高效整合。发挥上海自贸区的引领作用，推动上海自贸区新片区、江苏自贸区等新一轮自贸区的建设，并与周边区域发展联动，在高水平开放、高水平产业创新等方向协同发力，推动南京产业基础高级化、产业链现代化。三是加强区域创新机制的协同，探索构建覆盖南京全域的统一化的市场标准体系，形成充满生机活力的区域大市场，为自贸区、高新区、开发区等各类战略创新平台的协同整合创造有利条件。充分利

用南京现有优势，形成具有完整产业链和国际竞争力的产业集群，成为南京世界级城市群发展的重要支撑。

4. 构筑高层次科技创新集聚区的制度与环境

构筑高层次科技创新集聚区离不开适宜的制度和环境。从国际经验看，硅谷、深圳等国内外的科技创新高地，都形成了高度开放、具有高度活力、有利于科技创新活动的制度体系和综合环境。因此，南京地区打造高层次科技创新集聚区，需要多措并举，构筑涵养科技创新活动的制度体系和发展环境。

一是设立统一的知识产权保护制度。构筑高层次科技创新集聚区需要优良的制度环境作为支撑，这些制度环境中的核心是知识产权保护制度。科研成果是最典型的知识产权形态之一。设立严苛的知识产权保护制度对保护科研单位的创新动力尤为重要。南京地区在进行科技创新合作的同时，还在一定程度上存在地方保护主义。不同地方对知识产权的价值认定、侵权形式认定、保护赔偿的认定存在较大差异。为此，在严格执行国家知识产权制度的基础上，南京地区应对标世界最高水平，强化国际性、引领性，积极探索标准更高、体系更加严密的区域性知识产权保护制度，进一步强化尊重知识产权、保护知识产权的浓厚氛围，让世界一流知识产权保护制度成为南京科技创新的核心标识之一。

二是构筑科技创新资源共享制度。科技创新资源具有基础性、外部性等特征。所谓基础性，就是一些大型科研仪器、大型检测设备、科研信息基础设施等科技资源，它们往往对多个学科、多个产业都具有基础性支撑作用；同时，由于这些设备或基础设施前期投资大、沉没成本高，如果仅供特定区域、行业、企业使用，就会造成巨大的浪费，降低科技创新资源的使用效率，也不利于不同区域、行业、企业以及科研机构之间的专业交流。所谓外部性，就是科技创新资源共享会带来创新资源、创新成果的溢出，带动区域创新水平的整体提升。南京地区是我国科技资源富集区，拥有全国领先的科技研发设备等高等级科技创新资源，若要强化其使用效率，必须构建科技创新资源共享机制。在顶层设计上，要结合长三角一体化规划的实施，探索出台谋划指导科技创新资源共享的一揽子制度安排，提供具有普遍指导性的制度框架；同时，结合上海、合肥国家科学中心的建设，以及 G60 科创走廊等重大创新平台的建设，深度探索科技创新资源共享机制具体化的现实举措。例如，通过完善大型仪器设备的区域合作共用网络，拓展应用领域、丰富应用方式、拓展应用空间、细化利益共享和责任分担机制；针对制约科技创新资源合作共享机制的“堵点”“痛点”，因地制宜、精准施策，着力破解内部网络联通性不强、共享资源分割、利益分享机制不健全等具体问题，大胆探索，尽快在实践中取得一批有益成果，并加以提炼和推广。

三是建立科技研发风险预警和防范制度。科技创新是高投入、高风险、高回报的智力密集型活动。形成高强度、高密度、稳定化、可持续的科技研发机制，离不开对科技研发风险的有效管控。为此，要加强对科技研发风险机制的深度研究，对不同环节、不同领域、不同形势下可能出现的科技研发风险进行科学分析、精准化评估，形成具有指导性和可操作性的科技研发风险预警机制。为此，要发挥好政府与市场的协同作用，一方面，注重加强不同地区政府间的工作协调，发挥好政府的引导和监管职能；另一方面，加强科技研发活动特别是区域合作性科技研发活动的规范化运作，通过制度化建设降低科技创新风险带来的负面影响，同时充分发挥中介性评估机构等市场化主体的作用，对南京科技研发合作过程中的风险进行专业性预警与评判，同时提出防范建议，为政府提供决策参考。南京地区在科技研发风险预警与防治制度建设上的先行探索，不仅有利于区域科技创新及产业化的健康发展，也将为全国其他地区提供有益示范。

四是构建科技创新一体化的投融资制度。积极承接国家产业技术创新战略联盟试点，聚焦南京地区具有比较优势的主导产业，特别是战略性新兴产业，鼓励构建区域性产业技术创新联盟，面向区域一体化的内在需求，探索构建区域性技术创新投融资平台，重点突破优势产业从科技创新到产业化的薄弱环节，为南京创新产业集群提供优质的投融资服务：①以上海为龙头，构建不同城市间科技金融服务的差异化协同机制，有效分工，深度合作，在更广阔的区域内进行金融创新试点；②加强对南京建立创新生态系统的金融支持，设立南京创新生态系统发展基金，建立长效融资模式，推进与浙江自贸区、上海自贸区联动发展的重点制度、重点平台和重点项目的建设。构建南京离岸金融市场、直投基金及财富管理平台，促进跨境交易与跨境并购发展。第三方公共服务平台，为“一带一路”重大项目提供投融资服务，为我国与“一带一路”沿线国家和地区协商建立自贸区提供制度供给。

第3章　乡村振兴与江苏生态资源转化

3.1　引　　言

党的十九大报告提出乡村振兴战略，即实现产业、人才、文化、生态、组织“五大振兴”，它是党中央破解“三农”问题、建设美丽乡村的重要举措，也是江苏实现“强富美高”的重要任务，而推进农村生态环境保护、资源的有效转化是贯彻落实该战略的核心抓手之一。在我国，广大农村地区拥有丰富的自然资源与人文生态资源，为农村产品加工、休闲旅游、文化教育等产业的发展提供了先天条件，为此，只有创新地利用生态资源价值，才能有效提高农村经济水平、增加农民财产收入，同时可以推进农业供给侧结构性改革和乡村振兴下经济的发展。

在乡村振兴背景下，江苏省十分重视习近平总书记提出的“绿水青山就是金山银山”理论，积极探索将静态资源转化为经济价值的路径与方式，实现“绿水青山”与“金山银山”的良性循环。在政策层面上，2017 年国务院办公厅印发《国务院办公厅关于加快推进畜禽养殖废弃物资源化利用的意见》，决定推进畜禽养殖废弃物资源化利用，促进农业可持续发展，随后，农业部向各下属单位颁发《畜禽粪污资源化利用行动方案（2017—2020 年）》；2018 年国务院办公厅颁布《国务院办公厅关于深入开展消费扶贫助力打赢脱贫攻坚战的指导意见》，大力推进农产品销售和乡村休闲旅游，帮助贫困地区脱贫攻坚；2019 年，为解决乡村产业发展中存在的门类不全、产业链短、要素活力不足和质量效益不高等问题，国务院下发《国务院关于促进乡村产业振兴的指导意见》。江苏省也相继颁布《江苏省乡村振兴十项重点工程实施方案（2018—2022 年）》《省政府办公厅关于推进农村一二三产业融合发展的实施意见》《省政府办公厅关于推进生态保护引领区和生态保护特区建设的指导意见》《省政府办公厅关于印发江苏省生态环境标准体系建设实施方案（2018—2022 年）的通知》等文件，对江苏省乡村振兴实施方案、生态资源转化、环境保护等方面做了详细的规划。

在实践层面上，江苏省政府设立止马岭、省管固城湖、石臼湖等多个生态红线区域，建设国家级特色小镇 22 个和省级特色小镇 56 个，在保护环境的同时有效地将生态资源转化为乡镇经济增长、农民收入增加。此外，江苏省积极探索生态资源转化新路径，加强与企业的合作，例如，南京六合竹镇镇与永鸿集团的双赢，一方面，永鸿集团积极推进“互联网+现代农业+旅游”的发展模式，旗下两大支柱产业之一的巴布洛生态谷（图 3-1）坐落于南京六合竹镇镇，每年可接待游客达 100 万人次，明显带动了当地农民的纯收入，据统计，巴布洛生态谷为金磁社区提供了 400 多个就业岗位和 600 多个季节性临时岗位，每年为金磁社区居民增收超 1500 万元。

图 3-1　南京市竹镇镇巴布洛生态谷

尽管如此，乡村振兴背景下江苏生态资源转化仍然存在不足，突出体现在：在注重生态保护的前提下，将“绿水青山”转为“金山银山”的能力有待提升；生态资源项目的供给结构亟待优化，以南京竹镇镇为例，为加强生态产品的销售，设立了“云厨一站”模式，但其他类型的“文化创意+休闲旅游”“科普教育+休闲旅游”等体现多元业态融合的“眼球经济”项目有待于进一步开发。

3.2　乡村振兴背景下江苏生态资源转化的现状分析

3.2.1　典型乡村的案例背景

1）南京市竹镇镇

改革开放四十多年来，特别是党的十八大以来，江苏省南京市六合区竹镇镇在中央、省市区领导的关心重视下，通过镇党委和政府领导班子的实干创新，现已发展成为全国重点镇、国家生态镇、国家特色景观旅游名镇、江苏省文明镇、南京市千年古镇和环境优美镇，是省级六合现代农业产业园区所在地，成为区域性的重要生态文明示范样本，产生了良好的社会综合效益。2017 年，全镇地区生产总值达到 29.74 亿元，年均增长 12.55%；农村居民人均可支配收入达 2.22 万元，年均增长 11.5%。竹镇镇将“旅游+”“生态+”“互联网+”引入创意农业，优化产业结构，三次产业结构比为 38∶11∶51，其中经济林果与绿色蔬菜两大绿色主导产业产值已达到 6.8 亿元。民生方面，已建成竹镇医院、民族小学、民族幼儿园等项目，实施大侯、八里、金磁等高标准农田工程，实现新型合作医疗与农村养老保险的基本全覆盖，改善收益人数达 3.7 万人。在低收入农户结对帮扶攻坚计划与“一村一策”“一人一策”扶贫行动计划的支持下，开展农村各类技能培训 3000 人，农村劳动力转移人数近 1000 人，新增城镇就业近 500 人。

2）句容绿色新能源小镇

句容绿色新能源小镇位居镇江市句容郭庄镇，占地面积 3.5 平方千米，总建设用地面积为 3450 亩（1 亩≈666.7 平方米），集中建设区面积为 1500 亩，是将生产、生活、生态三大功能和谐地融为一体的特色小镇，于 2017 年 5 月进入江苏省 25 家首批特色小镇创建名单，于 2018 年 7 月进入江苏省首批特色小镇考核优秀名单，2019 年 1 月进入镇江市特色小镇考核优秀名单，以“把绿色能源带进生活”为目标，以新能源研发、制造、应用为主导，是集科研创新、高端智造、商务办公、会议会展、旅游休闲及居住康体等功能为一体的国际领先、国内一流的新能源智慧小镇。小镇呈现“一轴三带，三心三片区”的空间功能结构，包括：一轴，沿 243 省道的小镇空间发展轴；三带，沿主要河流的三条河滨景观带；三心，综合服务中心、产业核心、生态核心；三片区，新能源智造研发区、智慧田园区、新能源文旅产业片区。截至 2019 年 6 月底，小镇累计总产值为 84.34 亿元，累计特色主营业务收入 105.83 亿元，形成了以光伏、智能制造、新能源汽车及零部件为主的新能源产业链，实现直接就业人数 1803 人。

3）常州仙姑村

常州仙姑村坐落在国家 5A 级风景区茅山脚下，地域面积 11.21 平方千米，拥有 20 个自然村，以道教养生文化为底蕴，结合周边景点乾元观、三清观、华夏宝盛园、东方盐湖城、一号农场等旅游景点形成丰富的旅游路线。2018 年接待游客达 1053 万人次，乡村旅游接待人数总量超过 400 万人次，农民人均可支配收入 3.1 万元。每年来仙姑村的食客达到五万人以上，村内已有十余家农户自办农家乐，仙姑咸猪蹄、茅山老鹅、炖鸡蛋、野山菇、地皮菜等，名扬方圆百里，已形成具有农家特色的仙姑菜系，2008 年仙姑村被江苏省农业农村厅授予 “江苏省农家乐专业村”荣誉称号。作为全市首批美丽乡村创建示范点（图 3-2），仙姑村发挥省农家乐专业村优势，将茅山咸味与乡村旅游有机结合，吸引周边城市的游客，推动了一二三产业融合发展，成为“金坛乡村旅游第一村”。仙姑村规划定位为立足乡村旅游，围绕“互联网+生态旅游休闲度假村落”，建成“以茅山风景区自然山水环为依托、以道教养生文化为底蕴，以乡村生态旅游、农业旅游、休闲度假为主要功能，具有三区三轴三核心功能格局”的农家休闲村落。

图 3-2　常州仙姑村

4）邳州宿羊山镇

宿羊山镇位于邳州市西北部，是徐州市重点中心镇，先后获得“国家级农业产业化示范基地”“国家出口食品农产品质量安全示范区”“国家外贸转型升级专业性示范基地”“江苏省省级农产品加工集中区”“江苏省中小企业产业集聚示范区”“江苏省生态文明镇”“徐州市重点中心镇”等称号。作为驰名中外的“大蒜之乡”（图 3-3），全镇 8 万亩耕地，常年以种植大蒜为主，以宿羊山为中心的大蒜连片种植辐射面积已达 70 万亩，居全国第一。宿羊山镇借助大蒜特色产业资源优势，建成占地 1000 余亩、全国最大的大蒜综合贸易市场，并形成以此为中心沿枣泗路向南北辐射 20 千米的大蒜市场长廊，市场年交易量达 100 万吨，交易额达 30 亿元。全镇从事大蒜经营的企业有 230 家，县级以上农业产业化龙头企业达到 22 家，以宿羊山镇为主产区的“邳州白蒜”先后获批“国家地理标志保护产品”“中华人民共和国生态原产地产品保护产品”，品牌价值达 142 亿元。

图 3-3　宿羊山镇的大蒜产业

5）宜兴湖父镇

湖父镇地处苏浙皖三省交界，沪宁杭大三角的中心，因“太湖第一源”“太湖之父”而得名，更以“竹的海洋”“茶的绿洲”“洞天世界”“紫砂源地”而闻名遐迩。区域内自然禀赋优越，生态环境优美，文脉久远厚重，经济富裕繁荣，是国家级太湖风景名胜区的重要组成部分。2018 年该镇阳羡生态旅游区获评国家级旅游度假区。“湖父茶旅风情小镇”入围首批江苏省旅游风情小镇，举办 2017 深氧湖父山地半程马拉松比赛、第二届国际深氧绿色登山节、张公洞道文化节、深氧露营音乐节、花田茶歌·2017 湖父新茶开采节等主题节庆活动，“旅游+”内涵不断丰富。深氧体育休闲旅游路线获评江苏省体育旅游精品线路。星级酒店、主题酒店、精品民宿等业态丰富，可为游客提供床位 5000 多张，全年旅游总收入超 18 亿元。

6）东台许河镇

许河镇位于长江中下游平原，东临黄海，全镇总面积 16 万亩，其中耕地面积 10.3 万亩。围绕富民增收目标，许河镇积极引导农民调优种植结构，不断优化农业产业结构。

2017 年，新增设施农业面积 6200 亩，设施农业面积达 3.5 万亩，高效种植面积 6.7 万亩，以瓜菜为主要品种的经济作物面积达 12 万亩，粮经比例达 3.5 : 6.5，初步形成了从种植、购销到产品运输的完整产业链。许河镇秉承以工业化方式组织农业生产这一理念，大力推行西瓜工厂化育苗、苗鸡工厂化育雏、蚕种工厂化育蚕等，不仅实现了资源的合理配置，还节约了成本、促进了生产、提高了品质。乘着“互联网+”的东风，许河镇充分发挥本地产业产品优势，鼓励引导农民发展农村电子商务，将花凤鸡蛋、绿色瓜果蔬菜等农产品加入淘宝、中粮等电商销售体系，因村制宜打造了两个以上市级电子商务村，四仓村争创省级电子商务村。目前，全镇拥有各类电商 600 多家，年销售额突破 3 亿元。

7）李埝林场

李埝林场位于马陵山脉，总面积 4.5 万亩，其中生态林占地 3.9 万亩。近年来，李埝林场遵循生态绿色可持续发展理念，坚持保护与开发、培育与利用相结合，充分发挥“天然森林氧吧，水晶之都绿肺”的资源优势，大力发展生态森林旅游业，目前已形成休闲度假康养、农业观光采摘、户外健身娱乐、中药材种植保健、青少年航空科普五大产业，建成以森林氧吧康体疗养为主题占地 6000 亩的青松岭温泉度假区、以户外探险健身娱乐为主题占地 3000 亩的御园欢乐谷（图 3-4）、以观光采摘体验游为主题占地 3000 亩的金垦蓝莓采摘园、以中草药科普康养为主题占地近万亩的康缘中草药种植园四大旅游片区，先后举办五月槐花节、森林冷泉节、星空帐篷节、薰衣草摄影大赛等乡村旅游节会。依托各旅游版块，每年平均接待游客近 20 万人次，实现旅游收入 8000 万元，先后获批国家 AAA 级旅游景区、全国农业旅游示范点、省级森林公园、江苏省自驾游基地、江苏省五星级乡村旅游示范区。2013 年李埝林场被市政府正式批准为李埝生态旅游度假区，2017 年上半年获批江苏省旅游风情小镇培育单位。

图 3-4　“旅游+体育”——李埝林场举办体育赛事活动

3.2.2　生态资源转化措施的比较分析

如何实现“绿水青山”向“金山银山”的转变？江苏各乡村积极响应党和国家提出的乡村振兴战略号召，在加大力度保护生态环境的同时，探索出各具特色的生态经济之路，用优异的成绩向党和人民交出了一份满意的答卷。生态经济之路，从本质上说，是改变对生态资源低水平利用的局面，明确生态资源的权属，将生态资源转化为生态资产，进而推动生态资产资本化，实现生态价值的增值，增加地区的经济财富，最终反哺地区生态资源保护，整个过程如图 3-5 所示。乡村振兴背景下江苏省生态资源转化主要包含生产增值、共生增值、盘活增值、创收增值这几个模式。

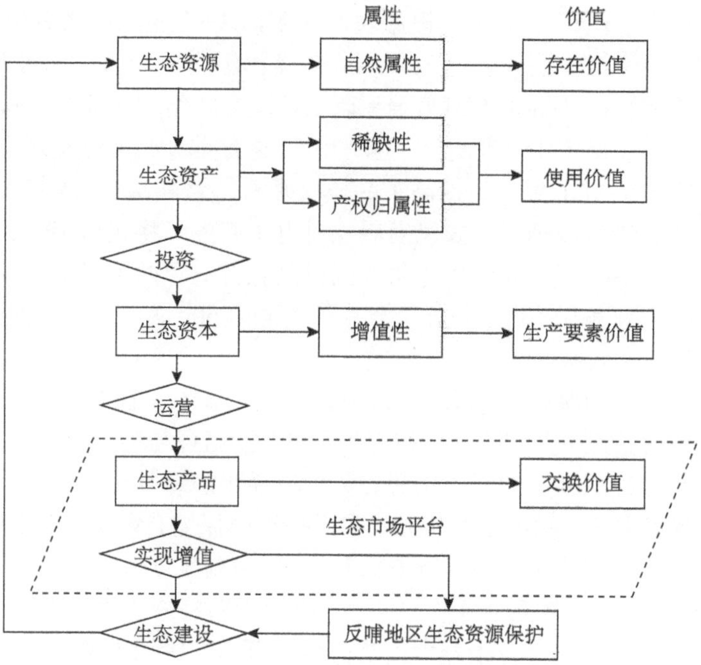

图 3-5　生态价值增值过程

1）生产增值，深度开发生态产品

利用生态资源产出生态产品的能力，通过不断挖掘其新的生态生产要素，并与其他生产要素相结合生产出满足人们绿色消费的新型生态产品，通过直接在生产者和消费者或者加工者之间进行交易获得价值，将生态资源使用价值直接开发转为交换价值，进入生态市场实现资产增值。

“大蒜之乡”宿羊山镇深挖“一头蒜的价值”，以健康食品产业园为载体，推动大蒜产业从传统的商业贸易、初加工向食品佐料、保健食品、生物医药等方向延伸，把“一头蒜”转型为“一头蒜的保健”。通过产学研深入合作，宿羊山镇大蒜企业已研发出大蒜素、黑蒜阿胶糕、黑蒜养颜口服液、茅台白金黑蒜酒等精深加工产品，这些大蒜产品远销 40 多个国家和地区，位列江苏省出口创汇第一名。

东台市许河镇的禽类养殖业有 30 余年的发展历史，常年笼存家禽超 1000 万只，日上市肉用鸡 3 万只、鲜蛋 200 吨以上，农民每年的养鸡纯效益超过 2 亿元，使该镇成为闻名遐迩的“禽蛋之乡”，素有“江苏禽蛋第一镇”的美誉。近年来，许河镇加快传统养殖方式转型升级，推动全镇养殖业向规模化、集约化、标准化、产业化道路发展。在许河人的努力培育下，新型“花凤”鸡的产蛋率提高、饲料报酬率提高、抗病力增强、蛋品健康营养，成为许河镇的一大特色。

2）共生增值，优化配置生态资产

通过开发生态资产存量共生功能，推进区域生态环境治理；通过整体优化、科学配置生态资产，提升生态资产质量及其社会服务能力，并将开发收益反哺生态建设，形成更优的生态环境。生态资产与房地产的整合一体化是我国各地普遍采用生态资产“共生增值”的典型范本，如太湖流域通过生态资产的资本化运作，形成了一定规模的房地产产业，把土地资产变成太湖治污工程的重要资金来源，最终形成了“用生态资本筹措资金→用于治污工程→通过环境改善使生态资本增值→筹措更多资金用于生态建设”的良性循环。

3）盘活增值，交易生态资产权属

通过生态资产的使用权交易，将资产使用价值转化为交换价值，实现增值目的，从而带动生态资产保护。近年来，通过林权制度、草权制度与山权制度等改革，我国完善和建立了生态资产交易制度与市场，让生态资产所有者能够通过转让、租赁、承包、抵押、入股等形式交易生态资产使用权，盘活既有资产，实现生态资产价值的最大化。其中土地发展权交易是生态资产发展权交易的主要类型，通过发展权交易，土地所有者出售发展权获得补偿用于维护生态环境、保护生物多样性，同时，土地发展权购买方将利用发展权获得更多的经济利润。

江苏省从 2008 年以来，试行推进了“万顷良田”建设工程，在有效集聚耕地资源，让耕地增量、提质的同时，探索出一条城乡统筹发展的新路径。南京市竹镇镇抢抓“万顷良田”政策机遇，以土地综合整治为抓手，通过“拆迁流整转”五大途径，将辖区内村庄、窑矿、坟地及小厂等涉及土地指标的场地单位进行土地集中整顿合并，共流转土地规模达到 6.2 万多亩，每年大约仍有 1 万亩土地需进行深度整治；集中安置居民达到 63 万人，完成了上万亩的土地整治指标任务，为现代生态农业的规模化发展提供了充分的土地资源基础，同时，竹镇镇政府还将整合后的土地指标与南京市及六合区的城市建设用地指标通过空间置换的方式，换取了非常充足的农业发展统筹基金，额度达到了百亿元，有效解决了资金平衡问题，基本达到了推动大规模现代生态农业发展的资金融资前期要求。

4）创收增值，推进产业组合发展

生态资产产品不仅可以作为某一产业的支柱性投入，而且可通过产业化运营增加收益。“生态+”将生态与经济紧密结合，促进生态资源转化为经济产出，实现生态资产优化配置。

在生态环境质量优良的区域，发展“生态+旅游”产业，可将旅游区的经济利益与生物多样性保护相结合，实现产业化运营，从生态旅游中获取收益，以补偿因放弃资源开发而损失的利益。南京市竹镇镇立足当地丘陵山区独特的生态资源禀赋，打造了集农业生产、畜牧养殖、旅游观光、农耕体验为一体的巴布洛生态谷项目。宜兴湖父镇依托阳羡山水优势，从品牌营造、产品丰富、服务增强等方面入手，探索文体旅融合路径，深度挖掘旅游生态资源与内涵，创新提出国内唯一的“深氧界 3H 生活”旅游品牌，成为全市旅游高质量发展的领跑者。东海县李埝林场充分发挥“天然森林氧吧，水晶之都绿肺”的资源优势，注重旅游与文化、体育、农业的融合，聚力打造“旅游+科技”新业态，举办无人机展示、飞行观摩表演、航模创意比赛等活动，不断优化旅游发展“新格局”。

“生态+农业”产业化途径较多，多数是林下养殖、种植等立体复合生产经营，实现农林牧各业资源共享、优势互补、循环相生和协调发展的生态农业模式，可提高农林牧业的综合效益。邳州宿羊山镇利用作物生长周期交错，推广蒜稻轮作，推动土壤改良、增产增效，不仅活跃了集体经济，村民也从中获取地租、分红，收入来源更加多元化。在此基础上，该镇发展稻鸭、稻鱼立体种养，推广自然生态和人为干预相结合的绿色种养模式，实现了一水多用、一地多收。东台许河镇针对畜禽粪便年产23万吨的实际情况，集中开展畜禽养殖污染专项治理，投资建设畜禽粪便处理中心，计划新建循环式全自动发酵槽有机肥生产线12条，年处理畜禽粪便15万吨，年产有机肥3万吨，可实现养殖业与种植业的有机匹配与深度融合。

“生态+工业”将生态理念引入工业产业链规划布局和建设管理，促进制造园区产业链循环化和资源利用高效化，通过绿色产业组合实现生态增值。句容绿色新能源小镇主打“光伏智能”的新能源理念，加快推进技术进步、产品升级和智能制造，进而带动光伏相关的智能制造设备发展。协鑫智能组件项目是该镇推动智能制造产业集聚发展的主导产业之一，通过实施技改扩能推进智能化生产，降低了单位能耗、提高了能源利用效率、减少了环境有害物排放，走出了一条高质量的绿色发展之路。

“生态+文化”促进文化资源在产业和市场结合中的传承、创新与可持续发展，推进文化创意和设计服务融合发展，实现文化价值与实用价值的有机统一。南京市竹镇镇现居少数民族17个，是江苏省仅有的两个民族乡镇之一，因此打造民族文化品牌成为全镇重要的文化发展策略。通过申报非遗项目、推进民族文化教育、发展节庆旅游，丰富的民族风俗文化资源为竹镇镇带来了良好的经济和社会效益。常州市仙姑村以道教养生文化为底蕴，以茅山风景区自然山水为依托，将仙姑村传统民俗、自然体验、旅游观光等内容相结合，开展关于非遗文化、舞龙舞狮、金坛锡剧等演出活动，在旅游市场的影响力不断提高的同时，也推进了民俗文化的扩散与传承。宜兴湖父镇依托“宜竹心创”等文创品牌，研制创新各类文创产品，传播湖父的茶陶文化。

3.2.3 生态资源转化的经验启示

“绿水青山就是金山银山”是习近平总书记对人与自然关系的哲学解读，是对经济发展与生态保护两者之间辩证统一关系的生动表述。从马克思主义实践观看，实践是认识的目的，从乡村实践中探索得来的“绿水青山就是金山银山”的认识，其重要归宿仍在于指导乡村发展的实践。实施乡村振兴战略，从根本上说，就是追求生态保护与经济发展有机融合的局面。一方面，将生态环境优势转变为经济社会发展优势，另一方面，以经济发展反哺生态环境的保护，促进“绿水青山”与“金山银山”的良性循环，实现百姓富、生态美、国家强的辩证统一。

1）保护生态环境，坚持绿色导向

以生态理念重构产业体系。在历史发展进程中，一些地区因为缺乏环保意识，选择了“靠山吃山、靠水吃水”的粗放型发展方式，但不科学的发展方式破坏了生态，又进一步加重了贫困，使地区陷入了“资源诅咒”的恶性循环。例如，地处宜南丘陵山区的宜兴湖父镇，长久以来该镇都依靠开采矿产维持经济优势，对环境造成了一定的破坏。以生态理念重构产业体系，就是要合理利用生态资源优势，走上一条产业绿色转型之路。第一，出台各类生态环保政策。近年来，江苏省政府出台了《江苏省“十二五”环境保护和生态建设规划》《江苏省生态红线区域保护规划》《江苏省“两减六治三提升”专项行动实施方案》等文件，不断加强生态文明建设和环境保护工作。为了调动干部的积极性，包括宜兴在内的一些地区开始尝试不以 GDP 为主要指标的差别化考核新机制，在乡镇综合考评中把环保一项视作较重要的权重指标之一。第二，注重生态环保资金投入。积极争取上级生态环境保护投资基金，发挥财政资金的“种子”作用，引导更多金融和社会资本进入生态环保领域。发挥政府的引导作用，更好地吸纳各类人才、技术和资本加入，加快推动环保基础设施提档升级。第三，产业结构调整与优化。将发展的天平向生态倾斜，逐步实践“环境就是竞争力、就是生产力”的发展理念，认真实施环境与发展综合决策制度，并把淘汰劣质产业、落后产能作为生态建设的重中之重。宜兴市启动了宜南山区整治、复绿工程，化工企业关停并转。湖父镇全面关停矿山宕口、轧石机、石灰窑等，300 多家工业企业被淘汰，24 家琉璃瓦企业全面关停，40 家企业被收购拆除，产业结构进一步优化。

实施环境治理工程。针对环境矛盾日益激化的形势，环境治理应开始从应急性、行业性整治向系统治理、整体修复的方向转变。重点做好生活污水集中收集、禽畜粪便规范处理、生活垃圾集中运转，清理疏浚河塘河道，扩大村庄绿化面积等工作。加快建立符合农村实际、得到农民支持、能够长效运行的村庄环境长效管护机制，防止村庄环境前清后乱，建设农民幸福生活的美好家园。

加强环境监管执法力度。一是优化监管体系。落实环境监管责任到领导、部门、企业，推行环境监管网格化管理，推进监管重心下移、力量下沉。二是开展综合督查。配合上级开展环保督察。采取检查、通报交办、环保约谈等综合手段，对重点区域开展督查，解决区域突出环境问题，改善环境质量等。三是加大环境违法行为曝光力度。在主流媒体曝光典型环境问题，公布整改情况，接受社会各界监督，彰显党委、政府解决问题、惩治违法的决心和态度。

2）强调政策助力，优化发展环境

强化政策扶持。对于乡镇的生态经济发展，市委市政府制定优势产品相关产业的发展规划，出台人才引进、劳动用工、招商引资、项目建设等一系列扶持政策。依托项目加大对重点龙头企业在外向型基地建设、品牌创建、产品检验检测、产品研发、一二三产业融合等方面的扶持力度，进一步提升生态产品产业化水平。

发挥部门职能。乡镇各部门厘清自身职能，积极发挥自身的作用，为生态经济发展保驾护航。在邳州宿羊山镇，公安、交通部门为大蒜运输车辆提供绿色通道，为大蒜收购运输创造良好的环境；农业部门采取多种措施，密切关注市场行情，搞好市场调查，加大宣传和推介力度，发布相关信息，科学引导蒜农适价分期销售；加大基础设施投入，积极整合邳州市农业委员会、国土资源局、水利局、农机局等涉农项目资金集中投入基地，进一步强化农田水利和桥涵路闸建设，推广滴灌等节水灌溉技术，积极探索大蒜收种机械化。

助力融资对接。地方政府、银行等相关职能部门负责人与公司企业家面对面交流，畅通信息渠道，加强政银企合作，帮助企业解决融资难、融资贵、融资慢等问题，赋能企业转型升级，促进产业更好发展。

推行农业保险。提高农户投保意识，扩大保险覆盖面，帮助农民分担风险。邳州市自 2013 年起就在大蒜主产区推行了大蒜保险，这类险种能有效降低蒜农在遇到自然灾害时所遭受的成本损失，为农户架起了一道安全堡垒。

3）发展特色产业，延伸产业链条

发展高效绿色生态农业。一是推行规模化、标准化、集约化生产模式。实现统一规划、统一品种、统一技术指导、统一肥水管理、统一病虫害绿色防治和统一组织收购的“六个统一”标准化生产，推行生产、加工、包装各环节全程监管。利用农作物生长周期和家禽家畜生长特点，创新立体种养模式。二是整合农业园区资源。依托农业园区，整合先进的生产要素，按照集中、集聚、集约发展的要求，努力把农业园区建设成为科技示范平台、种子种苗生产基地、产业带动载体，增强农业园区对现代农业发展的辐射带动功能。三是深挖农产品附加值。深入发展产学研合作，发扬创新精神，从外形、功能、理念等多方面深挖农产品附加值，通过精深加工使产品不断增值。四是构建特色农业产销模式。构建从生产到销售的价值链体系，形成以农业合作社和采购商为核心的“农户+合作社+基地+经纪人+市场”的经营体系，进而拓宽农业产品的销售渠道，内外并举，开发海内外市场。

推进工业结构调整。借助“生态牌”，着力调整工业产业结构。努力促进高污染、高耗能企业的结构调整和功能转型，策划一批生态型或技术高端型大项目，积极引进国内外先进生态型企业和产业，重点发展“两高五少”的产业集群，如光电子、新型建材、生物质能发电等新型产业。

探寻旅游多元化发展路径。一是科学规划，优化旅游发展“新格局”。综合考虑当地的自然禀赋和功能配套，以生态绿色产业发展为导向，以休闲养生度假为核心，按照注重特色、差异发展、强化功能、突出重点的原则进行旅游资源规划，合理分布旅游空间，为旅游项目健康有序发展奠定基础。二是推动创新，培育旅游产业“新业态”。顺应休闲度假旅游发展趋势，进一步丰富旅游业态和产品供给。按照“食、住、行、游、购、娱”旅游六要素的要求，补齐特色旅游产品短板，开发推出具有当地特色的旅游产品。做深“旅游+”文章，发展旅游关联产业。三是完善配套，提升旅游环境“新形象”。按照旅游交通便捷化、配套设施舒适化、旅游服务人性化的要求，优化旅游服务水平。四是强化宣传，推介旅游项目“新品牌”。挖掘拓展旅游文化中丰富的内涵，根据自身特色打造独特品牌，借助节庆会展平台，运用多媒体手段进行特色营销，不断提升品牌知名度与市场竞争力。

发展现代生态服务业。促进服务途径生态化，主要表现为批发零售贸易业可主要开展绿色营销、电子商务，开辟绿色采购通道，引导绿色消费等来创建清洁化的服务途径；在餐饮宾馆业中，开辟“绿色客房”、开设绿色餐厅、提供打包服务、按顾客意愿提供一次性用具等是清洁化服务途径的主要形式；在交通运输业中，可以通过发展轨道交通、合理规划行驶路线、使用电动车和混合动力车辆等形式来实现服务途径的清洁化。

4）加强党建引领，创新治理模式

建设党员队伍。锻造“头雁”队伍，大力培养一批能带富、善治理的村级组织带头人，增强村级党组织对乡村振兴的引领带动作用，形成强大的“头雁”效应，带动村级干部队伍全面提质。实施“中流砥柱”工程，把全体党员干部培养成为实施乡村振兴战略的坚强骨干力量，持续用力推进“两学一做”学习教育，坚持用新思想武装头脑、指导实践、推动工作。常州仙姑村将文化传统与社会主义核心价值观教育有机结合，建设了一号讲习所、初心园、村史馆、美作坊等党建活动阵地，在留住乡村文化根的同时，将农村党员教育融入乡村日常生产生活中。

发挥党员先锋模范作用。始终坚持农村基层党组织领导的核心地位，形成相关组织各展其长、分工协作的工作格局。农村基层干部承担党员义务和责任，带领群众探索致富之路。邳州宿羊山镇基层干部勇于挑战传统种植模式，紧跟市场行情，积极转型升级，在传统大蒜产区带领乡亲规模种植草莓，科学决策实现富民兴村。

创新党建工作模式。南京市竹镇镇推行社区党员家庭挂牌评星制度，创造性地将党建与社区舆论监督结合，有力地激发了党员的工作积极性。邳州在网格化社会治理中系统化运用“听群众说、向群众讲、带群众干、让群众享”工作法，创建以邻里认同为纽带的新型“网上虚拟社区”。李埝林场开展“周二走访日”活动，要求全体机关党员干部每周二集中下村入户，与群众面对面，问需于民、问计于民。

3.3 江苏生态资源转化存在的问题分析

3.3.1 生态资源转化效率相对较低

1. 乡村资源禀赋利用不充分，收益功能有待加强

乡村资源禀赋的经济性尚待挖掘，资源禀赋包括经济禀赋、政治禀赋、文化禀赋和生态禀赋。经济禀赋既包括村庄发展所需的经济基础、市场条件、比较优势等，也包括农业、工业资源和生产条件。政治禀赋包括村治水平、村庄共同体凝聚力。文化禀赋包括小镇所具备的历史文化资源和小镇的文化生态。生态禀赋是指小镇空气、水体、土壤等的质量的抽象概括。乡村的发展是将这些资源禀赋融合，并且合理充分利用。现代生态农业生产的全产业链有待推进，大部分农业产品的加工处于中低端环节，产品附加值低，农业生产链短，不能充分体现农业产品价值，缺乏价值链延伸的支持政策。乡村现代农业生态禀赋的经济收益功能释放不仅体现在农业产品价值链的延伸上，还应体现为循环养殖、休闲旅游、园艺蔬菜、特粮特经等产业的深层次发展上。结合文化创意、科普教育，结合乡村的历史文化资源，体现多元业态融合的“眼球经济”项目有待于进一步开发，以增强乡村旅游特色的影响力，例如，对红色故里和革命老区村落没有进行充分的保护性开发，无法充分体现寓教于游、寓教于乐的乡村旅游体验；采摘作物、钓鱼捕鱼、采莲挖藕等部分休闲体验式农业更多注重于观光的效能，未能深入挖掘消费者体验的功能，生态旅游景点开发明显不足。现代生态农业是系统发展的产业模式，只有充分激活主体参与功能，激活全要素的生产潜力，深度开发和挖掘相关产业的整体性生产功效，才可能发挥现代生态农业的最大效益。

2. 小镇存在同质化现象，亟待打造特色优势

发展特色产业是江苏小镇建设的核心，也是乡村振兴的重点。但是资金投入匮乏、政策落实不到位、品牌建设缓慢，导致很难吸引到高端技术、管理、经营人才，使得相关产业创新不足，小镇乡村文化滞后、缺少文化创新，出现特色方向不显著的现象。准入门槛较低，市场易出现无序竞争，短期效益较为显著，仅靠资金的投入而忽视了管理的建设，许多“农家乐”“旅游度假村”存在模仿和复制的问题，原创的个性设计稀缺，品牌缺乏长远规划，不能有效满足市场需求。这种简单而迅速的复制乡村旅游模式，给顾客带来的体验感也会变差。江苏南北共计 13 大市，在地域文化上显示出一定的差异性，然而在小镇建设上没有因地制宜地打造具有竞争力的独特产业业态，“一镇一品”的特色不够鲜明，未能明确划分小镇区域的功能、规划民宿住宅的土地利用、制定产业发展的定位、宣传休闲旅游的主打特色。而且在乡村旅游建设的开发过程中，存在过度追求商业化而忽视对乡村原始风貌的保存和完善，原始田园的风光遭到不同程度的破坏，在乡村特有文化的建设上缺乏深层次的思考，也缺乏宣传、展现方式。

3.3.2 生态资源政策比较匮乏

1. 政策缺乏全方位引导，亟待有力支撑

在省、市层面，政府部门出台了响应国家乡村振兴战略规划的政策文件，而具体到县、村的政策存在空位现象，出现市、县规划脱节的现象，极少数出台的县、村政策缺乏全方位及专业性的引导。接下来的政策应着重于准入门槛的制定、建设用地政策的改革、财政资金及金融产品的投入。准入门槛较低，使得乡村旅游处于无序竞争状态，无论是企业、开发商、村民还是投资方均可自由进入，虽然加快了社会资本的参与，但很可能形成投资者间的恶性竞争，导致村集体内部的利益协调难度大，市场主体小而分散，现行的组织管理落后，缺乏全省性的乡村旅游质量标准。建设用地政策落实不到位，土地产权制度改革力度还需加强，农村集体产权制度改革的核心是土地产权制度改革，农民将拥有更多的土地资源权能。建设用地缺乏多模式的土地经营，在农民承包田地后，可将社区层面的土地实施流转，并以出租经营收入为主，实现土地资源经营的多元化，同时伴随农村劳动力、农业机械、科学技术、农业组织等系统改革的整体推进，从而带动整体效益的提升，发展高效农业。财政资金投入和整合力度有待加强，地方资金需求量大，回报周期长、回报率低，且有较大的自然和市场风险。资金使用方向不具有灵活性，地方无法统筹使用，如国家农业综合开发、土地整理和省级农业开发、粮食产能规划等涉农项目资金分散、多头管理，部分项目存在建设重叠。财政投入道路、住房、环境等公共设施建设的资金也较为分散，多个部门各自为战。

大部分小镇都出台了有关乡村振兴的规划与方案（表 3-1），为下一阶段的乡村发展提供了有力的支撑。内容涵盖了构建乡村振兴的新格局、加快农业现代化步伐、发展壮大乡村产业、建设生态宜居的美丽乡村、繁荣发展乡村文化、健全现代乡村治理体系、保障和改善农村民生、完善城乡融合发展政策体系等，以指导各部门有序推进乡村振兴。六合竹镇镇出台的政策涉及领域较为广泛，包括农业结构、龙头企业、电子商务以及产

业建设，为小镇的发展提供多方位的保障机制，但缺乏价值链延伸的政策，即支持深加工的融资、信贷政策仍然偏少。句容绿色新能源小镇、常州仙姑村、东台许河镇皆提到了财政资金及金融扶持政策，充足的资金是乡村发展的基础。其中人力资源问题在句容绿色新能源小镇出台的政策中被提及，鼓励人员返乡创业，从而缓解农村从业人员人口老龄化、素质低的状况。宜兴湖父镇侧重于对生态环境打造的重视，充分利用本地的生态资源禀赋，推动乡村产业与生态环境的协同发展。然而，七所小镇中仍有两所小镇存在政策缺位现象，各县应结合客观存在的困难，在实施乡村振兴的过程中，给予政策上的大力支持。

表 3-1　涉及小镇现代生态农业发展的部分政策

序号	政策文件	小镇名称
1	《六合区推进农业结构调整行动方案》	六合竹镇镇
2	《六合区农业品牌建设行动方案》	
3	《六合区农业龙头企业发展支持办法（试行）》	
4	《关于加快农村电子商务发展的实施意见》	
5	《关于加快发展现代服务业的政策扶持意见》	
6	《关于推进乡村振兴战略的实施意见》	
7	《六合农村产业融合发展示范园(竹镇镇）产业发展鼓励扶持办法》	
8	《开放型经济、先进制造业、现代服务业政策扶持》	
9	《句容市支持农民工等人员返乡创业的实施办法》	句容绿色新能源小镇
10	《句容市富民创业贷款实施办法》	
11	《建设农民创业示范市实施意见》	
12	《关于实施乡村振兴战略加快推进农业农村现代化的意见》	
13	《句容市乡村振兴战略实施规划（2019—2022 年）》	
14	《常州市乡村振兴战略实施规划（2018—2022 年）》	常州仙姑村
15	《关于支持乡村振兴战略的若干财政金融政策意见(2018—2022 年)》	
16	《湖父镇“两减六治三提升”专项行动方案》	宜兴湖父镇
17	《湖父镇政府关于建立网格化环境监管体系的实施意见》	
18	《宜兴市湖父镇总体规划（2017—2035 年）》	
19	《湖父雅达小镇总体规划方案》	
20	《太湖风景名胜区阳羡景区详细规划》	
21	《关于预拨特色田园乡村建设第三批试点项目奖补资金的通知》	东台许河镇
22	《东台市现代农业发展“16 条”、新“6 条”》	
23	《东台市乡村振兴战略行动方案（2018—2020 年）》	
24	《2018 年乡村振兴战略重点任务》	

2. 机制缺乏灵活度，必须创新以适应发展

江苏特色小镇在农业农村的发展机制创新上，做了一些卓有成效的探索，但与乡村振兴的发展需求相比，还存在不少差距。县级部门未能针对当地特点，制定差异化的政策，不善于将上级的号召与当地小镇实际情况相结合，仅仅照搬一些政策和办法，开拓创新的精神没有得到深入实践，这将造成小镇发展的迟滞性。小镇内部的特色产业未能有效融合，生产要素流通体系不健全，一二三产业分别在不同的部门和区域进行生产操作，部门和距离的阻碍性造成了产业融合的困难。创新是特色产业发展的驱动力，创新会引起农业生产方式的变革，从而带动整个产业的发展，为农业与二、三产业的融合创造了有效条件。机制上的保障，将更快引导一二三产业的融合。特色小镇建设的相关政策保障机制不够健全，农业生产的社会化服务体系不完善，存在信息不对称、科技支撑薄弱、资金投入不足的现象，因此信息、科技、资金等一系列有助于现代农业发展的保障机制亟待健全。突发事件处理机制的欠缺不容忽视，乡村小镇地址一般在郊区或偏远农村，因此医疗急救队伍、交通很难在第一时间满足事发状况的需求。针对事件的不确定性和突发性，必须做好事前、事中、事后的防控。

3.3.3 产业结构有待完善

1. 产业发展存在短板，特色产业是当务之急

传统农业未能与现代农业有效对接。传统农业部门结构单一，耕地基础设施残缺，自然灾害频发，效益较低，粮食等大宗农产品基本无优势。大多数村落从事较为分散的传统农业生产，产品附加值低，农业生产链短，现阶段的加工主要集中在中低端环节，对多行业、多领域的支撑作用还不凸显，不能充分体现农业产品价值。农村新型产业起步较晚、规模小，新型职业农民少，农村创新创业氛围不够浓厚，发展严重滞后。农业龙头企业培育不足，特别是缺乏高附加值产品深加工的企业。企业抵抗市场风险的能力较弱，无法形成合作共赢的企业局面，且落地项目分布散乱，市场集中度低。乡村企业的市场知名度和占有率低，品牌建设力度不够，且多数地区没有形成科研、生产、加工和销售的完整产业链，产业发展带动作用不强，提升农业特色产业开发是当务之急。

现代农业发展的广度深度不足，与工业、旅游业、文化产业以及物流业融合不紧密，尚未形成具有特色优势的农业产业集群集聚区。江苏省还没有实现农村电商综合平台的普及，缺少农产品电商销售平台，部分地区存在交通落后的现象，物流体系基础薄弱，不能充分适应农产品季节性、易腐性、品种多等特点，造成农产品电商在物流配送上的困难。未能打通城市与农村的产品绿色通道，未形成城乡产业经济圈，不利于实现乡村振兴与城镇化“共赢”、城乡融合发展的良好局面。

2. 省内区域发展不平衡，苏北、苏中、苏南亟待差异化举措

江苏整体经济发展迅速，然而存在苏南、苏中、苏北的区域发展梯度，省内南北区域发展差异较大。苏北以传统农业为主，而苏南乡村已基本完成工业化、城镇化。从配

套设施来看，苏中及苏北地区大部分乡村旅游基础设施较为落后，主要表现在基础道路设施的修建、无线网络的覆盖范围和强度、乡村旅游地区规划、住宿及卫生服务等方面。苏南基础配套设施相对比较完善，但在停车场的规划、路标指引等细节方面还有待进一步完善。从地域功能来看，苏北、苏中的生产发展功能高值区拥有良好的水热条件和作物生产条件，土地主要用于农业耕作，苏南的生产发展功能高值区经济繁荣，乡村工业发展迅速，土地主要用于发展工业和商业，耕地非农化现象严重。从资金投入与金融政策来看，苏北的城市虽然在不断加大对农村科技创新发展的支持力度，但与其他领域相比，扶持力度仍然较小，金融服务体系不健全，而苏南五市的项目投资比就占到了60%，大量的专项产业扶持资金落在苏南，该地域普惠金融系数最高。江苏省应探索具有本地特色的乡村振兴差异化举措，使苏北、苏中、苏南进一步串联起来成为一个良性发展的整体。

3.3.4 人才培养力度不足

贫困农户缺乏脱贫积极性。部分贫困农户存在“等靠要”思想，发展产业的积极性不高，失去了脱贫致富的主观能动性，将脱贫希望寄托于各级政府、帮扶部门的钱物提供，在一定程度上影响了其他贫困户，也导致越来越多的非贫困户群体对扶贫政策和工作产生不满，不利于贫困户和非贫困户群体自食其力脱贫致富，应从思想观念的根源上实施针对性政策。

农村从业人口老龄化加剧。当前农村从业人员数量不断减少、人口不断老化，面临断层困境，其接受新知识的能力有限，在很大程度上影响了新型产业培训的效果，对新型产业发展不利。农村社会主体过快老弱化的“乡村病”成为乡村发展的主要限制因素。农业产业的可持续繁荣发展需要大量身体素质较好、教育水平较高、满足新型产业发展所需要的农村劳动人口，尤其是青壮年劳动人口。

乡村人才紧缺。新型农业经营主体尚处于初步发育阶段，懂技术、会管理、善经营的致富能人严重不足，能够承接网络经济时代的旅游文化产业、新业态电商产业的复合型人才更少。目前乡村的人口现状，导致年龄结构、专业结构不合理，出现劳动力成本过高，推广新技术的人才紧缺，甚至无相关领域专业人员，不具备发展产业的客观条件，已成为乡村振兴的突出瓶颈。人才匮乏的现状，将导致无法深度开发乡村旅游和乡村产业，而最终的结果很可能就是举步维艰。也必须清楚地看到乡村地理位置偏远，远离城市，经济发展相对落后，对人才的吸引力度不强的现状。国家对农村人力资源开发投入不够，应在全省大力实施乡村人才培育工程。

3.3.5 小结

本节从生态资源转化效率、生态资源政策、产业结构和人才培养力度四个维度探讨江苏资源转化现存的问题，发现江苏存在乡村资源禀赋利用不充分、小镇发展同质化、政策缺乏全方位引导、机制缺乏灵活度、产业广度深度不足、省内区域发展不平衡和人力资源机制缺失的现象。

3.4 实现高质量生态资源转化的政策设计研究

3.4.1 科学制定乡村振兴规划

凡事预则立，不预则废。乡村振兴作为党中央提出的一项长期战略，地方必须考虑到在实施过程的艰巨性，所以必须坚持规划先行、目标指引。在中央提出的乡村振兴“三步走”战略的基础上，各级地方政府应加紧制定乡村振兴战略中的生态资源转化规划，优化顶层制度框架设计，谋定而后动，提高效率，少走弯路。针对目前部分地区缺乏乡村振兴中生态资源转化的整体规划，以及与之相关基层政策较为匮乏的现状，为了能够切实发挥目标规划的指引作用，本节从以下三个方面提出相关建议。

一是市委市政府要制定全局规划。考虑到镇、县级政府是我国基层的行政单位，行政权力以及掌握的资源有限，且可能存在目标短视行为，而市级政府的权力较高，且其相关部门掌握了地方主要资源，因此，建议市委市政府可以从整个地区的全局角度出发，充分发挥市级政府在政策制定中的主体作用。根据中央政府、省级政府下发的乡村振兴战略文件，集中资源，组建包含解决农业问题的专家的工作班子，对地方乡村振兴规划进行科学论证、统筹规划，进而加快本地区的乡村振兴战略总体规划编制工作，保证发展规划的系统性、科学性、可持续性。

二是坚持市县镇规划有机统一。目前，市县镇规划尚未形成有机整体，降低了规划的政策指导效应。因此，在制定乡村振兴战略中的生态资源转化规划时，还要坚持市县镇三级党政机构之间的有机统一。在不违背市级规划的总体框架的前提下，县、镇需要结合本地实际情况，根据上一级政府的总体规划，来详细制定符合本地特色的生态资源转化规划，进而形成市县镇三级生态资源转化规划，以确保规划的系统性和可行性。

三是充实规划内容，保证科学性。要充分尊重地方实际情况，按照不同区域定位、不同产业布局、分类型指导的原则，突出重点、彰显地方特色，将乡村振兴战略中的生态资源转化各项目标任务系统化、措施化、具体化，将规划细化到每一个年度、每一个产业、每一个乡镇、每一个村、每一家农户，切实增强乡村振兴规划的针对性、有效性和可行性。此外，还要坚持严谨的科学态度，对市县镇三级都要进行科学论证，广泛征求各方面的意见，用科学的规划来统一党员干部群众的思想，达成共识，凝聚力量、坚持构建乡村振兴的美好蓝图，用水滴石穿的韧性推进规划并将生态资源转化落到实处。

3.4.2 优化制度设计，实现机制创新

改革农村经营体制，助力乡村振兴。20 世纪 80 年代，我国开始在农村实行家庭联产承包责任制，这一制度创新极大地解放了农村的生产力，对我国农业、农村的发展做出了重大贡献。但是随着社会经济的发展，一家一户式的分散经营模式已经无法适应我国社会经济的新形势。因此，地方乡镇可以在坚持现有土地制度的前提下，以完善农村土地“三权分置”为契机，坚持农村土地归集体所有，放宽农民的土地经营权，鼓励开展多种模式的土地经营，促进土地等生产要素的流转整合，积极探索适合本地乡情的经营模式，通过经营模式的创新，提升乡村集体经济组织的作用，进而推动乡村农业的发

展。例如，可以将分散的农民组织起来，鼓励农民以土地承包经营权、货币资金入股，建立以农民股份为主体的农业发展有限责任公司;还可以将农民不愿意承包种植的土地，以支付一定数额流转费的形式集中起来，然后再统一向外招标，吸引外商投资，发展高效农业，实现集约化农业发展模式。

创新农村产权市场机制，推进生态资源价值化进程。引入市场机制，建立农村产权交易市场，加快农村生态资源价值化的市场制度设计，科学构建关于农村土地、林场等生态资源的定价体系，推进农村自然资源的资本化进程，盘活乡村生态资源，带动乡村生态资源价值化这一目标的实现，从而增加农民资产收益，提高农村资源利用率。

完善乡村振兴工作激励机制，加强生态资源转化的动态管理。可以从以下三个方面展开。一是完善乡村振兴工作考核办法，针对各级职能部门和领导干部，在明确职能部门和领导干部的责任的基础上，不仅要制定相应的惩罚机制，更重要的是落实领导干部的容错机制，鼓励各级领导干部能够迈开步子，开拓创新，积极地落实乡村振兴战略，形成一种干事创业的氛围。二是适当延长对乡村振兴实施效果的考核周期，建议明确规定以年为周期对领导干部的工作成果进行考核，其余时间上级可例行检查工作，若发现不足之处，则及时指正并要求整改。这是因为乡村振兴中生态资源转化是一个周期较长的过程，并不能立竿见影，倘若考核周期偏短，可能会导致在实践中偏离乡村振兴原有的目标，导致资源浪费。三是随着考核周期的延长，考核内容需要做出适当调整，制定科学合理的考核标准，例如，考核内容不应仅局限于生态资源转化的规模与经济效益，还要将生态资源转化所带来的环境效益与社会效益纳入考核内容中，以全面评估乡村振兴中生态资源转化的效益。

3.4.3 优化产业结构，实现联动发展

乡村百业兴旺既是乡村振兴的目标，也是实现乡村振兴的根本途径。推动乡村产业融合可以实现农村长期沉淀的生态资源价值形式的转化。因此，在乡村振兴的过程中，既需要强调产业的横向联动，也要注重产业的纵向乃至多元化发展，进而实现生态资源的整合与产业结构的优化升级。

形成完整的旅游产业链。针对部分地区旅游产品的低端化问题，可以考虑在充分挖掘本地区优质生态旅游资源的基础上，以生态产业园项目为龙头，推动本地区的生态景区的高标准建设，形成“高品质酒店+精品民宿”“休闲农业+休闲体育+健康养生+文化体验”等丰富的旅游业态，实现低、中、高端旅游产品互补。同时要避免同一地区内的同质化竞争，鼓励各乡镇打造自身特色旅游产业，让游客一年四季都愿意来，一天到晚都有的看、有的玩，从而形成完整的旅游产业链，实现生态资源的价值最大化。

构建现代农业生产-经营体系。针对产业单一化问题，要抓住绿色消费与农业高质量发展的历史机遇，面向市场，把产业建设作为地区乡村振兴的重点任务，加快构建现代农业生产-经营体系。一方面，可以通过聚焦“高效+品牌”的发展方向，提升产品品质，做大做强自己的优势产业，进一步放大本地优势产业的功效，形成优势产业的区域化布局、规模化种植、产业化发展、外向化经营的格局，进而打造农业品牌，创建自己的规模效应与品牌优势。同时为了进一步推广农业品牌，也可以鼓励乡村成立农业合作社，

积极与下游采购商建立长期合作关系，激发客商与群众的双重合力，构建从生产到销售的完整的价值链体系，从而形成以合作社和采购商为核心的“农户+合作社+基地+经纪人+市场”的产销体系，最终拓宽农业产品的销售渠道，提升生态农业的建设和运营水平。同时借助 5G 和互联网技术，在乡村大力发展电子商务，对各地方的成功产销模式进行总结归纳，在区域内形成可推广、可复制的经验。另一方面，继续以农业供给侧结构性改革为驱动力，引入市场机制，调整农业结构，不局限于生产单一经济农作物，大力发展本地特色蔬菜、瓜果、小杂粮等农作物，进一步优化乡镇农业结构，努力形成常规经济农作物与特色种植业并重的特色农业生产格局，最大限度地降低单一农作物生产所面临的价格波动风险。

鼓励三产融合。有条件的地区还应该变换思路，在坚持本地优势产业的基础上，寻求新的产业发展模式，加速三产融合。乡村振兴强调百业兴旺，不能仅关注农业这一产业，还需要考虑农业以外的产业。各地方要以产业链和价值链为纽带，推动农业与第二产业、第三产业的有机融合，进而实现农业的转型升级。在农业农村产业建设过程中，可以积极引入农产品精深加工、休闲观光农业、创意农业、农村电商、现代农村服务业等农村新业态，进而丰富农业发展的内涵。同时在推进三产融合的过程中，也要坚持科学规划、市场化、因地制宜、试点推进的原则，努力构建特色鲜明、三产融合、优质高效、充满活力的现代化乡村特色产业开发体系，从而整合生态资源，努力实现土地、劳动力分散投入向科技、土地规模经营转型，农业由增产导向向提质导向转型的发展模式。

重视环境保护，实现循环发展。在产业结构转型升级的过程中，也不能忽视环境保护问题。在生态资源的转化升值过程中，需要依托科技进步，坚持对生态资源的保护性开发利用。严格遵守生态保护规定，加强对耕地、绿化林业、河道沟渠坡地等原生态资源的保护，在考虑生态平衡与环境质量的前提下，获取生态资源要素的潜在经济价值，实现循环经济发展。

3.4.4 制定融资信贷等优惠政策，优化乡村投资结构

良好的信贷支持政策与乡村多元化的投资结构是实现乡村振兴的重要保障。首先，地方政府可以通过提供融资信贷等优惠政策来支持乡村资源价值转化，根据对地方产业的技术水准、生态资源转化能力、经济效益、环境友好程度等方面的考量，针对农业合作社、家庭农场、养殖大户等乡村农业经营实体来提供相应层次的信贷支持。其次，考虑到财政资金一直都是农村公共事业建设的主要资金来源，政府还需要充分发挥财政的杠杆作用，制定专项补贴资金管理办法，对有益于生态资源转化的各类项目予以财政专项支持，并通过建设用地增减挂钩过程中的土地增值部分资金投资进行村庄环境整治，采取以奖代补、先建后补等方式提高财政资金的使用效率。最后，还应当结合地方产业发展引入社会资金，通过政府与社会资本合作（PPP）、建设-经营-转让（BOT）等资本化运营模式，采取承包、转让等方式，吸引社会资本参与到乡村振兴中，实现乡村投资结构的多元化，这样既可以充分发挥市场机制的作用，又可以缓解政府与村集体的资金匮乏难题，进而充分实现乡村振兴过程中生态资源的价值转化。

3.4.5　加强人才培育，破解乡村振兴人力资源问题

重农先重人，人才是保障乡村振兴战略得以有效实施的关键，是实现“产业兴旺、生态宜居、乡风文明、治理有效、生活富裕”的基础，也是当前基层组织在推进乡村振兴战略过程所遇到的一个难题。只有解决目前存在的人力资源短缺的问题，乡村才能有希望实现真正的振兴，农村生态资源的价值转化过程才能平稳推进。在乡村振兴战略实施过程中，中央提出了乡村振兴“让农业成为有奔头的产业，让农民成为有吸引力的职业，让农村成为安居乐业的美丽家园”[①]这一思想，这也为破解农业农村人力资源问题提供了难得的时代机遇。因此，地方政府要紧抓这次机遇，在加强农村基础设施建设的同时，要重视人才、培育人才、吸引人才，并强化科技、人才投入以推动乡村振兴。

注重对本地乡村实用人才的培训，培养新农民。乡村振兴，离不开农民的参与，农民是未来乡村振兴的主体。一是有条件的地方可以开展职业农民的试点教育，政府可以制定并出台一系列支持职业农民的配套政策，鼓励符合条件的农民参与职业农民的试点教育，然后对其进行资格认证，培养符合时代潮流的新农民。二是面对广大的农民群众，政府要引导农民转变传统观念与生产方式，树立绿色发展的理念，推动农村生态文明建设，要建立以政府投入为主体、多渠道并存的农民教育投入体系，为乡村振兴注入持续动能。三是以培育本地乡村振兴人才为重点，充分利用现有各种农村人才培训资源和项目，坚持理论教学与实践操作学习并重，结合多种学习形式，分期分批从乡村中选拔有基础的农民，对他们进行技能培训，提升乡村振兴人才的综合素质，加快打造一支乡村专业人才队伍。

制定人才“互派”制度，加强人才交流活动。高等院校、科研机构是培养农业科技人才的摇篮，因此地方政府需要加强与农林科技院校、农业科研院所之间的沟通交流与合作，实行“互派”制度，为乡村振兴战略提供人才支撑。一方面，可以鼓励并资助本地农业技术人员进入相关院校、科研院所进行进修学习，让本地的技术人员能够掌握最新的农业科技知识；另一方面，可以与农林科技院校、农业科研机构签订合作协议，鼓励他们派遣科研人才来到基层，指导农业生产、乡村建设，将所学到的知识运用到乡村振兴中来，进而为乡村振兴贡献自己的力量。

加强乡村党员干部队伍建设。党的领导，是乡村振兴的根本保障。乡村振兴战略离不开乡村党员干部的努力。实践证明，好的乡村干部能够带动一方百姓走上致富路。因此，要把乡村党员干部队伍建设作为地方政府的一项重要事项。首先，要制定相关政策鼓励党员干部强化学习，提高自身的综合素质与领导能力，提升党员干部解决问题的能力，以及工作的主动性，以适应复杂形势任务的要求，促使他们能够真正成为乡村振兴的中坚力量。其次，要把“懂农业、爱农村、爱农民”作为乡村党员干部队伍建设的基本要求，让党员干部时刻谨记“从群众中来，到群众中去”的工作方法，鼓励党员干部到基层去，通过在基层的锻炼，在实践中提高自身的群众工作能力。

加快实施农业经营主体培育工程。在乡村振兴的生态资源转化的过程，农民专业合作社、家庭农场、种养大户、农业发展公司等农业经营实体扮演着不可替代的角色。因

---

① 详见中央一号文件《中共中央 国务院关于实施乡村振兴战略的意见》，2018 年 2 月 4 日。

此，市县镇三级政府要制定并落实相关政策，加大对农民专业合作社、家庭农场、种养大户、农业发展公司等农业经营实体的扶持力度，促使其能够发展壮大，以便于这些新型农业经营主体充分发挥在乡村振兴的生态资源转化过程中的示范引领作用。还可以通过一系列政策来支持农业经营实体与高校科研院所积极拓展合作领域，在本地区推广专家科技帮扶措施，进一步提高农业经营主体的科技创新能力，扶持生态资源转化技术。地方政府可以考虑实施以村集体经济为主体的实体建设工程，在每个行政村培植一个辐射带动能力强、能够与农民利益联结紧的经营主体，通过该经营主体带动广大农民积极参与到乡村振兴中来，进而实现共同富裕。此外，针对新型农业经营实体形式的多样性，政府还可以从种养大户、家庭农场和农民专业合作社中选择农民带头人作为新型职业农民首批培训对象，后期逐渐通过媒体宣传及帮扶机制拓展到每家每户，进而实现新农民队伍的建设。

建立健全返乡入乡的政策机制。乡村振兴如果没有有知识的新农民参与，就会失去灵魂和动力。一方面，地方政府需要健全农民工返乡就业、返乡创业的政策机制，形成良好的鼓励外出务工人员“返乡入乡”的政策环境，积极引导在城市的人力资源返乡入乡，进而带动农村经济发展和农民致富。另一方面，政府还要制定并落实相关政策，吸引城市资本、社会资本、市民积极参与到乡村振兴的生态资源转化中来，鼓励境外高新技术企业来乡村投资建厂，加强农业招商引资，打破城乡人才流动制度障碍，加速推进城乡人才互动。通过向上争取、整合项目、各级政府财政配套等多种方式，加大对乡村人才引进的投入力度，出台鼓励返乡就业、创业等方面的奖励扶持政策，集聚乡村人气。

3.5 展 望

本书仅对乡村振兴背景下江苏生态资源转化的经验进行总结分析，然而生态资源转化的过程是复杂多样的，还包括生态资源转化的方式、生态资源转化的效率评价等方面。这也就意味着未来还可以沿着以下方向进行研究。

（1）生态资源转化的方式分析。剖析乡村振兴对生态资源转化的作用机理，初步归纳乡村振兴背景下生态资源转化在政府补贴政策、费用等方面的异质性特征，进而采用结构方程模型遴选阻碍生态资源转化的核心因素。

（2）生态资源转化的效率评价。首先，生态资源转化过程的复杂性主要体现在利益相关者的多元化，可能涉及政府、农户、投资企业、农产品种植养殖业、农产品加工企业、产品代理企业、产品消费者等多个主体的利益分配，因此需要准确分析生态资源转化效率的影响因素。其次，由于生态资源禀赋、产业结构、环境规制等的不同，其转化的效率可能存在明显差异，进而需要构建投入产出指标对转化效率进行评估。

第 4 章　水生态文明建设与江苏水生态环境改善

4.1 引　言

党的十九大提出了“要牢固树立社会主义生态文明观”的科学论断。水生态文明建设是生态文明建设的一个重要组成部分，是实现水资源可持续利用和保障社会经济发展的一个重要条件。人多水少、水资源时空分布不均是我国的基本国情和水情，2013 年水利部印发了《水利部关于加快推进水生态文明建设工作的意见》（以下简称《意见》），分两批选择了基础条件较好、代表性和典型性较强的 105 个试点城市，开展水生态文明城市建设试点工作，旨在探索符合我国各城市社会发展需求的多样化水生态文明建设模式。2018 年 3 月，水利部公布第一批全国水生态文明城市建设试点验收城市名单（41 个试点城市通过试点验收）；2019 年 5 月，第二批全国水生态文明城市建设试点验收工作完成，58 个试点城市完成验收。结合江苏实际，江苏省委省政府将水生态文明纳入生态文明建设内容，2013 年 5 月下发《江苏省水利厅关于推进水生态文明建设的意见》，立足全国一流目标，注重体现江苏特色，积极探索创新，大力开展试点示范，努力形成具有江苏特色的水生态文明建设模式。基于以下原因，本书主要以江苏省为研究对象。第一，江苏是著名的水乡，具有良好的水资源禀赋和水生态条件。第二，近年来，江苏省水生态文明建设取得积极进展，国家节水型社会建设示范市、生态市、环保模范城市和绿化模范城市数量位居全国前列。江苏有基础、有能力、有条件在全国率先基本完成水生态文明建设，走出一条生产发展、生活富裕、生态良好的文明发展道路。第三，在 105 个国家水生态文明城市建设试点城市中，江苏省苏州、扬州、徐州和无锡 4 个城市列入首批国家级水生态文明城市建设试点，南通、淮安、盐城、泰州和宿迁 5 个城市列入第二批国家级水生态文明城市建设试点，江苏省 13 个省辖市中有 9 个入选，试点数量居全国之首。第四，江苏省水生态文明城市建设试点效果显著，2017 年 7 月，江苏省苏州、扬州、徐州和无锡首批 4 个国家级水生态文明城市建设试点率先全面高分通过水利部、省政府的联合验收，2018 年，南通、淮安、盐城、泰州和宿迁 5 个第二批国家级水生态文明城市建设试点通过验收。

国家水生态文明城市建设试点并非为了实验目的而发生的外部事件，并无准确、具体的入选指标。由此，入选的江苏省各城市相对自然地分在了实验组（试点城市）或对照组（非试点城市），这创造了一个利用双重差分（difference-in-differences，DID）方法解决内生性问题的准实验机会，提供了研究水生态文明城市建设试点实施效果的准实验场景。因此，本书主要选取 2008～2017 年江苏省 13 个市的平衡面板数据，基于水生态环境改善的视角，用 DID 方法检验水生态文明城市建设试点政策与城市水生态环境间的关系，评估水生态文明城市建设试点制度实施的效果。实证结果表明，该试点制度能够有效提高试点城市的水生态环境质量，试点当年的效果最明显，同时该试点制度还具有长效性。

4.2 政策背景和研究假设

水生态文明城市建设试点政策旨在改善各城市的水生态环境，同时通过试点政策形成不同的水生态格局，为中国之后的水生态环境和整体生态环境质量改善做出贡献。

4.2.1 政策背景

为贯彻落实党的十八大关于加强生态文明建设的重要精神，加快推进水生态文明建设，《意见》强调要从多个方面进行落实，即落实最严格水资源管理制度、优化水资源配置、强化节约用水管理、严格水资源保护、推进水生态系统保护与修复、加强水利建设中的生态保护、提高保障和支撑能力、广泛开展宣传教育。2013 年 3 月，水利部下发了《水利部关于加快开展全国水生态文明城市建设试点工作的通知》，确定了首批的 45 个城市为全国水生态文明城市建设试点，要求试点城市按照《水生态文明城市建设试点实施方案编制大纲》尽快提高水生态环境质量，形成具有不同城市特色的水生态格局，并向相似城市推广模式。这也标志着全国水生态文明城市建设试点工作的正式开展。之后，各城市对水生态环境的关注度越来越高，截至 2014 年 1 月 10 日，已确定了 46 个全国水生态文明建设试点。2014 年水利部又确定了第二批 59 个城市为全国水生态文明城市建设试点，目前，共 105 个城市全方位地开展了水生态文明城市建设试点工作。

结合江苏实际，江苏省委省政府将水生态文明纳入生态文明建设内容，2013 年 5 月下发《江苏省水利厅关于推进水生态文明建设的意见》，目标是建成有江苏特色的水生态文明制度体系。从试点城市看，江苏省有 9 个试点，数量为全国最多，并且分别于 2017 年和 2018 年顺利通过验收，9 个城市形成了适合本地区特色的水生态环境格局(表 4-1)。

表 4-1 江苏省 9 个国家级水生态文明城市建设试点情况

城市	试点时间	验收时间	水生态城市格局
苏州	2013 年	2017 年	“二带三群，五城六网”的水生态城市格局，“人间新天堂”的现代水乡城市形象
扬州	2013 年	2017 年	形成“以江为主、蓄引结合、江淮共济”格局，建成“不淹不涝”城市，彰显“人文、生态、精致、宜居”的城市特色
徐州	2013 年	2017 年	形成“九河伴城、七湖绕城”的水系格局

续表

城市	试点时间	验收时间	水生态城市格局
无锡	2013 年	2017 年	形成“治太统领、河湖并举、综合施策、共建共享”的城市模式
南通	2014 年	2018 年	构建“城在水中坐、人在画中游”的水城印象
淮安	2014 年	2018 年	打造“四水穿城、二河绕城、城在水中、水在城中”生态文旅水城
盐城	2014 年	2018 年	形成“河海安澜、碧水畅流、岸绿景美、水韵盐阜、湿地之都”格局
泰州	2014 年	2018 年	建成“江水纵横畅流、碧波环绕凤城、溱湖名冠江淮、人水亲密交融、生态秀美水都”
宿迁	2014 年	2018 年	实施六大体系、十大示范工程建设，着力打造“江苏生态大公园”

资料来源：荔枝网. 江苏省首批国家级水生态文明城市建设试点率先通过部省联合验收[EB/OL].（2017-07-26）[2019-12-21]. http://news.jstv.com/a/20170726/153717.shtml。

江苏省人民政府. 我省国家级水生态文明城市试点全部通过验收[EB/OL].（2018-12-22）[2020-01-10]. http://www.jiangsu.gov.cn/art/2018/12/22/art_60085_7962165.html。

4.2.2　研究假设

回顾江苏省水生态环境发展，不难发现，全国水生态文明城市建设试点能够改善城市水环境不外乎两个重要原因。第一，获批全国水生态文明城市建设试点是一种荣誉，也是一种压力，对城市的水生态环境提出了较高的要求，这极大地提高了政府和公众的关注度，有利于驱动地方政府积极寻求解决方法。第二，全国水生态文明城市建设试点有验收时间，这意味着试点城市需要努力在验收时间前完成某些指标，进一步提高政府在水环境治理方面的积极性。基于此，本书提出有待检验的两个研究假设。

1. 全国水生态文明城市建设试点政策能够有效提高城市水生态环境

从全国水生态文明城市建设试点城市的验收成果看，水生态文明城市建设试点政策确实能够提高城市水生态环境。无锡市在城市创建工作中坚持以太湖治理为统领，努力建设安全集约的水资源体系、健康畅达的水环境体系、和谐秀美的水生态体系、严格现代的水管理体系、彰显特色的水文化体系，走出了一条具有无锡特色的水生态文明城市建设道路。扬州按照“一轴、一带、两区、多点”的水生态文明城市建设格局，全面推进水生态文明城市建设试点工作，取得了良好的生态、经济、社会效益，为类似地区开展水生态文明城市建设起到了示范带动作用。苏州在试点期间，通过《苏州市生态补偿条例》，投入生态补偿资金近 30 亿元，出台《苏州市湿地保护条例》《苏州市排水管理条例》《苏州市建设项目节约用水管理办法》等 20 余部法规，构成了较为完备的水生态文明建设法制体系，加大管理执法力度，使法规真正落到实处。宿迁市在试点期间实施乡村河道治理工程，高标准打造 10 条生态示范河道，整治县乡河道 353 条、村庄河塘 900 处，打通断头河 112 条，全面开展村镇污水处理设施建设，乡村水环境焕然一新。可见，江苏省 9 个试点城市都在着力改善水生态环境，因此本书提出有待检验的假设：全国水生态文明城市建设试点政策能够有效提高城市水生态环境。

2. 水生态文明城市建设试点不仅具有"立竿见影"的效果，还具有长效性

水生态文明城市建设试点政策实施后，试点城市牢记习近平总书记的"绿水青山就是金山银山"生态理念，完善水环境的法律法规，指定最严的水环境规则，投入大量的环保资金，全方位地改善城市水生态环境质量。与此同时，各试点城市还制定了具有长效性的各种制度和规则，试图持续改善城市的水生态环境。在成功验收后，南通市副市长赵闻斌指出，水生态文明城市建设是一项长期艰巨的任务，通过技术验收只是万里长征第一步。同时，南通市将继续以推行水生态文明建设为统领，全面推行河长制，实施生态河湖行动计划，深化落实最严格水资源管理制度，强化组织领导，凝聚全社会力量，不断推进全市水生态文明建设持续向好。与其他应急性政策不同，全国水生态文明城市建设试点后，各城市仍然将改善水生态环境作为重要的、长期的任务。因此，本书提出有待检验的假设：全国水生态文明城市建设试点不仅具有"立竿见影"的效果，还具有长效性。

4.3 研究设计

本书实证研究的主要目的是将水生态文明城市建设试点这一外生事件作为准自然实验，厘清其与水生态环境质量间的因果关系，并进一步分析水生态文明城市建设试点的动态效应，为我国水生态文明城市建设试点制度的改进提供参考。

4.3.1 样本与数据

本书所用数据样本为江苏省 13 个地级市 2008～2017 年的面板数据，共 1950 个观测值。实验组是两批水生态文明城市建设试点城市，即无锡、苏州、徐州、扬州、南通、淮安、盐城、宿迁和泰州，共 9 个城市；对照组为剩余的非水生态文明城市建设试点城市，即南京、连云港、镇江和常州。将研究的样本区间确定为 2008～2017 年，基于两个原因：一方面，2013 年《水利部关于开展全国水生态文明建设试点工作的通知》政策颁布，确定了包括无锡、苏州、徐州和扬州 4 个城市在内的第一批水生态文明城市建设试点城市，2014 年又新增了包括南通、淮安、盐城、宿迁和泰州在内的第二批水生态文明城市建设试点城市；另一方面，一年的数据难以连续分析，因此研究采用政策实施前 5 年和后 5 年的面板数据进行分析。本书所有的原始数据主要来源于历年《中国城市统计年鉴》、历年《江苏统计年鉴》和历年各市统计年鉴。

4.3.2 变量测量

本书研究的重点是水生态文明城市建设试点政策对水生态环境的影响，同时考虑到其他因素也会影响到水生态环境质量，引入了其他控制变量。

1. 因变量：水生态环境质量（lnenvir）

获批水生态文明城市建设试点的原因是多方面的，包括水污染、水治理和其他综合性因素，同时，成为水生态文明城市建设试点城市后需要地方政府进行水污染整改和试点落实，因此不能简单地用一个指标来估计水生态试点政策的效果。为了估计水生态环境质量，基于数据的可得性，本书构建了 1 个投入指标、3 个产出指标，可以较全面地估计水生态试点政策的效果，在具体的数据处理中这些指标各占 1/4。投入指标选取了水利、环境和公共设施管理业从业人数（invest），产出指标包括期望指标污水处理率（sewage）、建成区绿化覆盖率（green）和非期望指标工业废水排放量（pollute）。

2. 自变量：水生态文明城市建设试点城市虚拟变量（did）

在估计水生态文明城市建设试点城市对当地水生态环境质量的影响时，需要设置虚拟变量 did，对各城市分别进行赋值，如果某一地级市是试点城市，当年及之后，did=1，否则 did=0。考虑到江苏省 2013 年有 4 个试点城市，2014 年有 9 个试点城市，数量较多，本书从 2014 年开始估计政策效果，当估计水生态文明城市建设试点政策对当地水生态环境质量影响在时间上的变化趋势，即时间效应时，需要设置 4 个虚拟变量，分别是 did2014、did2015、did2016 和 did2017。根据城市是否入选设定其虚拟变量值，研究假定若城市入选则该城市虚拟变量 did 为 1，否则为 0。通过对该虚拟变量系数的判定，进行水生态文明城市建设试点政策对水生态环境影响效应评价。

3. 控制变量

为了控制其他因素的影响，参考已有研究，本书选取了一系列控制变量，如表 4-2 所示。第一，天气情况（tem），用年平均气温来表示天气情况，根据学界内的共同观点，气候对河流水质有着巨大影响，极端气候会对水环境产生非常不利的影响。第二，水资源情况（water），用水资源总量来表示某城市的水资源情况，在一定程度上，水资源总量决定了流域（区域）水环境容纳污染物的量，同时影响水环境承载力的大小。第三，人口情况（pop），考虑到常住人口数比户籍人口数更接近居住人口数，用常住人口数来表示人口情况，一般认为，人口数量越大，对水生态环境的压力越大，对水环境的不利影响越大。第四，工业化情况（second），用第二产业占比来估计工业化水平，一般认为第二产业占比越大，废水排放越多，对水环境的压力越大。第五，政府投资规模（tec），用科学技术支出来估计政府对水环境污染的投资，一般情况下，科学技术支出越大，科技发展越快，治理水污染的效率越高，对水环境的有利影响越大。

表 4-2　变量测量

变量类型	变量名称	变量代码	变量测量
因变量	水生态环境质量	invest	水利、环境和公共设施管理业从业人数
		pollute	工业废水排放量
		sewage	污水处理率
		green	建成区绿化覆盖率

续表

变量类型	变量名称	变量代码	变量测量
自变量	水生态文明城市建设试点	did	虚拟变量，如果某一个城市成为试点城市，之前取值为 0 ，试点当年和之后为 1
		did2014 等	设置 4 个虚拟变量 did2014、did2015、did2016 和 did2017，表示成为试点后的第一年、第二年、三年和第四年，若是则分别取 1，否则为 0
控制变量	天气情况	tem	年平均气温
	水资源情况	water	水资源总量
	工业化情况	second	第二产业占比
	人口情况	pop	常住人口数
	政府投资规模	tec	科学技术支出
	是否试点市	test	若是水生态文明城市建设试点城市，则为 1，否则为 0
	时间固定效应	year	年份虚拟变量
	个体固定效应	individual	城市个体虚拟变量

4.3.3 DID 方法及其适用性检验

DID 方法是国外早期用于分析政策影响的一种计量方法，即通过局部线性匹配等非参数回归得到干预组的平均干预效应的估计值，再通过将该方法应用于两个时点上的数据，以动态方式估计出干预组的平均干预效应。单纯从计量角度来看，DID 方法其实就是将两个虚拟变量及其交互项增加进回归方程，方法简单而有效。同时，DID 方法既能控制样本之间不可观测的个体异质性，又能控制随时间变化的不可观测总体因素的影响，因而能得到对政策效果的无偏估计。DID 方法是政策评估中广泛采用的一种准确度较高的方法，模型简洁、回归方法成熟。

DID 方法的基本思想是将公共政策视为一个自然实验，将样本分成两组，一组是受到政策影响的实验组，另一组是没有受到同一政策影响的对照组。然后在政策实施前后进行第一次差分得到两组变化量，第一次差分可以消除个体不随时间变化的异质性，再对两组变化量进行第二次差分，以消除随时间变化的增量，最终得到政策实施的净效应。DID 方法思路明晰，模型简单易用，估计方法成熟，当前广泛应用于政策效果、制度绩效和项目评价等方面。

虽然 DID 方法十分实用，但是实施该方法有几个前提条件：一是自然实验和准自然实验，即样本选择的随机性，在政策研究中，自然实验很难遇见，而准自然实验的样本挑选与分组可以是实验者人为进行的；二是平行趋势假定，即除“实验冲击”（政策冲击）外，无关因素对个体的影响是相同的，这意味着，实验组和对照组样本在“实验”（政策实施）前具有相同的趋势（平行趋势）。只有满足了上述假设，DID 方法的政策处理效果才是合理和可靠的。

1. DID 方法

DID 模型设置的具体方法，就是构造成为水生态文明城市建设试点城市的“实验组”和没有试点的“对照组”，通过控制其他因素，对比政策发生后实验组和对照组之间的差异，从而检验政策效果。研究用水生态环境质量（$lnenvir_{it}$）作为被解释变量，用变量是否试点市（$test_{it}$）反映所关注的城市是否为水生态文明城市建设试点的城市，取值为 1 代表该市是试点，取值为 0 代表非试点；用变量政策时间（$time_{it}$）反映政策的进程，水生态文明城市建设试点政策实施的当年和此后取值为 1，否则为 0。为了检验政策效果，设立交互项，水生态文明城市试点（did_{it}），它是是否试点市（$test_{it}$）和政策时间（$time_{it}$）的交叉项。这一交叉项的取值情况是，是否试点市（$test_{it}$）和政策时间（$time_{it}$）两个虚拟变量同时取 1 时，这一变量取值为 1，其他情况为 0，以衡量水生态文明城市建设试点政策对水生态环境质量的影响（i 代表城市，t 代表时间）。

通过这种形式，将样本划分为四组：政策前的实验组（$test_{it}$=1，$time_{it}$=0）、政策后的实验组（$test_{it}$=1，$time_{it}$=1）、政策前的对照组（$test_{it}$=0，$time_{it}$=0）和政策后的对照组（$test_{it}$= 0 ，$time_{it}$= 1 ）。

则 DID 模型为

$$\text{lnenvir}_{it} = \beta_0 + \beta_1 \text{test}_{it} + \delta_0 \text{time}_{it} + \delta_1 \text{did}_{it} + \varepsilon_{it} \tag{4-1}$$

其中，β_0 为常数项；β_1 为实验组与对照组之间的不同；δ_0 为控制时间对实验组和对照组带来的共同冲击；δ_1 为可以反映政策效果的系数；ε_{it} 为残差项。

具体来说：对于对照组，即 $test_{it}$=0，由式（4-1）可得，水生态文明城市建设试点政策实施前后的水生态环境质量增长分别记为 $\beta_0 + \varepsilon_{it}$ 和 $\beta_0 + \delta_0 + \varepsilon_{it}$，二者相抵消后环境质量的改变为对照组通过其他宏观因素或负面冲击等因素所产生的作用与影响。而对于实验组，即 $test_{it}$=1，由式（4-1）可得，水生态文明城市建设试点政策实施前后的水环境质量增长分别记为 $\beta_0 + \beta_1$ 和 $\beta_0 + \beta_1 + \delta_0 + \delta_1$，可见，在政策实施前后期间，实验组的水生态环境质量增长的变动为 $\delta_0 + \delta_1$。因此，水生态文明城市建设试点政策的净影响为 δ_1，即交叉项 did_{it} 的系数。

如果水生态文明城市建设试点政策对江苏省水生态环境质量改善有正的效应，那么 δ_1 的符号就是显著为正，反之则显著为负。这样处理后，那些一般性因素，如宏观政策以及气候灾害等对水生态环境质量增长的影响就会被剔除，研究者可以更准确地估计水生态文明城市建设试点政策对试点市的影响。

2. 假设前提一：试点市的选取是否随机

国家水生态文明城市建设试点并非为了实验目的而发生的外部事件，并无准确、具体的入选指标。由此，江苏省各城市相对自然地分在实验组（试点城市）或对照组（非试点城市），这创造了一个利用 DID 方法解决内生性问题的准实验机会，提供了研究水生态文明城市建设试点实施效果的准实验场景。

水利部没有在《水利部关于加快开展全国水生态文明城市建设试点工作的通知》中

指出选择试点省市的标准，同样地，江苏省在落实该项政策时也没有明确指出选择试点市的标准。从选取的试点范围（图 4-1）看，试点市的地理位置没有集中分布，分布位置没有呈现明显的关系。

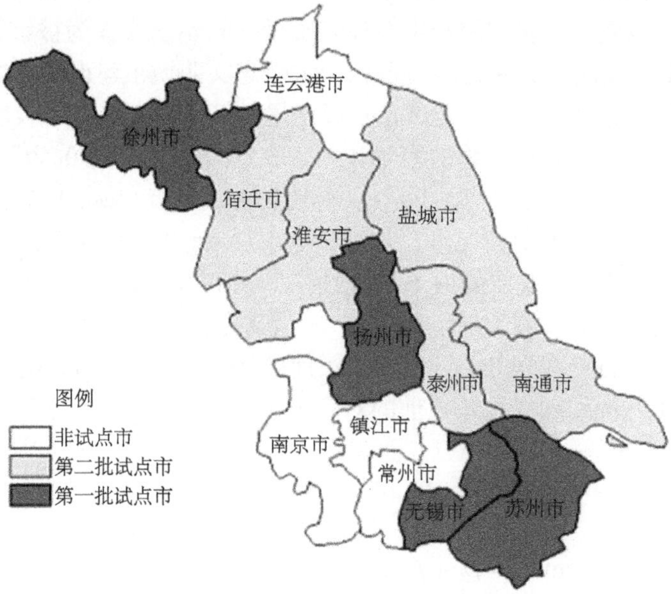

图 4-1 江苏省水生态文明的试点与非试点城市示意图

本书采用 Logit 模型来检验江苏省选取试点市的标准。以江苏省 13 市为对象，考察在 2008～2012 年影响各市是否入选水生态环境试点城市的重要因素。以是否为试点城市为因变量，选取“水生态环境质量、常住人口数、第二产业占比、科学技术支出、水资源总量、人均 GDP”为自变量，考察这些因素是否影响实施试点。显然试点开始前，若水生态环境质量提升的城市与入选生态文明试点城市一致，将难以避免模型选择可能会出现的内生性问题，也将造成 DID 方法应用中对于样本随机性需求的背离。水生态文明城市建设试点政策的二元选择模型回归结果如表 4-3。

表 4-3 二元选择模型回归结果

变量	影响系数
水生态环境质量	3.938954
常住人口数	0.0046821^{***}
第二产业占比	0.0461236
科学技术支出	1.23×10^{-6}
水资源总量	0.0847799^{***}
人均 GDP	–0.0000102
观测值	65

***表示 1%显著水平。

从以上回归结果可以看出，常住人口数和水资源总量的系数都在 1%程度上显著为正，这表明人口越多、水资源总量越大的市越容易被挑出来作为水生态文明城市建设试点城市；第二产业占比和科学技术支出的系数虽然不显著，但仍为正，这表明第二产业占比大的城市和科学技术支出更多的城市相对更容易被挑出来作为试点城市；此外，人均 GDP 系数为负，结果不显著。

不过，从表 4-3 结果可以看出，水生态环境质量增长的估计系数不显著，这说明了政府挑选的某些市作为试点并不是以水生态环境质量增长高低为依据，由此确立了本书研究样本选择的随机性。

3. 假设前提二：平行趋势检验

由于本书样本中水生态文明城市建设试点时间并不一致，很难将不同年份试点前后的变化描述在一张图中，而在样本中，2014 年是江苏省新获批水生态文明城市建设试点较为集中的一年，共有 5 个城市，占江苏省试点城市的实验组样本的 55.56%，同时 2014 年也是江苏省 9 个试点全部实施的年份，所以选择 2014 年作为政策完全实施年。DID 方法应用的假设前提二认为，尽管实验组与对照组存在差异，但是只要在改革前它们的发展趋势一致，即实验组和对照组之间的差异是固定的，即可以认为这个对照组是实验组的合适的“实验”对照组。实验组和对照组 2008～2017 年的水生态环境质量走势如图 4-2 所示。

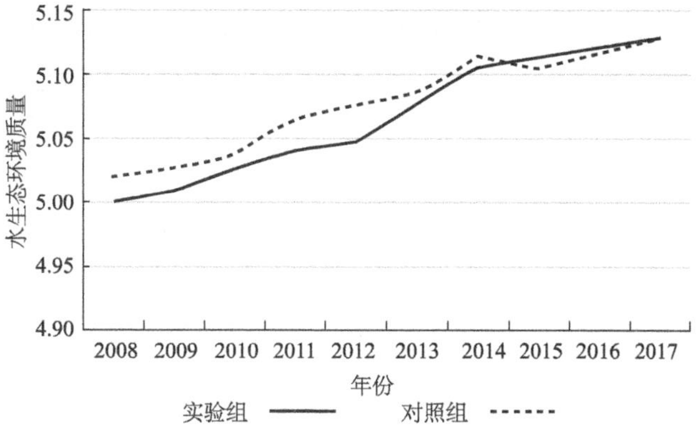

图 4-2　实验组和对照组水生态环境质量趋势（2008～2017 年）

图 4-2 直观地反映出 2014 年试点以前，实验组与对照组水生态环境质量基本呈平行趋势，并没有随时间发生系统性差异，故满足使用 DID 方法的前提条件。

表 4-4 是研究选取的实验组和对照组 2008～2017 年的水生态环境质量（lnenvir）的组平均值，从中也可以看出 2008～2013 年，即试点前，实验组的组平均值均低于对照组，呈现平行趋势；2014 年后，实验组的生态环境状况超过对照组，实现了转折，这也可以说明 2014 年确实是一个关键的年份。因此，本书的研究完全满足平行性假设。

表 4-4　2008～2017 年的水生态环境质量的组平均值

年份	2008	2009	2010	2011	2012	2013	2014	2015	2016	2017
实验组	5.000	5.009	5.026	5.040	5.047	5.077	5.105	5.112	5.119	5.128
对照组	5.020	5.026	5.037	5.064	5.075	5.086	5.113	5.105	5.115	5.127

更进一步，下面以水生态环境质量（lnenvir）的增长值作为被解释变量，以是否试点市（test）作为主要解释变量，来研究实验组和对照组在 2014 年之前的水生态环境质量增长趋势的特征，回归结果见表 4-5。

表 4-5 政策实施前实验组和对照组水生态环境质量增长差异回归

变量	水生态环境质量增长
是否为试点市	0.0055753
常数项	0.0119919**
观测值	78

**表示 5%显著水平。

回归结果说明实验组的城市在改革之前与对照组的城市没有明显的差异，显然，改革的外生性这个结论进一步得到支持。

4.4 实证分析：回归结果

实证分析结果显示：水生态文明城市建设试点政策能够显著提高城市水生态环境质量，在政策实施的当年具有“立竿见影”的效果，同时还具有长效性，没有像其他应急政策一样，随着实施时间的变化出现政策效果一年不如一年，最后失效的现象。

4.4.1 模型设计

水生态文明城市建设试点后，城市水生态环境质量的变化主要来源于三方面：①时间效应（$time_{it}$），城市不是试点，城市水生态环境质量也可能随时间发生变化；②分组效应（$test_{it}$），城市间存在个体差异，会影响水生态环境质量；③政策处理效应（did_{it}），城市的水生态环境变化是水生态文明城市建设试点引起的。DID 方法可以有效识别出政策净效应，即政策处理效应，并能够控制水生态文明城市建设试点与城市水生态环境质量之间的内生关联，DID 模型设置就是构造实验组与对照组，比较受到政策冲击后实验组的平均变化与对照组的平均变化的差异，从而检验政策效果。水生态文明城市建设试点作为外生事件提供了使用 DID 解决内生性问题的准实验机会。

首先，检验水生态文明城市建设试点对城市水生态环境的影响。将实验组城市和对照组城市作为研究样本，即实验组和对照组。水生态文明城市建设试点分两批进行，时间并不一致，其中 2013 年江苏省有 4 个试点城市，2014 年又有 5 个试点城市，研究采用更加宽泛的 DID，即根据试点时间设置虚拟变量 did_{it}，试点城市在成为试点前 $did_{it}=0$，试点当年及之后 $did_{it}=1$。本书用 Model（1）作为对水生态文明城市建设试点政策效果估计的计量方程。为更好地估计政策效果，借鉴以往文献，将政策影响和控制变量年平均气温（tem_{it}）、水资源总量（$water_{it}$）、常住人口数（pop_{it}）、第二产业占比（$second_{it}$）以及科学技术支出（tec_{it}）一并考虑，通过构造双向固定效应计量模型来实现 DID，检验水生态文明城市建设试点政策净效应的模型设定如下：

$$\begin{aligned}\text{lnenvir}_{it} = &\beta_0 + \beta_1\text{test}_{it} + \delta_0\text{time}_{it} + \delta_1\text{did}_{it} + \beta_2\text{tem}_{it} + \beta_3\text{water}_{it} \\ &+ \beta_4\text{pop}_{it} + \beta_5\text{second}_{it} + \beta_6\text{tec}_{it} + \gamma_t + v_i + \varepsilon_{it}\end{aligned} \tag{4-2}$$

式（4-2）添加了控制变量，以便更加准确地估计政策效果。其中，lnenvir_{it} 为被解释变量；did_{it} 为政策虚拟变量，反映某个城市 i 在 t 年是否成为试点城市，可根据实际入选时间予以考量，不再设定统一的政策实施年份；γ_t 为时间固定效应；v_i 为各市的个体固定效应；tem_{it}、water_{it}、pop_{it}、second_{it} 和 tec_{it} 为控制变量。在 Model（2）中，did_{it} 前的系数 δ_1 估计水生态文明城市建设试点政策对城市水生态环境的净影响，是研究的重点。如果水生态文明城市建设试点政策确实提高了城市水生态环境质量，那么系数 δ_1 应该显著为正。

4.4.2　直接效应：水生态文明城市建设试点显著改善城市水生态环境

在回归分析前，本书进行了主要变量的描述性统计（表 4-6）。其中对数化处理后的水生态环境质量（lnenvir）最大值为 5.196，最小值为 4.906，两者之间存在一定的差异，为进一步验证提供了空间。本书对 2008～2017 年江苏省 13 个市的 2227 个数据进行讨论，样本原始数据均来自于历年《中国城市统计年鉴》、历年《江苏统计年鉴》、历年各市统计年鉴，数据来源可靠。

表 4-6　主要变量情况

变量	变量含义	观测值	均值	标准差	最小值	最大值
lnenvir	因变量	130	5.06891	0.0798091	4.906	5.196
invest	水利、环境和公共设施管理从业人数	130	1.047082	0.4236613	0.51	2.41
sewage	污水处理率	130	89.61	5.386688	77.7	97.8
green	建成区绿化覆盖率	130	41.97	1.477199	38.7	46.1
pollute	工业废水排放量	130	1.837349	1.882152	0.3021	12.46
did	虚拟变量	130	0.3076923	0.4633239	0	1
tem	年平均气温	130	15.91923	0.9149995	13.8	17.9
water	水资源总量	130	34.05377	16.04117	9.85	89.5
pop	常住人口数	130	607.6375	202.9487	304.07	1068.36
second	第二产业占比	130	49.69154	4.806585	38	62.1
tech	科学技术支出	130	184706.1	199714.9	13839	1240275
test	是否试点城市	130	0.6923077	0.4633239	0	1

本书利用 DID 方法检验水生态文明城市建设试点政策的效应，具体结果见表 4-7。表 4-7 中 Model（1）和 Model（2）是水生态文明城市建设试点对城市水生态环境影响的直接效应。Model（1）是没有加入控制变量的估计结果，Model（2）是考虑了其他相关

影响因素后的估计结果。

表 4-7 水生态文明城市建设试点实施的直接效应检验

变量	Model（1）	Model（2）
did	0.0260752**（2.28）	0.0262657**（2.57）
控制变量	否	是
时间效应	是	是
个体效应	是	是
观测值	130	130
常数项	5.057695***	4.84685***

和*表示 5%和 1%显著水平，括号中为 t 值。

从表 4-7 的直接效应结果可以看出，不管有没有控制变量，政策虚拟变量 did 的回归系数在 5%的水平上均显著为正，说明水生态文明城市建设试点政策对城市水生态环境质量的提高有显著的推动作用，试点城市的水生态环境质量相比非试点城市提高了约 2.63%。此外，考虑了其他影响因素干扰后，did 的回归系数较没有考虑其他因素的大，表示如果不控制其他因素，则会低估水生态文明城市建设试点政策的作用。因此，假设一得到验证。

4.4.3 动态效应：水生态文明城市建设试点政策不仅“立竿见影”，还具有长效性

2013 年水生态文明城市建设试点政策开始实施后，2014 年继续扩大城市范围，截至目前，江苏省共 9 个城市成为试点城市，与此同时，这些试点城市越来越关注水环境，投入大量的人力物力财力。历年《苏州市环境状况公报》显示，2013 年苏州市投入 4.18 亿元综合整治骨干河道，黑水河道明显消除；2014 年苏州环保投入 537 亿元，开展万家企业节能低碳活动；2015 年苏州环保投入 576 亿元，比上年增长 7.26%；2016 年，全市环保投入资金比上年增长 11.2%；2017 年，苏州全市环保投入资金约 661.07 亿元，水生态环境质量总体保持改善趋势。

从技术的角度看，若将式（4-2）中的交叉项分解为改革后的四个年份，各个年份系数的符号以及显著性的变化反映的就是政策效果的逐年变化。

具体来说，本节选取 4 个年份虚拟变量反映政策在试点后各个年份对水生态环境的影响，以 did201i（i=4，5，6，7）分别表示。其中，若考察实验组城市在 2014 年的政策实施效果，则将其虚拟变量取值 1，其余年份为 0。和式（4-2）一致，本节也控制了其他常规影响水生态环境质量的变量，新的回归方程为

$$
\begin{aligned}
\text{lnenvir}_{it} = {} & \beta_0 + \beta_1 \text{test}_{it} + \delta_0 \text{time}_{it} + \delta_1 \text{did2014}_{it} + \delta_2 \text{did2015}_{it} \\
& + \delta_3 \text{did2016}_{it} + \delta_4 \text{did2017}_{it} + \beta_2 \text{tem}_{it} + \beta_3 \text{water}_{it} \\
& + \beta_4 \text{pop}_{it} + \beta_5 \text{second}_{it} + \beta_6 \text{tec}_{it} + \gamma_t + v_i + \varepsilon_{it}
\end{aligned}
\tag{4-3}
$$

政策实施前，对照组情况是 $\text{lnenvir}_{00}=\beta_0$；而实验组情况是 $\text{lnenvir}_{10}=\beta_0+\beta_1$。政策实施后，$t$=2014，对照组情况是 $\text{lnenvir}_{0,2014}=\beta_0+\delta_0$，实验组情况是 $\text{lnenvir}_{1,2014}=\beta_0+\beta_1+\delta_0+\delta_1$，于是，政策在 2014 年的效果就是

$$\delta_1=(\text{lnenvir}_{1,2014}-\text{lnenvir}_{10})-(\text{lnenvir}_{0,2014}-\text{lnenvir}_{00})$$

其他年份情况以此类推。政策在 2015 年的效果：

$$\delta_2=(\text{lnenvir}_{1,2015}-\text{lnenvir}_{10})-(\text{lnenvir}_{0,2015}-\text{lnenvir}_{00})$$

政策在 2016 年的效果：

$$\delta_3=(\text{lnenvir}_{1,2016}-\text{lnenvir}_{10})-(\text{lnenvir}_{0,2016}-\text{lnenvir}_{00})$$

政策在 2017 年的效果：

$$\delta_4=(\text{lnenvir}_{1,2017}-\text{lnenvir}_{10})-(\text{lnenvir}_{0,2017}-\text{lnenvir}_{00})$$

表 4-8 中 Model（3）和 Model（4）估计了水生态文明城市建设试点对城市水生态环境影响的动态效应。Model（3）表示没有加入控制变量的估计结果，Model（4）是考虑了相关影响因素后的估计结果。

表 4-8　水生态文明城市建设试点实施的动态效应检验

变量	Model（3）	Model（4）
did2014	0.1139169*** （3.69）	0.1550564*** （5.23）
did2015	0.1073845*** （3.48）	0.1512614*** （5.13）
did2016	0.1053458*** （3.41）	0.1484879*** （4.96）
did2017	0.1017749*** （4.50）	0.1431289*** （6.01）
控制变量	否	是
时间效应	是	是
个体效应	是	是
观测值	130	130
常数项	5.057695***	4.850455***

***表示 1%显著水平，括号中为 t 值。

回归结果表明，相比于没有进行试点的市，试点市的水生态环境质量在 1%的水平下显著为正，即该政策明显促进了试点城市的水生态环境质量改善。无论是否加入控制变量，四年的回归系数都在 1%水平下显著为正，说明该政策确实能持续提高水生态环境质量，具有长效性。因此，水生态文明城市建设试点政策不仅“立竿见影”，还具有

长效性，其对城市水环境改善起到了巨大的推动作用。因此，假设二得到验证。

值得注意的是：政策完全实施的第一年（2014 年），did2014 的系数在 1%的水平上显著为正，系数为 0.1550564，说明试点城市的水生态环境质量相比非试点城市提高约 15.5%；政策完全实施的第二年（2015 年），did2015 的系数在 1%的水平上显著为正，系数为 0.1512614；政策完全实施的第三年（2016 年），did2016 的系数在 1%的水平上显著为正，系数为 0.1484879；政策完全实施的第四年（2017 年），did2017 的系数在 1%的水平上显著为正，系数为 0.1431289。这说明水生态文明城市建设试点政策对江苏省试点市水生态环境质量的提升有显著的促进作用，但这种正面影响正在减弱，从约 15.5%减弱到约 14.3%。

4.5 稳健性检验

为了保证研究结果的可靠性，借鉴已有研究，本书选取了单差法和反事实法进行了稳健性检验。

4.5.1 单差法检验

为了检验水生态文明城市建设试点对城市水生态环境的作用，可以采用一种较为简单的方法，通过比较水生态环境质量在试点之前和完成试点之后的差异，来判断该项政策对水生态环境的影响，即单差法。借鉴已有研究，本书采用单差法估计水生态文明城市建设试点对城市水生态环境的影响及长效性，回归结果见表 4-9。Model（5）和 Model（6）是单差法对水生态文明城市建设试点直接效应的估计，可以看出无论是否加入控制变量，did 的估计系数均显著为正，说明水生态文明城市建设试点的确对城市水环境有显著的改善作用，控制其他因素影响后，这种正面影响略微下降。比较表 4-7 中的实际影响系数，0.0260752（未控制其他因素）和 0.0262657（控制其他因素），利用单差法得到的系数偏高，为 0.0855888（未控制其他因素）和 0.0616802（控制其他因素），这说明单差法检验虽然可以解决部分问题，但其得出的结论可能是不准确的，因为在水生态文明城市建设试点实施的前后，还有很多其他因素会影响城市水环境，此外，同一时期出台的其他政策也可能使得那些未获批试点的城市获得发展，这些因素无疑都会对城市水环境产生重要的影响，影响评价结果。而运用单差法时并不能将这种差异考虑在内，从而可能高估水生态文明城市建设试点的作用。

Model（7）和 Model（8）是单差法对水生态文明城市建设试点动态效应的估计，可以看出无论是否加入控制变量，did201*i* 的估计系数均显著为正，说明水生态文明城市建设试点的确对城市水环境有显著的持续改善作用，具有长效性，控制其他因素影响后，这种正面影响略微下降。与表 4-8 中的实际动态效应影响系数相比，即 0.1550564（政策完全实施第一年）、0.1512614（政策完全实施第二年）、0.1484879（政策完全实施第三年）和 0.1431289（政策完全实施第四年），利用单差法得到的系数偏低，这说明在政策的动态效应上，单差法会低估水生态文明城市建设试点政策的正面影响。

从分析看，单差法会过高地估计水生态文明城市建设试点政策的直接效果，而低估了该政策在实施过程中的动态效果。因此尽管单差法可以解释部分政策问题，但估计结果会偏高或偏低，而 DID 方法可以同时考虑城市的个体效应与时间效应，得出的结论更具有可靠性。

表 4-9　单差法检验结果

变量	直接效应		动态效应	
	Model（5）	Model（6）	Model（7）	Model（8）
did	0.0855888*** （10.59）	0.0616802*** （6.00）		
did2014			0.0718744*** （5.04）	0.054315*** （3.86）
did2015			0.0784786*** （5.50）	0.0667703*** （4.43）
did2016			0.0862574*** （6.05）	0.0647719*** （3.72）
did2017			0.0945801*** （6.63）	0.048437*** （2.89）
控制变量	否	是	否	是
时间效应	否	否	否	否
个体效应	是	是	是	是
观测值	130	130	130	130
常数项	5.116509***	5.485822***	5.126184***	5.449448***

***表示 1%显著水平，括号中为 t 值。

4.5.2　反事实法检验

反事实法最早应用于心理学，经常被用于因果推断，近年来在经济学、统计学等多学科中才逐渐得到应用。反事实就是人们所假设的“如果”，用“如果”与现实做对比。基本思想是：将受到政策干预的样本定义为实验组，未受到政策干预的定义为对照组，对比两组样本在政策实施前后的经济社会数据，其差额就可用于衡量政策实施效应。新近发展的反事实法在政策评估方面具有优越性：一方面，可由政策发生前实验组和对照组相关关系的估计来提供对政策发生后实验组的反事实估计，从而放松 DID 方法必需的随机性假设；另一方面，此方法可克服宏观政策评价中存在的因果关系不明确、理论建模复杂、遗漏变量、时间序列数据不足等困难，一定程度上可降低变量选择与估计方法对实证结果稳健性的干扰。因此，本书采用反事实法进行进一步的检验。

事实上，除了水生态文明城市建设试点政策影响城市水生态环境外，一些其他因素或不可观测因素也可能使水生态环境发生变化，而这种变化与水生态文明城市建设试点可能并无关系。为了排除掉这类因素的干扰，本书借鉴已有研究，通过改变政策执行时间进行反事实法检验。

理论上，将各城市水生态文明城市建设试点的时间统一提前 1 年、2 年和 3 年，如果此时水生态环境系数仍显著为正，则说明城市水生态环境改善并不全是水生态文明城市建设试点政策引起的，还受到其他因素的影响；如果水生态环境系数为负，则说明城市水生态环境改善确实是由水生态文明城市建设试点政策引起的，结论成立。

技术上，选取 3 个年份虚拟变量来反映将政策时间提前 1～3 年后各个年份对水生态环境的影响。本书以 before$i$（i=1，2，3）分别表示假设水生态文明城市建设试点政策时间分别提前 1 年、2 年和 3 年，构建了新的回归方程：式（4-4）未加入控制变量，式（4-5）考虑了控制变量。

$$\begin{aligned}\text{lnenvir}_{it} = {} & \beta_0 + \beta_1 \text{test}_{it} + \delta_0 \text{time}_{it} + \delta_1 \text{before1}_{it} + \delta_2 \text{before2}_{it} \\ & + \delta_3 \text{before3}_{it} + \gamma_t + v_i + \varepsilon_{it}\end{aligned} \quad (4\text{-}4)$$

$$\begin{aligned}\text{lnenvir}_{it} = {} & \beta_0 + \beta_1 \text{test}_{it} + \delta_0 \text{time}_{it} + \delta_1 \text{before1}_{it} + \delta_2 \text{before2}_{it} \\ & + \delta_3 \text{before3}_{it} + \beta_2 \text{tem}_{it} + \beta_3 \text{water}_{it} + \beta_4 \text{pop}_{it} + \beta_5 \text{second}_{it} \\ & + \beta_6 \text{tec}_{it} + \gamma_t + v_i + \varepsilon_{it}\end{aligned} \quad (4\text{-}5)$$

表 4-10 中 Model（9）和 Model（10）估计了水生态文明城市建设试点对城市水生态环境影响的动态效应。Model（9）表示没有加入控制变量的估计结果，Model（10）是考虑了相关影响因素后的估计结果。从检验结果看，无论是否加入控制变量，before1、before2 和 before3，即假设水生态文明城市建设试点时间分别提前 1 年、2 年和 3 年，系数均为负数，同时加了控制变量的 before2 和 before3 的系数在 10%水平上显著为负。这说明，城市水生态环境质量的改善或变化确实是由水生态文明城市建设试点政策引起的，并不是由其他因素导致的。因此，反事实法检验也进一步证明了水生态文明城市建设试点政策不仅可以提高城市水生态环境质量，还具有长效性，是一个影响十分深远的政策。

表 4-10　反事实法检验结果

变量	Model（9）	Model（10）
before1	–0.0095558 （–0.70）	–0.0155974 （–1.28）
before2	–0.0171576 （–1.19）	–0.0230649* （–1.80）
before3	–0.0183547 （–1.35）	–0.0231028* （–1.89）
控制变量	否	是
时间效应	是	是
个体效应	是	是
观测值	130	130
常数项	5.097783***	4.910889***

*和***表示 10%和 1%显著水平，括号中为 t 值。

4.6 结论与建议

4.6.1 研究结论

本书基于 2008～2017 年江苏省 13 个城市的平衡面板数据，利用 DID 方法，估计了水生态文明城市建设试点对城市水生态环境的影响，较好地解决了以往研究中难以处理的内生性问题。实证结果显示：①水生态文明城市建设试点政策对城市水生态环境质量的提高有显著的推动作用，试点城市的水生态环境质量相比非试点城市提高了约 2.63%，如果不考虑其他因素，会低估水生态文明城市建设试点政策的作用；②水生态文明城市建设试点政策不仅“立竿见影”，并且能持续提高城市水生态环境质量，具有长效性，但这种正面影响正在以微弱的形式逐年减弱，从提高约 15.5%减弱到提高约 14.3%。

本书的研究意义：从研究对象来说，本书从江苏省出发，和以往偏重于全国或者某一城市的研究不同，不仅可以在更加直接、细致的范围内研究水生态文明城市建设试点的政策效果，还可以比较各市之间的关系。从研究方法来说，本书采用 DID 方法估计水生态文明城市建设试点的政策效果，在有效地克服内生性问题的同时，可以估计出水生态文明城市建设试点对城市水生态环境影响的净效应，同时选用多种方法做了稳健性检验，可以确保估计结果的可靠性。

4.6.2 政策建议

根据上述分析和结论，本书提出以下政策建议。①继续深化水生态文明城市建设试点的政策效果。为了继续释放水生态文明城市建设试点的政策效应，水利部等相关部门相继完善各类法律法规，制定《水生态文明城市建设评价导则》（SL/Z 738—2016）、《河湖健康评估技术导则》（SL/T 793—2020）等技术规范，各省市实施最严格的水环境条例，从顶层设计到技术支撑，再到规范管理，将水生态文明城市建设试点政策执行落地，勇于探索多样化的水生态文明建设路径。②总结已有经验，并因地制宜推广。从 2013 年第一批试点城市开展水生态文明城市建设试点，至今已有几年，考虑到各试点城市的水质达标率上升、水环境持续改善，建议在总结 105 个试点城市经验的基础上思考推广方案，使得各城市都能找到适合当地的政策实施路径。

第5章　江苏构建高质量产品和服务供给体系

高质量发展阶段要有高质量的供给体系。构建高质量产品和服务供给体系有助于满足居民消费需求升级和对美好生活的需要，有助于改善民生，也有利于培育和壮大经济增长新动能。本书在分析江苏消费升级趋势的基础上，对江苏产品和服务供给体系所取得的成就与问题进行分析，并提出了江苏构建高质量产品和服务供给体系的思路与对策。

5.1　江苏构建高质量产品和服务供给体系的重要意义

5.1.1　有助于满足居民消费需求升级和对美好生活的需要

习近平总书记在党的十九大报告中指出，“中国特色社会主义进入新时代，我国社会主要矛盾已经转化为人民日益增长的美好生活需要和不平衡不充分的发展之间的矛盾”①。人民日益增长的美好生活需要包含了人民群众对更高层次消费产品的需要，随着收入水平的提高，人们已经从对吃、穿等主要为了解决温饱问题的生存型消费转向为了寻求更好、更高的发展而产生的发展型消费。而“不平衡”包含了经济增长动力的不平衡，从支出角度来看，长期以来，投资需求一直是经济增长的主要动力，消费需求对经济增长的动力作用还有待提高。江苏这个情况也比较明显，2017年江苏省最终消费率为50.1%，低于全国平均水平3.5个百分点。与其他省（区、市）相比，江苏消费率在全国位于第21位。“不充分”包含了中高端消费需求产品和服务的供给不充分，抑制了居民的消费意愿，制约了消费升级。在消费品市场上，大量处于生命周期衰退期、技术含量低、附加值低的消费品供给过剩，同时假冒伪劣现象也很严重。市场上处于成长期、技术含量高、附加值高、符合居民消费结构升级方向的新产品、新服务供给较为缺乏，在很大程度上抑制了消费新需求的释放。因此，加快构建高质量产品和服务供给体系，

① 习近平. 2017. 决胜全面建成小康社会 夺取新时代中国特色社会主义伟大胜利——在中国共产党第十九次全国代表大会上的报告[N]. 人民日报，2017-10-28(1)。

有助于更好地满足江苏居民消费需求升级需要，有利于更充分地满足人民日益增长的美好生活需要。

5.1.2　有助于改善民生

改善民生是经济发展的出发点、落脚点和持久动力。习近平总书记指出："让老百姓过上好日子是我们一切工作的出发点和落脚点。"检验我们一切工作的成效，最终都要看人民是否真正得到了实惠，人民生活是否真正得到了改善。[①]努力推动经济快速发展，最终目的是满足人民群众对美好生活的向往。江苏省十三次党代会上确立了"聚力创新，聚焦富民，高水平全面建成小康社会"的发展主题和奋斗目标。"聚焦富民"更加鲜明地突出了民生优先这个导向，要从根本上提高广大人民群众的富裕程度和生活质量。因此，只有更加重视提高产品质量，构建满足群众需要的服务供给体系，才能不断满足人民群众多样化的消费需求，才能真正做到改善民生。

5.1.3　有利于培育和壮大经济增长新动能

经济发展必然会有新旧动能迭代更替的过程，当传统动能由强变弱时，需要新动能异军突起和旧动能转型。培育新动能，改造旧动能，就是在经济发展新常态下从单纯追求速度到更多地追求质量的转变。与全国一样，江苏正处于新旧动能转换的过程中。一方面，投资增速回落，出口压力加大，都表明旧的动能在不断弱化。另一方面，新动能的转换尚未完全实现，科技创新还没有成为经济增长的主要动力，经济增长由资本扩张拉动向技术创新拉动的转变还有漫长的过程，消费对经济增长的拉动力仍需进一步加强。党的十九大报告中指出，"加快建设制造强国，加快发展先进制造业，推动互联网、大数据、人工智能和实体经济深度融合，在中高端消费、创新引领、绿色低碳、共享经济、现代供应链、人力资本服务等领域培育新增长点、形成新动能。"因此，通过提高创新能力提升产品质量，同时通过现代服务业发展完善服务供给体系，有助于在中高端消费领域培育和壮大江苏经济增长新动能，使供给结构与消费结构升级更加匹配。

5.2　江苏消费升级趋势明显

5.2.1　消费升级的一般趋势

1. 从生存型消费向发展型消费和享受型消费转变

生存型消费是补偿劳动者必要劳动消耗所必需的消费，主要是在吃、穿上的消费，消费的主要目的是要解决温饱问题；发展型消费是扩大再生产所必需的消费，是人们为了寻求更好、更高的发展而产生的消费需求，最典型的消费是教育消费和健康消费；享受型消费是提高劳动者生活水平、满足人们享乐需要的消费，包括休闲、娱乐、旅游以

---

① 人民日报特约评论员. 2014. 七、让老百姓过上好日子[N]. 人民日报，2014-07-10(8)。

及文化消费等。

消费结构升级存在着从生存型消费向发展型消费和享受型消费演进的趋势。从发展趋势看，随着收入水平的提高，生存型消费的总量虽然会增加，但其在消费结构中所占的比重却会下降，而发展型消费和享受型消费不仅总量会增加，其在消费结构中的比重也会提升。其主要原因在于，生存型消费资料的需求收入弹性小，而发展型消费、享受型消费资料的需求收入弹性较大。收入提高后，发展型消费和享受型消费的需求会增加得更加明显。

2. 从吃、穿向用、住、行、教育及其他消费转变

根据国家统计局《居民消费支出分类（2013）》，消费支出划分为食品烟酒，衣着，居住，生活用品及服务，交通和通信，教育、文化和娱乐，医疗保健，其他用品和服务八大类。随着收入水平的提高，首先食物支出在消费总支出中所占比重会逐步下降，这是消费升级的必然趋势。然后穿的比重首先呈现上升趋势，随后趋于稳定，甚至会略有下降。在吃穿得到满足后，用的比重会上升，随后趋于稳定。最后，住、行、教育及其他消费需求在相当长的时间内会呈现上升趋势。

3. 从商品消费向服务消费转变

商品消费是指对各类有形的实物产品进行的消费，而服务消费则是指对各服务类产品的消费，如家政、美容美发、中介、餐饮、咨询、服务。从各国发展经验来看，服务消费会随着收入水平、消费水平以及闲暇时间的增多而呈现上升趋势，特别是在收入达到较高阶段以后表现得更为显著。

5.2.2 江苏省推动消费升级的政策措施

1. 推动六大重点消费工程，加快培育形成新供给新动力

2016 年 5 月 16 日，江苏省召开省政府常务会议，审议了江苏省《关于积极发挥新消费引领作用加快培育形成新供给新动力的实施意见》。①会议指出，培育新消费、扩大新供给，是适应经济发展新常态、把握消费升级大趋势做出的重要决策。当前，江苏省消费已进入消费需求持续增长、消费结构加快升级、消费拉动经济作用明显增强的重要阶段。要从战略和全局的高度，充分认清积极发挥新消费引领作用加快培育形成新供给新动力的重要意义，切实以消费升级引领产业升级，以制度创新、技术创新、产品创新增加新供给。

会议要求，聚焦重点消费领域，组织实施智慧信息、健康养老、教育文化、旅游休闲、绿色生态、农村新兴消费等六大重点消费工程，加快培育新的消费增长点。大力推进大众创业、万众创新，培育形成一批新技术、新产业、新业态、新模式，努力增加优

---

① 江苏省人民政府. 2016. 石泰峰主持召开省政府常务会议[EB/OL]. (2016-05-17). http://www.jiangsu.gov.cn/zwhd/201605/t20160517_432302.html。

质产品和服务有效供给，满足消费者不断升级的多样化消费需求。着力强化政策保障，加快建设统一开放、竞争有序的市场体系，在财税、投资、土地、金融、人才等方面加大政策支持力度，积极营造有利于消费升级和产业升级协同发展的政策环境。

2. 加快发展生活性服务业促进消费结构升级

为更好地贯彻落实《国务院办公厅关于加快发展生活性服务业促进消费结构升级的指导意见》（国办发〔2015〕85 号），结合省情实际，2016 年底，省政府办公厅出台了《关于加快发展生活性服务业促进消费结构升级的实施意见》（苏政办发〔2016〕160 号）（以下简称《实施意见》），明确“十三五”期间江苏省将围绕旅游、健康、养老、文化、体育、法律等十项贴近民生的生活性服务业，以新业态发展、新技术应用、新模式引领为推进重点，以扩大有效供给、促进消费升级、提升质量效率为路径目标，推动生活性服务业向便利化、精细化和品质化发展，不断提升江苏省生活性服务业整体服务功能和发展水平①。

《实施意见》提出，高端化生活性服务业的发展，需要突破要素约束，如机制体制约束、人才约束、资金约束等。《实施意见》从多个方面给出了突破路径。提出鼓励社会资本参与城市停车场、立体停车库、电动汽车充电桩、房车宿营地等设施建设。合理规划布局高端旅游配套设施和基地（载体），加快推进低空飞行器、房车游艇、户外器械等高端旅游装备进入百姓生活，培育发展房车、自驾、游艇、低空飞行等新兴旅游市场，促进旅游消费升级。加快智慧旅游发展，推动线上线下相结合的旅游服务产品及旅游特色产品开发，拓展旅游定制服务。加大境外旅游市场开发，强化国际市场营销，促进旅游走出去。

在体制机制方面，《实施意见》提出，探索实行准入前国民待遇加负面清单管理模式，建立投资核准、融资服务、财税政策、土地保障、对外贸易和经济技术服务等内外统一的政策制度，优先开放促进产业转型升级、弥补发展短板、提高人民生活品质等关键服务领域。提供工商登记个性化和便利化服务。积极探索建立生活性服务业领域未开业企业、无债权债务企业简易注销制度，建立具有快捷通道的市场退出机制。人才方面，除了招引以外，还提出社会资本参与教育培训供给服务，培训紧缺人才，支持建立法律服务人才跨区域流动激励机制，并鼓励和规范家政服务企业以劳动合同制用工方式提供管理和服务，实行统一标准、统一培训、统一管理②。

3. 制定政策，加快推进旅游消费

2015 年，江苏省人民政府办公厅发布了《江苏省乡村旅游发展三年行动计划（2016—2018 年）》，提出到 2018 年，培育形成 10 个省级乡村旅游创新发展示范县（市、区）、20 个省级乡村旅游集聚区、120 个省级特色景观旅游名镇（村）、30 个五星级乡村旅游

---

① 中华人民共和国国务院新闻办公室网站. 2016. 江苏举行改善产品和服务供给新闻发布会[EB/OL].（2016-09-21）.http://www.scio.gov.cn/xwfbh/gssxwfbh/xwfbh/jiangsu/Document/1492106/1492106.htm。

② 吴滨，陆建康. 2017. 江苏省《关于加快发展生活性服务业促进消费结构升级的实施意见》[N]. 新华日报，2017-03-24（20）。

区、1000个星级乡村旅游区、20个乡村旅游创客基地，全省乡村旅游项目年投资额达到500亿元。并提出了优化乡村旅游发展空间布局、创新乡村旅游发展模式、推进乡村旅游品牌建设、提升乡村旅游公共服务水平、打造特色乡村旅游产品、完善乡村旅游营销体系、实施乡村旅游标准化管理、加强乡村旅游人才培养等主要任务。

2016年10月19日，江苏省政府正式出台了《省政府关于推进旅游业供给侧结构性改革促进旅游投资和消费的意见》（苏政发〔2016〕134号），提出到2020年，全省旅游业总收入达到16000亿元左右，年均增长13%左右；全省旅游投资额达到2700亿元，年均增长10%左右，“十三五”期间累计完成旅游投资超过1万亿元；游客人均逗留天数超过3天，每人次平均消费达到1700元，城乡居民人均年出游率达到4.5次。

4. 多种方式促进健康消费

通过消费端直接补贴方式撬动健身消费，是扩大消费规模的重要政策工具。2016年，江苏省结合国家体育总局的“全民健身公共积分”试点工作要求，在省级体彩公益金中安排5000万元专项资金，原则上根据各地常住人口数量按比分配额度，面向全省健身群众发放体育消费券。体育消费券采用“一套终端、两类人群、三种形式”的模式，通过“江苏全民健身卡”和“全民健身公共积分卡”两个渠道进行发放。一套终端是指使用一套资金结算终端系统。两类人群是指面向体育部门评定的“健身达人”和自发到定点场所刷银联卡进行体育消费的健身群众。三种形式为向体育部门评定的“健身达人”发放体育消费券2000万元、向自愿办理“江苏全民健身卡”的健身群众发放体育消费券1000万元、向自愿办理“全民健身公共积分卡”的健身群众发放体育消费券2000万元。这是江苏省在全国率先探索实施的一项深化体育改革的重要举措。

2017年5月17日，江苏发布了《省政府办公厅关于加快发展健身休闲产业的实施意见》（苏政办发〔2017〕74号），提出到2020年，基本建立结构合理、内涵丰富、功能完善、服务便捷、竞争力强的健身休闲产业体系，形成健身休闲产业供给侧和需求侧协同发展的格局，健身休闲产业总规模达到3000亿元，约占体育产业总规模的60%；到2025年，健身休闲产业总规模达到4500亿元。并提出了加快建设多样化健身休闲服务体系、积极推动健身休闲产业转型升级、大力提升健身休闲产业融合发展水平、着力加强健身休闲设施建设、持续优化健身休闲消费环境、进一步强化发展健身休闲产业的政策保障等。

5. 扩大和升级信息消费

2018年4月，江苏发布了《省政府关于进一步扩大和升级信息消费持续释放内需潜力的实施意见》（苏政发〔2018〕58号）。提出到2020年，全省信息消费规模达到6000亿元，年均增长15%以上。提出了包括优化提升信息消费供给水平、培育扩大信息消费覆盖面、合力营造信息消费良好环境三项22条措施。具体包括：加快推广数字家庭产品、提升智能化生产服务供给水平、大力发展信息产业、提升信息技术服务能力、丰富数字创意内容和服务、全面推进智慧教育和智慧健康、深入推进电子商务发展、加快发展智慧旅游、加快信息基础设施提档升级、加快推动信息消费成本下降、推动数据资源共享开放、加快推进新型智慧城市建设、提升农村地区宽带接入能力、加快信息终端普及和升级、加快提升消费者信息技能、切实提升信息消费体验、加强和改进信息消费监管、加快构建社会信用体系、加强个人信息和知识产权保护、强化信息消费安全保障、加大财政支持力度、加强统计监测和评价，并公布了重点任务分工方案。

6. 推动旅游文化体育健康养老等幸福产业领域消费

2017 年 5 月 15 日，为落实《国务院办公厅关于进一步扩大旅游文化体育健康养老教育培训等领域消费的意见》，江苏省政府办公厅发布了《省政府办公厅关于进一步扩大旅游文化体育健康养老教育培训等领域消费的实施意见》（苏政办发〔2017〕72 号），共分为三个部分，包括着力壮大幸福产业，拓展服务消费新空间；着力提升传统消费，扩大实物消费新需求；着力完善保障体系，打造消费服务新环境，从旅游、文化、体育、健康、养老、教育培训等六大领域着手，对扩大幸福产业服务消费提出了若干条措施。为推动《省政府办公厅关于进一步扩大旅游文化体育健康养老教育培训等领域消费的实施意见》的落实，江苏省注重项目支撑，提出实施一批有利于改善消费有效供给、促进消费提质升级、增加服务消费的重点项目，目前共梳理了 100 个重点项目，涉及旅游、文化、体育、健康、养老、智慧、教育培训、消费服务平台等八大领域，总投资超过 2000 亿元。其中，旅游项目 20 个、文化项目 14 个、体育项目 9 个、健康项目 14 个、养老项目 14 个、智慧项目 14 个、教育培训项目 6 个、消费服务平台项目 9 个。

7. 完善促进消费体制机制进一步激发居民消费潜力

2019 年 6 月 6 日，中共江苏省委办公厅发布了《中共江苏省委江苏省人民政府关于完善促进消费体制机制进一步激发居民消费潜力的实施意见》（苏发〔2019〕16 号），提出了激发江苏居民消费潜力的实施意见，包括推动实物消费提档升级，着力拓展消费新空间；聚焦服务消费提质扩容，着力提升消费新能级；科学细分市场补齐短板，着力推进消费新增长；坚持深化改革扩大开放，着力构建消费新生态；健全质量标准信用体系，着力营造消费新环境；强化舆论引导政策支撑，着力培育消费新动能。2019 年 8 月江苏省人民政府办公厅还专门制定了《省政府办公厅关于印发江苏省完善促进消费体制机制行动方案（2019—2021 年）的通知》（苏政办发〔2019〕70 号），针对服务领域开放、消费提质升级、监管体制创新、质量标准和信用体系、消费者权益保护机制等最直接、最突出、最迫切的体制机制障碍问题，进一步梳理出 2019～2021 年要落实的重点工作任务，提出具体细化要求，力争破解发展难题。

5.2.3 江苏消费升级趋势分析

1. 食品消费更加注重均衡和健康

近年来，随着居民收入水平的提高，食品需求已从单纯地满足温饱向追求食品安全、营养价值和均衡健康的方向发展。如表 5-1 所示，1980～2017 年，江苏城镇居民人均粮食消费量从 162.6 千克降至 103.9 千克。同时禽类、水产品、蛋类及蛋制品、奶和奶制品、干鲜瓜果类消费量均有大幅度增加。农村居民同样如此。这说明江苏居民越来越关注饮食营养搭配，膳食结构更加均衡合理，人们对食品消费的变化也正反映了从追求温饱向全面建成小康社会的转变。

表 5-1　江苏居民家庭平均每人主要消费品消费量　　单位：千克

居民	年份	粮食	禽类	水产品	蛋类及蛋制品	奶和奶制品	干鲜瓜果类
江苏城镇居民	1980	162.60	2.40	9.00	4.10	3.60	15.00
	1990	119.00	4.35	10.76	7.54	3.72	45.32
	2000	75.81	9.89	15.89	12.78	12.04	47.42
	2010	—	—	16.80	10.75	20.16	54.44
	2013	108.17	7.84	19.43	10.30	20.86	—
	2017	103.90	11.30	20.30	11.30	18.10	51.60
江苏农村居民	1990	275.90	1.50	4.90	6.00	—	3.20
	2000	288.10	4.40	7.70	8.20	—	21.10
	2010	176.70	6.20	11.20	6.80	—	—
	2013	164.05	6.33	12.71	8.28	9.49	38.56
	2017	134.90	8.50	14.20	9.60	11.10	36.20

资料来源：历年《江苏统计年鉴》。

2. 耐用消费品向智能化、精细化、品质化转变

改革开放以来，江苏居民家庭耐用消费品的拥有量也发生了巨大变化。突出的变化是四大传统家电——电视、空调、冰箱和洗衣机由稀缺转向了普及（表 5-2）。家用计算机、移动电话拥有量在城乡家庭也都增长迅速。体现家庭消费向品质化提升的重要标志——家用汽车拥有量也发生了显著变化。2017 年江苏每百户城镇居民家庭家用汽车拥有量达 47.50 辆，是 2010 年的 3.4 倍，几乎每两户城镇家庭就拥有一辆汽车。每百户农村居民家庭家用汽车拥有量达 26.6 辆，是 2010 年的 8.9 倍，几乎每三户农村家庭就拥有一辆家用汽车。

表 5-2　江苏居民家庭每百户耐用消费品拥有量

居民	年份	电视/台	洗衣机/台	冰箱/台	空调/台	家用计算机/台	移动电话/部	家用汽车/（辆/百户）
江苏城镇居民	1985	9.00	48.00	6.00	—	—	—	—
	1990	51.46	85.81	49.09	0.07	—	—	—
	2000	124.45	96.15	80.06	45.90	10.65	25.47	—
	2010	170.66	102.08	99.36	170.61	81.36	183.26	13.83
	2017	176.50	101.2	104.10	211.10	96.80	243.50	47.50

续表

居民	年份	电视/台	洗衣机/台	冰箱/台	空调/台	家用计算机/台	移动电话/部	家用汽车/（辆/百户）
江苏农村居民	1985	0.90	1.10	0.10	—	—	—	—
	1990	6.20	15.00	1.50	—	—	—	—
	2000	53.90	46.10	19.90	5.40	—	9.10	0.50
	2010	142.10	91.50	59.30	47.40	11.00	171.00	3.00
	2017	158.70	97.90	104.10	134.70	45.40	241.80	26.60

资料来源：历年《江苏统计年鉴》。

随着家电消费需求升级，价格不再是消费者购买家电的决定性因素，环保、高端、智能等因素正在成为消费者购物的重要参考指标。随着人们对健康的重视，空气净化器、净水器、洗碗机、健身器材等家电产品成为家电市场的热门选择。2017 年江苏每百户城镇家庭健身器材拥有量为 8.4 台。江苏省商务厅数据显示，2020 年上半年，江苏限额以上智能家用电器和音响器材类零售额同比增长 64.7%。

3. 旅游、休闲消费需求不断增加

近年来，居民旅游休闲支出比重不断上升。据统计，2018 年江苏省旅游业总收入达 1.32 万亿元，同比增长 13.6%。接待境内外游客 81823.7 万人次，同比增长 9.6%。中国旅游研究院和携程旅游集团 2019 年 3 月发布的《2018 年中国游客出境游大数据报告》显示，排名前 20 位的出境旅游出发城市中，南京居第 6 位；2018 年出境游消费力 20 大城市中，苏州、南京分别以人均单次境外旅游消费 6201 元、5104 元居第 9 位和第 20 位。

乡村旅游、体验农业逐渐兴起。据统计，2017 年江苏省全年乡村旅游实现营业总收入近 900 亿元，比上年增长 20.8%，接待游客总人数 2.87 亿人次，同比增长 16%，江苏省乡村旅游直接从业人员总数已达 42 万人左右。截止到 2017 年末，全省拥有中国乡村旅游模范村 39 个、中国乡村旅游模范户 40 户、全国特色景观旅游名镇（村）43 个、中国优秀国际乡村旅游目的地 1 个、中国乡村旅游创客示范基地 5 家、省乡村旅游创新发展示范区 1 个、省乡村旅游综合发展实验区 2 个、省三星级以上乡村旅游区 647 家（是 3A 级以上景区数量的近 1.5 倍），各类乡村旅游经营户 3.7 万家左右。

4. 健康消费成为江苏居民关注的重点领域

随着经济发展和生活水平的提高，江苏居民对健康的关注逐步增强（表 5-3）。1995 年江苏省城镇居民人均医疗保健支出 73.6 元，占人均消费支出的比重仅为 2.0%，到了 2017 年，城镇居民人均医疗保健支出达到 1574.0 元，是 1995 年的 21.4 倍，占人均消费支出的 5.7%，比 1995 年提高了 3.7 个百分点。1995 年江苏省农村居民人均医疗保健支出 49.1 元，占人均消费支出的比重仅为 2.5%，到了 2017 年，农村居民人均医疗保健支出达到 1395.0 元，是 1995 年的 28.4 倍，占人均消费支出的 8.9%，比 1995 年提高了 6.4 个百分点。

表 5-3　1995～2017 年江苏城乡居民医疗保健支出情况

年份	城镇居民			农村居民		
	人均消费支出/元	人均医疗保健支出/元	人均医疗保健支出占人均消费支出比重/%	人均消费支出/元	人均医疗保健支出/元	人均医疗保健支出占人均消费支出比重/%
1995	3772.3	73.6	2.0	1938	49.1	2.5
2000	5323.2	294.4	5.5	2338	130.0	5.6
2005	8622	579.0	6.7	3567	199.0	5.6
2010	14357	806.0	5.6	6543	362.0	5.5
2015	24966	1594.0	6.4	12883	1088.0	8.4
2017	27726	1574.0	5.7	15612	1395.0	8.9

资料来源：历年《江苏统计年鉴》。

这说明随着江苏经济发展水平的提高和人民生活条件的改善，城乡居民对于身体健康的关注程度在不断提高，在身体健康方面的支出意愿日益增强。同时医疗制度改革的深化、医保制度的推行和扩大、城乡居民人口的老龄化等因素，也使得居民支出的医疗费用比原来有明显的增加，在消费结构中表现为人均医疗保健支出在人均消费支出中的比重整体在提升。

5. 居民对教育、文化消费支出意愿强烈

教育是消费升级最重要的体现之一。家庭教育消费是指家庭通过支出货币或付出劳动来换取教育服务、购买教育资料以满足其成员教育需求的消费活动。近年来，江苏居民对教育消费的需求十分巨大。一是对教育培训的重视。随着家庭收入的不断提升，父母也逐渐有能力和意愿为孩子未来的发展做更好的准备。而激烈的升学竞争状况也让父母花费更多的精力和金钱在孩子的成才之路上。同时，随着就业压力越来越大，职业教育、外语培训等教育对于保业、就业、再就业等方面的作用就显得尤为重要。二是因难以满足教育需要，许多家长为了让孩子留学而让其就读于国际学校。

随着江苏居民文化素质的不断提高，文化消费比重不断增加。根据当当网与易观联合发布的《2018 中国图书阅读市场专题分析报告》，2017 年纸书消费册数前 3 名的省（市）依次是广东、北京、江苏。根据中国人民大学发布的《中国省市文化产业发展指数（2017）》，2017 年江苏文化产业发展综合指数全国排名第三。

5.3　江苏产品和服务供给体系现状分析

5.3.1　江苏产品供给现状

1. 江苏产品质量状况

2017 年，国家质检总局检查了江苏 2299 家企业生产的 2444 种产品，产品抽样合格率为 92.9%。从 2013～2017 年的情况来看，产品抽样合格率分别为 90.6%、93.5%、92.0%、93.4%、92.9%，基本在 93%左右，如表 5-4 所示。

表 5-4　2013～2017 国家监督抽查江苏省产品的情况

年份	抽查企业/家	抽查产品数/种	合格产品数/种	产品抽查合格率/%	不合格产品检出率/%
2013	1589	1920	1739	90.6	9.4
2014	2336	2581	2413	93.5	6.5
2015	2182	2424	2229	92.0	8.0
2016	2480	2771	2587	93.4	6.6
2017	2299	2444	2271	92.9	7.1

资料来源：《质检总局关于公布 2013 年国家监督抽查产品质量状况的公告》《质检总局关于公布 2014 年国家监督抽查产品质量状况的公告》《质检总局关于公布 2015 年国家监督抽查产品质量状况的公告》《质检总局关于公布 2016 年国家监督抽查产品质量状况的公告》《质检总局关于公布 2017 年国家监督抽查产品质量状况的公告》。

与全国其他地区相比，在抽查的 30 个省（区、市，除去西藏）①中，2017 年江苏产品抽查合格率排在第 14 位，低于天津（96.7%）、安徽（95.0%）、山东（94.4%）、北京（93.8%）等。这表明江苏的产品质量仍有待进一步提高。

2. 江苏产品品牌状况

“十二五”以来，江苏省大力推进名牌战略，建立健全名牌培育、评价、宣传和保护工作机制，组织开展江苏省“自主工业品牌五十强”宣传活动，培育壮大名牌产品群体，名牌产品的技术质量水平、市场占有率和品牌知名度不断提高。

截至 2017 年底，江苏省累计有工业和信息化部品牌培育试点企业 220 家，其中示范企业 43 家，16 个产业集群区域品牌被认定为工业和信息化部试点，均居全国首位。全省获国家工商行政管理总局行政认定的驰名商标总数达 733 件，居全国领先地位。

但也应看到，江苏品牌的价值相对不高，世界级知名品牌较少。根据世界品牌实验室的分析报告，2018 年中国 500 个最具价值品牌中，北京有 94 个品牌入选，名列第一；广东和福建分别有 90 个和 49 个品牌入选，位居第二和第三；四至六名分别是上海（41 家）、山东（40 家）、浙江（34 家）。江苏仅有 28 个品牌入选，排在全国第七，与江苏 GDP 排名全国第二的地位并不匹配。江苏入选的十大品牌中，排名第一的是苏宁，其品牌价值为 2306.28 亿元，排在全国第 13 位，第二名徐工集团的品牌价值为 602.18 亿元，在全国排在第 66 位，而第三名红豆集团的品牌价值为 511.95 亿元，仅排在全国第 81 位。

表 5-5　2018 年最具价值品牌对比

排名	江苏最具价值品牌		中国最具价值品牌		世界最具价值品牌	
	品牌名称	品牌价值/亿元	品牌名称	品牌价值/亿元	品牌名称	品牌年龄/年
1	苏宁	2306.28	国家电网	4065.69	Amazon（亚马逊）	23
2	徐工	602.18	腾讯	4028.45	Google（谷歌）	20

① 研究不包括香港、澳门、台湾地区。

续表

排名	江苏最具价值品牌		中国最具价值品牌		世界最具价值品牌	
	品牌名称	品牌价值/亿元	品牌名称	品牌价值/亿元	品牌名称	品牌年龄/年
3	红豆	511.95	海尔	3502.78	Apple Inc.（苹果）	42
4	洋河	456.15	工商银行	3345.61	Microsoft（微软）	43
5	江苏广电	438.45	中国人寿	3253.72	AT&T（美国电话电报）	141
6	海格 HIGER	358.35	华为	3215.63	Mercedes-Benz（奔驰）	118
7	沙钢	351.71	中化	2775.67	Coca-Cola（可口可乐）	132
8	协鑫	351.68	CCTV	2740.82	Nike（耐克）	46
9	悦达	348.56	中国一汽	2716.27	Toyota（丰田）	85
10	扬子晚报	314.36	阿里巴巴	2705.92	McDonald's（麦当劳）	63

资料来源：世界品牌实验室《世界品牌 500 强》《中国最具价值 500 品牌评估报告》。

3. 江苏产业研发质量状况

本书用规模以上工业企业创新投入、创新产出相关指标来分析江苏产业研发质量状况。创新投入方面，2011 年科技机构中的人员占从业人员的比重为 3.0%，2017 年提高到 5.8%；R&D 经费占主营业务收入的比重由 2011 年的 0.9%提高到 2017 年的 1.3%。创新产出方面，专利申请数中发明专利的比重由 2011 年的 30.3%提高到 2017 年的 36.6%；新产品销售收入占主营业务收入的比重由 2011 年的 14.0%提高到 2017 年的 19.2%（图 5-1）。

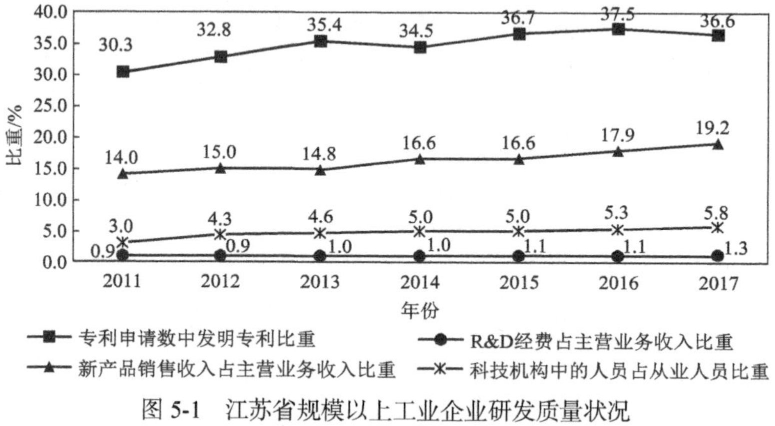

图 5-1 江苏省规模以上工业企业研发质量状况

但与发达国家相比，中国江苏的企业研发经费投入强度[①]仍然偏低。美国、日本、德国等发达国家企业研发经费投入强度普遍在 2.0%以上，其中日本 2009 年就达到了 3.6%。而中国江苏 2017 年只有 1.3%（图 5-2）。

① 企业研发经费投入强度是指研发经费支出与销售收入的比例。此处江苏的企业研发经费投入强度用规模以上工业企业 R&D 经费占主营业务收入比重表示。

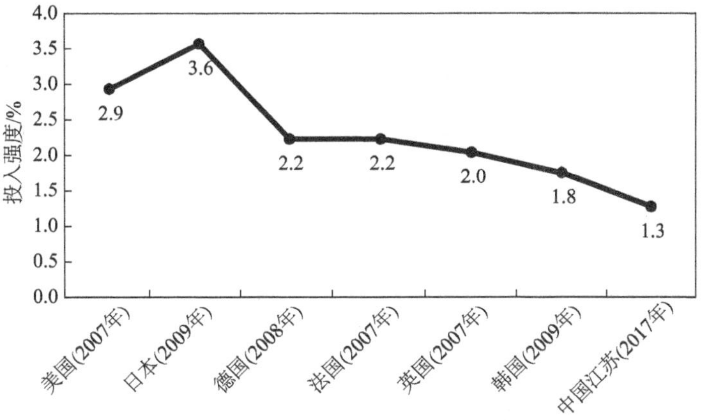

图 5-2　中国江苏与主要国家企业研发经费投入强度比较

5.3.2　江苏服务供给体系状况

1. 江苏服务供给水平

近年来，江苏现代服务业发展迅速，总量不断提升。2018 年，江苏省服务业增加值为 47205.2 亿元，总量上在全国各省（区、市）中仅次于广东。从增速上来看，2018 年江苏服务业同比增长 7.9%，增速不仅显著高于全国平均水平，也高于广东和浙江，显示出江苏现代服务业强劲的发展势头，如表 5-6 所示。

表 5-6　2018 年江苏、上海、浙江、山东、广东及全国服务业发展水平比较

地区	增加值/亿元	增速/%	占 GDP 比重/%
江苏	47205.20	7.9	51.0
上海	22842.96	8.7	69.9
浙江	30724.00	7.8	54.7
山东	37877.40	8.3	49.5
广东	52751.18	7.8	54.2
全国	469574.60	7.6	52.2

资料来源：全国及各省（区、市）2018 年统计公报。

然而，部分消费性服务行业的有效供给仍然不足。以健康服务业为例，根据江苏省民政厅的统计数据，截至 2019 年 6 月底，全省已有养老床位 67.49 万张，每千名老年人拥有床位 37.4 张。尽管如此，与“百名老人 5 张床位”的国际标准相比，江苏省养老床位的供给仍然不足。2015 年江苏省质量管理协会对全省城市养老服务质量进行了公众满意度专项测评，调查发现，被访者反映申请入住公立养老机构比较难，公立养老机构资源少，居家养老服务，如助餐、家政、安全巡护、医疗保健等服务的提供也不尽如人意，许多开展居家养老护理的机构和人员缺乏专业技能，从业人员的整体水平有待提高；地区之间发展不平衡，经济发展相对缓慢的苏北地区，政府在社会养老服务的公共投入也相对偏少，导致养老服务供给不足，难以满足全社会日益增长的对养老服务的需求。体育服务业方面，以高水平赛事为代表的体育文化产品有效供给不足，全民健身事业仍然存在城乡之间、区域之间发展不够均衡，基本公共体育服务供给不足等问题，互联网、大数据等技术手段在体育各领域开发和应用得不多，无法完全满足群众快速增长的多元化体育消费需求。教育服务方面，优质教育资源供给仍有不足，公办学前教育资源总量不足、师资短缺，义务教育优质师资配置不够均衡，高等教育与国际先进水平相比还有明显差距。

2. 江苏服务供给质量

近年来，江苏省质量技术监督局（2018 年后改为江苏省市场监督管理局）每年都会对年度服务行业服务质量进行满意度调查（2016 年为十大服务行业；2017 年调查范围拓展到基础教育、医药服务、社会公共服务、养老服务等 17 大领域的 49 个行业；2018 年进一步拓展为全省服务业所有 55 个行业和 10 个重点行业）。总体上服务业公众满意度指数在不断提高，如图 5-3 所示，2013 年为 68.51%，2018 年达到 74.84%，提高了 6.33 个百分点，总体处于“比较满意”状态上界区域。

2018 年调查报告显示[①]，从 18 个行业大类来看，水电气服务以 78.10 的满意度得分排位第一，达到满意水平，交通服务以 76.20 名列第二。不难看出，依赖资源投入对服务质量起决定性作用的领域（如水电气服务和交通服务等）满意度较高，依赖人员素养能力的领域（如居民和家庭、养老服务、医药服务和教育中介等）满意度较低。从 10 个重点行业来看，得分最高的是餐饮外卖 75.32，其后依次是网购服务 74.82、在线旅游 74.34、网约车 74.17、休闲健身 73.99、养老服务 73.42、药品零售 73.17、住宅装修 73.02、家政服务 72.86 和教育中介 72.48。虽然餐饮外卖服务排名第一，但餐饮外卖质量与卫生安全令人担忧。调查显示，40.67% 的被访者反映外卖不够卫生安全。在线旅游业中，41.91% 的被访者反映网上宣传与实际不符；网约车行业中，37%的被访者反映司机会绕路。另外，药店环境和药品购买的便利性收获公众满意，但药价高和药品虚假广告多遭公众抱怨最多，还有 8.52%的被访者反映存在过期药品销售行为。

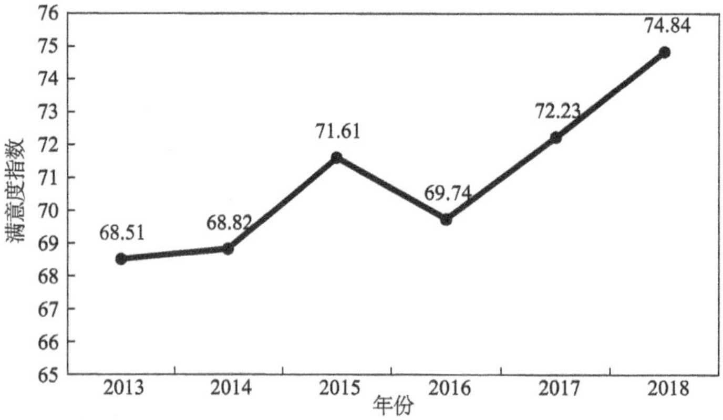

图 5-3　2013～2018 年江苏服务业公众满意度指数

---

① 江苏省市场监督管理局. 2018. 2018 江苏服务业满意度的调查结果新鲜出炉[EB/OL].（2018-11-14）. http://scigi.jiangsu.gov.cn/art/2018/11/14/art_70154_8272219.html?tdsourcetag=s_pcqq_aiomsg。

5.4　江苏构建高质量产品和服务供给体系的思路与对策

5.4.1　增加高品质的产品供给

1. 加强江苏消费品品牌建设

品牌建设是推动江苏高质量发展的重要举措，也是增加高品质的产品供给的题中应有之义。一是加强品牌培育。开展消费品生产企业品牌培育，推动知名品牌创建，以国家知名品牌为标杆，引导企业有意识地主动自创品牌，推动企业实施品牌战略，使江苏产品向江苏品牌转变。二是提升江苏现有品牌形象。要以江苏优势企业和品牌为依托，提高品牌在研发、设计、生产、销售、物流、服务以及宣传推广各环节的整合能力；支持有实力的企业瞄准国际知名品牌标杆开展对标，推进品牌国际化，形成国际化品牌。三是加强品牌保护。积极进行国内外商标注册、专利申请，加大对高知名度商标、地理标志、涉外商标和老字号商标的保护力度；加大对质量领域假冒行为的打击力度，重点打击各类侵犯驰名、著名商标权益的行为，深入查处“傍名牌”行为。打造“高品质、高知名度、高美誉度”的江苏产品，努力形成一批全国乃至世界级的消费品品牌，提高“江苏制造”的全球影响力和竞争力。

2. 以科技创新推动产品品质提升

当前产品品质提升的突出表现是产品的科技含量高、智能化程度高。科技是推动产品质量提升的根本保证。科技创新不仅可以推动传统产品的转型升级，还可以创造出新产品，形成新的供给，满足消费升级的需要。对于江苏而言，一是突破技术瓶颈，推动高层次科技创新。应聚焦技术高端、产品高端和产业高端，超前部署一批面向国际科技前沿、符合江苏发展战略要求的前瞻性技术研发项目，加快推进重大产业技术研发和战略性共性技术攻关，力争在前沿先导技术、核心关键技术和产业化应用技术等方面取得突破，转化一批重大科技成果并迅速实现产业化。二是深化产业技术创新战略联盟的体制与机制建设。加强重大技术突破和系统集成，提高产学研结合的组织化程度，真正形成利益共享、风险共担、共同发展、长效合作的新机制。三是加强企业内部标准体系建设。引导企业开展对标达标活动，鼓励和引导企业积极采用国际标准和国外先进标准组织生产，强化产品竞争力。

3. 提升质量管理水平

引导企业强化质量为先的理念。一是强化企业质量意识。企业应建立健全从产品设计、生产制造、储运销售到售后服务全过程的质量管理体系，加强全员、全过程、全方位的质量管理。企业领导对企业的质量工作负全责，要确定企业质量目标，建立健全全员、全方位、全过程的质量体系并使其有效运行。从产品研发、生产制造、质量检验、储运销售、售后服务等各关键环节，严格实施质量控制和质量把关。严格执行国家强制性标准，严格按标准组织生产和进行检验，不得无标生产，建立完善的计量检测体系，确保产品出厂检测合格、计量准确，不合格产品不出厂。二是提倡先进的质量管理方法。积极推行 5S （整理、整顿、清扫、清洁、素养，又称五常法则）管理、卓越绩效管理等先进的质量管理方法，鼓励企业采用企业资源计划（enterprise resource planning，ERP）、客户关系管理（customer relationship management，CRM）、供应链管理（supply chain management，SCM）等先进的管理方法和信息化手段，全面提高企业质量管理水平。三是鼓励企业引进和培养质量专业人才。鼓励企业出台质量工程师、注册设备监理师、注册计量师等专业技术人员的激励政策，充分调动专业技术人员的积极性，提高企业质量管理水平。四是倡导工匠精神，努力培养高素质的职业技术工人，通过长期的宣传和教育，推动国民转变观念，营造尊重技术、推崇质量的良好社会氛围，反对投机取巧和一夜暴富心态。

5.4.2 增加高品质的服务供给

1. 加大消费性服务产品的有效供给

第一，积极推动信息服务业发展。据统计，2018 年我国信息消费规模约 5 万亿元，在最终消费中占比超过 10%，信息服务消费规模首次超过信息产品消费。信息消费已成为创新活跃、增长迅速、辐射广泛的新兴消费领域之一。未来要发展基于现代信息技术的数字经济、共享经济、平台经济、体验经济、创意经济等新业态新模式，加快实现服务业信息化、智能化，继续在智能家居、智慧健康、智慧养老、智慧旅游等领域，提升移动互联网技术的应用和支持能力。加快发展平台经济，建设一批综合类、商品销售类、消费服务类和跨境贸易类电商平台。完善省市公共信用信息系统及服务平台，继续深入推进南京、徐州、苏州等国家信息消费试点示范城市建设，及时总结信息消费经验做法，向省内其他地区复制推广。

第二，推动旅游产业创新发展。积极开发康体、养生、运动、娱乐、观光等多样化、综合性旅游休闲产品。全力打造大运河特色文化旅游精品路线，推进一批运河文化主题重大项目建设。着力建设一批休闲街区、特色村镇、旅游度假区，打造一批便捷、舒适、健康的休闲载体与空间，更好地满足广大人民群众的个性化和多样化需求。

第三，发展健康产业。大力发展智慧医疗服务。依托“江苏省健康医疗大数据共享服务平台”，推动医疗卫生、药品、医保、养老、体育等健康医疗相关领域的数据资源共享开放。依靠人工智能、知识图谱、智能硬件、大数据等技术，提升远程医疗服务水平。强化智慧医疗的法律监管，完善相关法律法规，加强信息安全监管，维护好患者隐私权。积极发展个性化医疗服务。为满足消费者多层次、多样化、个性化的健康需求，大力发展个性化治疗、第三方医学检查等高端医疗服务，个性化健康管理、个性化体检等特别医疗服务，力争在医疗前沿技术应用方面先行先试。

第四，发展体育产业。加大体育基础设施和人才投入力度。以社区为单位建设体育设施，鼓励学校、企事业单位的体育设施向公众免费或低收费开放，有效对接居民休闲健身实际需求，提高公共体育设施的利用率；推动社区配备体育健康辅导人员，为社区居民提供健身辅导、健康培训、体能测试、健康评估等服务。在发展过程中，注重体育与科技、休闲、旅游、养老、会展等产业的融合发展。利用互联网、大数据、云计算及物联网技术，推广智能体育公园、智能健身房、智能健身步道等体育健康新产品，在有条件的地区发展集体育运动、健康养生、医疗康养、休闲度假于一体的体育健康小镇，不断满足消费者的消费升级需要。

第五，推动养老服务业发展。考虑到老年人的身体情况和自理能力、家庭收入的差别，应建立多样化的医养结合发展模式，以满足老年人的个性化健康养老需求。由于大部分老年群体收入水平一般，因此要重点加大对居家养老、基层医疗卫生服务的资金、土地投入，对居家社区养老的老人实行全科医生签约、互联网+医疗+居家养老、社区养老机构与基层医疗机构合作等模式，面向大众采取低收费有偿服务。而对于一部分收入水平较高的老年群体，通过引入社会资本，由部分有条件的医疗机构、养老机构开办集养老、康复、保健于一体的护理之家，建设大型医养联合体，满足他们的高端养老需求。

第六，推动教育培训产业健康发展。充分发挥江苏民营经济优势，引导和推动民办教育发展，支持社会力量捐资、出资兴办教育。支持社会力量通过公办民助、委托管理、合作办学等方式参与创办非义务教育公办学校。

第七，促进文化产业发展。加快产品创意研发，支持社会资本参与文化消费项目的配套建设。同时，针对文化消费不足的问题，要通过直接补贴消费者、奖励积分补贴、绩效奖励等多种形式，引导和扩大居民的文化消费能力。

2. 培育现代服务业品牌

为适应消费结构升级需求，培育提升一批批发、零售、住宿、餐饮、居民服务、旅游、家庭服务、文化体育产业等生活性服务业品牌和龙头企业，对有发展潜力、优势特色的服务企业及重点行业，鼓励其争创知名、著名、驰名商标，形成一批在全国乃至国际范围内有影响力的江苏服务品牌企业和江苏服务区域品牌。推动服务业向高品质转变，不断丰富服务产品种类，满足人民群众的多样化需求。

3. 放宽服务领域市场准入

发挥市场准入负面清单制度改革的作用，放宽服务消费领域的市场准入限制，尤其是放开民营资本进入健康、养老、体育、文化创意、娱乐休闲等服务消费领域的限制，建立公平、透明的准入规范。继续推动垄断性服务行业体制改革，促进各类市场主体公平竞争。

4. 提高服务业对外开放水平

对标国际投资贸易规则，放宽服务业外资市场的准入限制。同时，通过深度参与全球化、加快“一带一路”建设，完善供应链和创新链体系的全球布局，加大对服务业企业“走出去”的指导和服务，简化对外投资审批程序，不断完善对相关服务业企业的信息服务、金融服务、投资促进、人才培训、风险预警防范等服务。

5.4.3 加大消费环境建设

1. 进一步加强企业诚信体系建设

要按照《国务院办公厅关于社会信用体系建设的若干意见》和《中共江苏省委江苏省人民政府关于加快推进诚信江苏建设的意见》的要求，大力加强企业诚信体系建设，以信用披露、信用征集、信用使用、个人隐私保护等为重点，着力完善相关信用制度和管理办法。以工商部门的企业信用信息基础数据为基础，整合银行、税务、公安、质监、药监、环保、卫生、国土、电信、供电等相关单位、行业以及公共服务机构掌握的企业和个人信用数据资料，构建统一的企业信用信息平台，并努力为实现信用信息互联互通创造条件；逐步健全企业信用激励约束机制，提高合同履约率，使诚信企业得实惠、失信企业受处罚。

2. 建立和完善多元化的消费者纠纷解决机制

充分发挥消费者协会、行业协会、法院和仲裁机构的作用，提升消费纠纷处理速度与和解效率，切实降低消费者维权成本，畅通维权渠道，提升服务效能。建立消费者协会投诉和解联络单位管理制度，教育引导企业建立投诉和解机构、配置和解人员，快速处理消费者对本企业的投诉和消费者协会向企业移转的投诉；建立投诉和解信息反馈制度，把企业投诉和解情况与企业信用制度建设联系起来。组建由行业主管部门、行业协会、相关成员单位组成的专家队伍，为解决消费争议问题提供专业咨询、技术鉴定，并提出专业性建议，提升消费维权的专业水平。

第 6 章　江苏加快新旧动能转换研究

6.1　江苏新旧动能转换的背景

6.1.1　经济发展进入新常态

改革开放以来，中国经济保持高速增长主要得益于充分发挥了我国劳动力丰富、生产要素成本低的比较优势，充分融入全球价值链生产分工环节，成为劳动密集型产品和劳动密集型环节的世界工厂。以初级生产要素投入为动力、以传统产业为主体的产业结构构成中国传统动能。

随着经济总量的扩大，经济环境发生新变化，传统的增长方式不再适应新形势，经济增长的动力正在转变，新旧动能面临转换。新常态下我国经济将保持增长质量上升和中低速的运行态势。同时经济运行面临诸多风险，如金融体系风险，经济增速下降后部分投资收益率下滑、投资回收期延长，部分资产将从优质资产变为不良资产，金融机构不良率可能上升等。

伴随着人口老龄化和人口出生率下降，青年人口所占比例急剧下降，劳动群体急剧缩小，劳动力工资上涨较快，中国人口红利逐步消退。中国传统劳动力的比较优势正在削弱。东部地区传统产业呈现梯度转移态势，由以前依靠数量庞大的廉价劳动力拉动经济增长的人口红利正逐步向依靠拥有高学历、高技术和高水平的高素质劳动力拉动经济发展的人才红利转化。人口红利的消失以及向人才红利的转化为新旧动能转换提供了有利的契机。

6.1.2　国家高度重视

党的十九大报告指出，我国社会主要矛盾已经转化为人民日益增长的美好生活需要和不平衡不充分的发展之间的矛盾。近年来，党中央已经对中国经济发展阶段有较为深刻的判断，中国经济社会进入了新常态，并以推进经济新旧动能转换迎接新常态的机遇和挑战。党和国家高度重视新旧动能转换工作，已经形成了一系列重要讲话精神和政策文件，指导和推动全国新旧动能转换。

2016 年 5 月，《国务院关于深化制造业与互联网融合发展的指导意见》中提出，推动制造业与互联网融合，有利于形成叠加效应、聚合效应、倍增效应，加快新旧发展动能和生产体系转换。2017 年 1 月 4 日，李克强总理强调要“加快新旧动能平稳接续、协同发力，促进覆盖一二三产业的实体经济蓬勃发展”①。2017 年 1 月 20 日，国务院办公厅发布《国务院办公厅关于创新管理优化服务培育壮大经济发展新动能加快新旧动能接续转换的意见》，要求各地区、各部门要充分认识加快培育壮大经济发展新动能的重要性，为进一步激发市场活力和动力、加快新旧动能接续转换营造良好制度环境。2018 年 11 月 7 日，习近平总书记在上海考察时强调，“让科技创新在实施创新驱动发展战略、加快新旧动能转换中发挥重大作用”。②

6.2 江苏新旧动能转换的现实基础及主要问题

6.2.1 产业结构演变状况

江苏产业结构演变符合一般发展趋势。第一产业（农业）增加值占总增加值的比例基本保持不变，略有下降，第二产业增加值占比逐渐减少，而第三产业（服务业）增加值的占比越来越高（图 6-1），说明全省产业驱动经济增长的动力从第一、第二产业逐渐转向第三产业，主要是从第二产业转向第三产业，由工业制造业逐渐转向服务业。

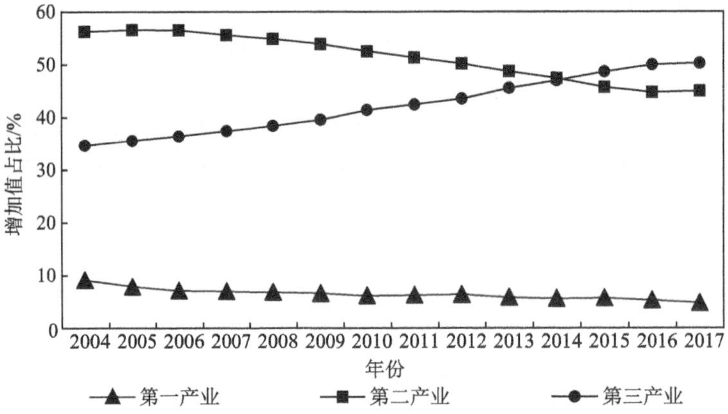

图 6-1　江苏省 2004～2017 年三次产业增加值占比变动趋势图

就业结构总体上与产业结构演变趋同。就业结构总体变动趋势是大量劳动力由第一产业向第二、三产业转移，第一产业（农业）就业占比呈现明显下降的趋势，第二产业就业占比开始时上升，从 2012 年开始基本保持不变，第三产业（服务业）就业占比逐渐提升（图 6-2），说明从第一产业流出的就业人口大部分流入了第三产业（服务业），服务业开始成为驱动经济增长的主要动力。

① 中华人民共和国中央人民政府. 2017. 国务院常务会|李克强：抓紧对中央指定地方实施许可事项制定清单[EB/OL].(2017-01-04). http://www.gov.cn/premier/2017-01/04/content_5156502.htm。

② 新华网. 2018. 习近平在上海考察[EB/OL]. (2018-11-07). http://www.xinhuanet.com/politics/2018-11/07/c_1123679389.htm。

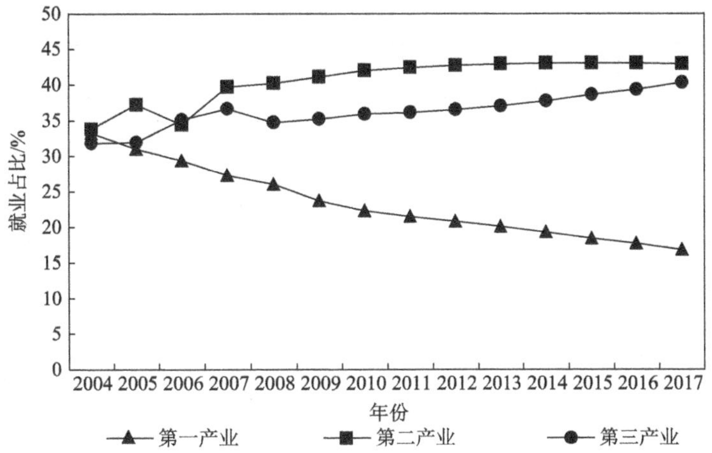

图 6-2　江苏省 2004～2017 年三次产业就业占比变动趋势图

6.2.2　新旧动能技术创新变化状况

江苏新旧动能技术创新走在全国前列。以新旧动能技术创新指数为例，江苏总体呈上升趋势。山东、浙江的情况与江苏相近，广东新旧动能技术创新指数与其经济大省的身份不相匹配，中部地区的湖南、湖北、四川等近年来新旧动能技术创新指数基本呈上升趋势，如表 6-1 所示。江苏新旧动能技术创新能力相对较高，可解释为：江苏是传统制造业大省，已经聚集了一大批与关键动能技术相关的企业，形成了相当规模的产业集聚效应。此外，江苏专利申请和授权数在国内领先，新旧动能的创新基础较为雄厚。

表 6-1　各省（区、市）新旧动能技术创新指数

地区	省（区、市）	1985 年	1993 年	1997 年	2001 年	2008 年	2012 年	2015 年
东部	天津	21.84	22.40	20.72	23.30	24.70	25.83	25.96
	辽宁	21.56	21.07	21.58	22.22	24.88	25.76	25.73
	河北	18.01	21.42	21.62	23.32	25.12	24.86	25.69
	福建	20.57	21.78	13.14	16.19	21.49	25.55	25.53
	浙江	18.99	18.76	20.19	22.79	24.77	25.53	25.26
	江苏	18.09	19.69	22.69	23.94	24.61	25.38	25.26
	山东	18.48	21.23	20.77	23.90	24.28	25.11	25.14
	北京	19.39	21.70	19.76	11.62	22.58	24.90	24.12
	广东	13.95	22.86	20.95	22.53	19.95	20.97	22.79
	上海	15.48	17.31	18.74	22.21	22.29	21.77	22.55
	平均	18.64	20.82	20.02	21.20	23.47	24.57	24.80

续表

地区	省（区、市）	1985 年	1993 年	1997 年	2001 年	2008 年	2012 年	2015 年
中部	河南	21.21	22.86	21.69	22.91	23.65	25.53	25.95
	湖南	20.58	22.05	21.06	23.11	23.70	25.46	25.93
	山西	20.81	20.54	18.49	23.06	21.28	25.52	25.35
	湖北	17.86	20.06	20.73	23.50	24.73	25.79	25.32
	黑龙江	19.69	21.41	22.23	22.26	23.95	24.90	25.15
	吉林	18.63	19.70	16.04	19.65	22.78	23.54	25.04
	四川	19.38	23.50	19.35	23.73	24.23	25.25	24.89
	江西	19.61	21.82	20.33	19.99	23.76	25.18	24.89
	安徽	14.69	20.52	18.88	23.36	23.84	25.01	24.82
	平均	19.16	21.38	19.87	22.40	23.55	25.13	25.26
西部	甘肃	18.50	20.79	11.66	22.09	23.38	24.53	25.29
	云南	20.81	22.77	16.71	23.47	24.72	24.22	25.21
	新疆	15.04	18.71	17.70	23.03	25.42	23.01	24.56
	陕西	19.92	20.67	20.87	20.11	22.83	24.05	24.39
	广西	16.77	20.70	19.31	20.14	23.50	24.30	24.26
	贵州	17.11	21.17	21.29	20.78	22.58	24.90	24.19
	青海	19.09	18.24	16.43	18.44	19.81	20.62	24.17
	宁夏	7.75	18.00	16.78	18.39	20.11	23.25	22.08
	内蒙古	18.03	17.57	18.20	19.25	20.71	19.89	21.63

资料来源：《江苏新旧动能转换路径选择研究》。

6.2.3 新旧动能转换中存在的主要问题

1. 产业链创新和协同优势尚未充分显现

当前江苏先进制造业集群影响力和产业链协同不足的主要表现如下。一是产业链控制力不足。主要体现在集群专业性不强，部分集群和引进项目贪多求大，刻意求新，缺乏长期深耕核心环节和关键零部件的耐力和定力，造成产品不优、技术不强、品牌效应不明显，与世界级先进制造业集群内在要求差距较大。二是产业链配套不足。江苏拥有一批具有国际影响力的重点企业，但产业集群内核心配套企业缺失，关键零部件过度依赖进口，“卡脖子”技术和装备没有出现明显改善，集群的自主可控性较弱，集群整体国际竞争力不强。

2. 空间布局和示范引领有待进一步提升

江苏产业集群存在布局分散、重复建设以及无序竞争等问题。一是产业基地（园区）各自为战。产业空间的组织结构比较松散，缺少整体统一的布局规划，各个地区园区间无序竞争依然存在。二是部分园区热衷于大工程、快项目，量的扩张痕迹比较明显，内涵式发展仍显不足，缺乏产业链整体设计的战略考量和动态考核，导致新经济元素缺失，发展后劲不足。三是“智能+”制造业的牵引力不强。当前江苏已有部分企业将智能制造、互联网提升为企业提档升级的重要方向，但大多缺乏整体规划、拘泥于技术操作层面，没有发挥智能制造对于产业升级的引导和示范作用。

3. 自主创新能力提升仍存在较大空间

江苏支持先进制造业集群可持续发展的产业创新生态系统建设有待加强。一是核心关键技术依赖性较高。江苏整体技术依存度较高，高端产业低端化依然存在，如集成电路产业技术水平有所提升，但目前主要集中在封测环节等劳动密集型环节，汽车产业的研发中心主要在国外和省外。二是创新机制有待理顺。政产学研金用等各方未能形成良好互动，面向产业的创新源头不足、可供转化的专利成果少，其根本在于创新部门（高校和科研院所）和产业部门的考核机制不同。创新部门多以论文和专利为主，科研产出“不接地气”，缺乏成果转化导向，造成创新活动和产业活动脱节。三是关键共性技术研发平台布局滞后。产业共性技术研发方面主体缺位、资金不足现象比较突出，重点产业共性技术和关键技术供给的组织保障体系及激励机制建设滞后，面向市场的新型研发机构建设有待加强。

6.3 全国主要省（市）推动新旧动能转换的实践经验

6.3.1 上海：争当全国改革开放排头兵、创新发展先行者，推动新旧动能转换

一是以科创中心建设为载体，敢当创新发展先行者。加快建设具有全球影响力的科创中心，努力在实施创新驱动发展战略上走在前头。

二是抓体制机制政策突破，推动科技成果加快向现实生产力转化。以科技创新带动产业结构优化升级，促进大数据、云计算、物联网等的广泛应用，推动传统产业改造升级，提升先进制造业和战略性新兴产业的核心竞争力。

三是发展先进制造业和现代服务业。提出以高端发展为导向，聚焦突破战略性新兴产业，形成汽车、新一代信息技术、智能制造装备、生物医药与高端医疗器械、新材料等千亿元以上产业集群。

6.3.2 浙江：“八八战略”引领浙江经济转型升级，加快实现“腾笼换鸟、凤凰涅槃”

一是淘汰落后产能，积极培育新动能。以每年牺牲 1 个百分点左右的工业经济增速

为代价，共淘汰落后产能企业近 1 万家，淘汰和整治“低小散”“脏乱差”企业（作坊）7 万多家。设立了总规模 200 亿元的产业基金，撬动社会资本投入 1 万亿元左右。做大做强信息、环保、健康、旅游、时尚、金融、高端装备制造、文化八大万亿元产业，建成一批具有国际竞争力的大产业基地。

二是深化改革扩大开放，不断争创体制机制新优势。全力推动国家级重大改革试点落地见效，扎实推进浙江自贸区、浙江海洋经济发展示范区、中国（杭州）跨境电子商务综合试验区等的建设。以“最多跑一次”改革最大限度地释放改革开放红利，纵向撬动政府自身改革，横向撬动经济社会各领域改革。省级部门行政权力从 1.23 万项“砍”到 4236 项，精简幅度超六成。

三是搭建创新平台释放新能量。以信息经济为主导的新经济，成为引领杭州经济转型升级的主导力量。在云计算、信息技术、大数据、物联网、机器人等领域，杭州孕育出一大批高科技企业。

6.3.3 广东：“三个支撑”引领下的动能转换路径

一是坚定不移地把供给侧结构性改革作为经济工作的主线，注重用改革的办法破解深层次结构性问题，不断提高供给体系质量和效率。推动产业结构调整和转型升级，坚决淘汰落后产能，大力改造提升传统产能，加快培育新动能；大力振兴实体经济，深化国资国企改革，巩固提升民营经济发展优势，加大力度减轻实体经济负担，扎实推进质量强省战略。

二是深入实施创新驱动发展战略，加快形成以创新为主要引领及支撑的经济体系和发展模式，进一步聚焦产业发展，突出科技支撑，强化技术转化，使新动能尽快超过旧动能。建设国家科技产业创新中心，推动科技与产业、市场、资本高效对接，把更多科技成果转化为先进生产力，推动创新成果的高效转化应用。逐步建立起“众创空间+孵化器+加速器”的全孵化链条；推进珠三角国家自主创新示范区建设，加快构建以深圳、广州为龙头，珠三角各市分工互补的“1+1+7”创新发展格局。

三是加快构建开放型经济新体制。构建以“一带一路”为重点的对外开放新格局，瞄准欧美发达国家加大引资引技引智力度,形成直接联系主要投资贸易伙伴的经贸网络；高标准建设广东自贸区，打造高水平对外开放门户枢纽。

6.3.4 山东：抓住新旧动能转换这个“牛鼻子”，在高效集约的供给体系中形成新的动力系统

一是统筹推进传统产业升级，实施创新驱动和“互联网+”战略，打造智能化和信息化的现代产业。大力推动产业升级，赋予传统产业“新生命”。工业方面，结合山东省钢铁、煤炭、纺织服装、轮胎、家电、高端装备等方面的行业特征，按照“一行一策”“一企一策”的转型思路，强化环保和资源约束，与“互联网+”、智能制造实现有机跨界融合。在服务业领域，结合《山东省服务业创新发展行动纲要（2017—2025 年）》，发展新技术、新产业、新业态、新模式，促进产业智慧化、智慧产业化、跨界融合化、品牌高端化，实现传统产业提质效、新兴产业提规模、跨界融合提潜能、品牌高端提价

值，全面提升服务业创新发展水平。

二是积极培育战略性新兴产业，壮大经济发展新动能。以轻工、机器人、装备制造和电子信息、绿色食品、节能环保、医药、新材料等产业为突破口，创新生产方式、提高产品技术含量，打造新的商业模式，引导各类资源和要素流入新兴产业。

6.3.5 重庆：聚焦新引擎、新优势、新产品、新业态，加速推进新旧动能接续转换

一是传统产业集群化发展，产业结构持续优化。按照“整机+配套”“基地+物流”“研发+制造”“生产+结算”等垂直整合模式，推动“6+1”支柱产业集群式发展，促进传统产业提档升级。

二是培育新引擎，加快发展壮大新兴产业。布局发展新材料、高端交通装备、新能源汽车等重庆十大战略性新兴产业，建立 800 亿元战略性新兴产业股权投资基金等 20 多支投资基金，从资金、政策、机制等方面全方位地支持战略性新兴产业加速发展。

三是互联网新经济羽翼渐丰，发展动力加速转换。重庆市印发《重庆市建设互联网经济高地“十三五”规划》，围绕五大重点任务，实施 67 项重大工程，大力发展互联网经济。以“新业态、新模式、新产业”培育互联网新生经济动能，主要包括催生互联网数字传媒、互联网互动娱乐、体验式消费三大新业态，打造数字文化创意产品网上交易平台等 6 大工程。[①]

四是开放型经济构筑发展平台，大力拓展市场空间。渝新欧国际班列跨越欧亚，成为新的经济大动脉。渝新欧班列已经开行 554 班，货值运输量占整个中欧班列的 80%以上。通过水陆空三个交通枢纽、三个国家一类口岸、三个保税区的“三个三合一”开放格局，重庆开放型经济水平大幅提升。

6.4 江苏新旧动能转换的总体思路

6.4.1 指导思想

全面贯彻落实党的十九大精神，以习近平新时代中国特色社会主义思想为指导，贯彻新发展理念，坚持质量第一、效益优先，以供给侧结构性改革为主线，以实体经济为发展经济的着力点，以新技术、新产业、新业态、新模式为核心，以知识、技术、信息、数据等新生产要素为支撑，积极探索新旧动能转换模式，推动经济发展质量变革、效率变革、动力变革，提高全要素生产率，着力加快建设实体经济、科技创新、现代金融、人力资源协同发展的产业体系，推动经济实现更高质量、更有效率、更加公平、更可持续的发展，为促进全国新旧动能转换、建设现代化经济体系做出积极贡献。

① 重庆日报. 2017.《重庆市建设互联网经济高地“十三五”规划》发布[EB/OL].（2017-01-18）. http://www.cac.gov.cn/2017-01/18/c_1120337905.htm。

6.4.2 发展方向和目标取向

1. 发展方向

在因地制宜、依法依规开展试验的基础上，探索优化存量资源配置和扩大优质增量供给并举的动能转换路径，探索建立创新引领新旧动能转换的体制机制，探索以全面开放促进新动能快速成长，探索产业发展与生态环境保护协调共进，扎实推进去产能和振兴实体经济，构建创新创业的良好制度环境、发展更高层次的开放型经济，形成高质量的发展动能。

2. 目标取向

立足“十三五”，展望“十四五”及未来一段时间，江苏亟待通过关键技术装备突破和智能制造等，显著提高全员劳动生产率、资源能源利用效率，大幅提升企业安全生产、节能减排水平。

关键技术装备实现突破。掌握一批具有自主知识产权的智能制造核心技术和系统软件，打造一批高端智能装备和关键零部件，在智能传感、仿真优化、工业互联网、智能检测等先进技术方面取得突破。

智能装备水平逐步提高。重点行业机器人密度（每万名员工使用机器人台数）实现全国领先。全省规模以上工业企业制造装备智能化水平大幅提升，大中型企业关键工序核心装备数控化率实现全覆盖，广泛建立面向生产全流程、管理全方位、产品全生命周期的智能制造新模式。

两化融合水平不断提升。规模以上工业企业研发设计、生产管理、营销服务等关键环节互联网应用覆盖率和关键管控软件普及率实现全国领先。大中型企业关键环节互联网应用实现全覆盖。智能协同制造、线上线下融合服务模式在重点行业重点企业全面推广，区域两化融合发展水平总指数达到98。

试点示范效应更加凸显。建成一批智能车间，推动一批智能工厂建设。大中型企业两化融合综合集成应用基本普及，组织重点企业开展省级两化融合贯标试点，培育一批在全国具有较高知名度和影响力的智能制造品牌企业，成为全省推进智能制造的标杆。

经济质量效益明显提升。规模以上工业企业全员劳动生产率显著提高。单位工业增加值能耗比显著降低。实施智能化改造后，企业运营成本明显降低，产品开发、生产周期明显缩短，不良品率明显下降，制造业质量竞争力指数稳步提高。

6.5 江苏新旧动能转换的发展路径

6.5.1 前瞻布局高端产业，着力培育发展新动能

江苏应牢牢把握未来高新技术的发展方向，加快5G通信、物联网、云计算、人工

智能等新技术的研发和转化，加大项目引进力度，促进产业合理布局，做大做强战略性新兴产业，加快形成一批具有爆发力和引领力的新增长点，让新动能尽快释放出强劲的动力。在新一代信息技术方面，重点突破高性能计算、人工智能、传感器、虚拟现实、基础软件等关键核心技术，强化示范应用。推进量子通信技术的研发和产业化。完善“互联网+”生态体系，开展数字经济发展相关试点。支持有条件的地区创建国家大数据综合试验区，鼓励建设新型智慧城市。完善云计算和大数据产业链，加强工业、政务、商贸、文化、旅游、健康等领域的大数据应用，做强信息安全、地理信息产业。在新能源新材料产业方面，大力发展新能源电池和汽车电控技术，探索新能源汽车分时租赁、储能电池充换电、分布式能源等新模式。做大做强碳纤维、石墨烯、生物基材料、高分子材料等新材料产业，提高行业技术创新能力和关键材料自给率，建设国内领先的新材料研发中心和产业基地。

6.5.2 加快淘汰落后产能、化解过剩产能，为产业发展腾出空间

从江苏的实际看，当前制造业发展面临的突出问题是中低端产能过剩。这些中低端产能产出不高，却占据了大量资源，必须加快淘汰中低端产能，为高端高效产能腾挪空间。首先，妥善处理政府和市场、短期和长期、存量和增量、供给和需求的关系，重点化解钢铁、煤炭、电解铝、火电、建材等行业的过剩产能，保持合理的产能利用率。其次，逐步提高环保、能耗、水耗、安全、质量、技术的标准，加强财税、金融、价格、土地等政策的协调配合，通过严格审批核准、严控新增融资、实施差别化水价电价等举措，依法依规倒逼落后产能加快退出。最后，通过转型转产、搬迁改造等形式，支持企业跨地区、跨所有制兼并重组。加快城市更新改造，支持南京等城市开展城区老工业区搬迁改造，积极创建老工业区搬迁改造示范工程和示范区。充分利用国家间的多双边合作机制，鼓励优势产能以多种方式“走出去”。

6.5.3 以智能制造为主攻方向，促进传统产业转型提升

推动产业迈上中高端，重点在存量，关键靠创新。传统产业是江苏工业经济发展的基础，也是产业优势所在。要把传统产业改造提升作为重要抓手，依托“中国制造 2025”“互联网+”等推动流程再造、管理变革、智能化转型，使传统产业在与新动能融合中形成更加适应市场需求的新技术、新业态、新模式，延伸产品和服务，提升价值链，焕发新的生命力。一是继续做好示范智能车间的推广工作。通过召开现场会等方式，进一步抓好行业推广，重点涉及电子、机械、钢铁、化工、纺织服装等产业，力争 2025 年创建智能车间数达到 2000 个。二是引导有条件的企业探索建立符合实际的“智能生产模式”，推动智能车间向智能工厂提升。制定更高的标准，完善政策体系，鼓励应用国产装备、国产软件、国产整体解决方案，尽快形成典型示范。三是打造智能生态系统。引导智能制造行业内部企业建立伙伴关系，推动制造设计企业、智能技术提供商、智能装备制造企业、应用服务商等产业链上的企业加强合作交流、整合创新资源、完善创新体系、加快应用推广，打造智能制造生态圈。

6.5.4 加快制造业服务化创新发展，探索新型制造模式

随着“互联网+”向经济社会各领域不断渗透，生产制造与研发、设计、售后的边界越来越模糊，原来的“微笑曲线”被拉平，以产品为中心的生产模式正加快向以用户为中心的服务模式转变，生产制造正在成为整个解决方案的一个环节，成为产业生态系统的一个模块，发展服务型制造已经成为必然趋势。苏南部分企业已经开始向服务化方向转型，服务内容覆盖产品设计及开发、系统解决方案、维护及支援、金融支持、外包运营等多个领域。下一步，要加强规划与政策引导，鼓励生产企业通过“互联网+制造业+服务”聚合裂变，发展基于工业互联网的云制造、定制生产等新型制造模式，发展研发设计、融资租赁、信息技术服务、节能环保服务、检验检测认证、第三方物流等生产性服务业，提升制造业服务化水平，打造制造业升级版。

6.5.5 树立“绿水青山就是金山银山”的理念，探索建立绿色发展模式

深化生态文明体制改革，构建国土空间开发保护制度，以主体功能区规划为基础，加快推进“多规合一”，完善配套政策，推动主体功能区战略格局在市县层面精准落地。建立市场化、多元化生态保护补偿机制，完善生态环境监管体制。实施海洋生态修复工程，实施入海污染物总量控制制度。建立节能减排指标体系、监测体系和考核体系。提高污染物排放标准，健全环保倒逼企业转型发展的体制机制。加强工业集聚区水污染治理设施建设，提高危险废物安全处置能力。支持开展碳市场相关工作。加大绿色金融改革创新力度。全面推行环境高风险企业投保环境污染强制责任保险。

6.5.6 强化顶层设计、系统谋划和协同推动，构建促进新旧动能转换的政策体系和制度环境

建立健全市场体制机制是推动新旧动能转换的制度性保障。一是创新市场主体健康发展机制。改革国有资本授权经营体制，推动国有资本做强做优做大。支持民营企业建立现代企业制度，实现企业产权多元化、治理规范化、管理科学化。全面实施市场准入负面清单制度，清理废除妨碍统一市场和公平竞争的各种规定及做法，激发各类市场主体的活力。加快推进中小企业服务体系和信用担保体系建设。二是创新要素市场配置机制。探索知识、技术、信息、数据等新生产要素配置机制，完善政府信息公开和企业信息披露制度，推动数据资源开放共享。加快构建规则统一、公开透明、服务高效、监督规范的公共资源交易平台体系。健全资源性产品价格形成机制，深化电力、油气体制改革，推进交通运输价格等改革。三是创新财税激励约束机制。结合税制改革方向，按照可复制、可推广的原则，统筹研究支持新旧动能转换的税收政策。按程序研究选择部分国家重点扶持的战略性新兴产业和新旧动能转换重点行业（项目），先行先试临时性的“期末留抵退税政策”。

第7章　江北新区“两城一中心”建设重点难点问题

2018年我国芯片进口达2600多亿美元，创历史新高，占全球总量的七成，超过石油，成为第一大进口产品，且仍以超过两位数的增幅增长（2020年1～7月，我国芯片进口额为1839.0亿美元，同比增长12.0%）。据预测，到2021年，全国集成电路销售量将超过1万亿元，市场空间巨大。不少经济学家认为，以基因组学技术为前沿阵地的医药大健康产业很可能成为未来拉动中国经济的最大引擎。欧美发达国家，医疗健康产业在经济总量中占比达15%～20%，而我国，占比仅为4%。打造芯片之城、基因之城，需要全周期、多层次的资本扶持。区块链、人工智能、大数据等技术正进入颠覆性突破期，金融创新需要站在爆发式发展的临界点上发展新金融。

7.1　江北新区“两城一中心”的建设进展

江北新区确立“两城一中心”的定位意义重大，这符合国家对江北新区的定位，符合产业发展趋势，符合高质量发展的要求，应举全市之力助推江北新区又好又快发展。

7.1.1　芯片之城

芯片被誉为现代工业的“粮食”。当前，我国芯片正处在破解“缺芯”之痛的攻关期。发展芯片产业，是江北新区义不容辞的责任与担当。截止到2018年，江北新区签约“两城一中心”关联项目81个，总投资774亿元；已注册企业中，涉及“两城一中心”且总投资1亿元以上的企业172家，总投资1126亿元。近年来，江北新区集成电路产业迅速崛起，全球芯片制造业龙头企业——台积电在江北新区投资建设的12英寸（1英寸=0.0254米）晶圆厂项目，目前已经正式量产，比预定计划提前5个月。它将生产当前最先进的16纳米制程产品，大幅加快了芯片的国产化进程。在台积电等龙头企业的带动下，目前已有140余家来自世界各地的集成电路企业安家江北新区，涵盖芯片设计、晶圆制造、封装测试、终端制造等产业链上下游全部环节。芯片设计及应用领域，展讯、创意电子、ARM（英）、Synopsys（美）、Cadence（美）、晶门科技等国内外顶尖企业相继落户新区，国内排名前十的企业已有一半在新区集聚。

江北新区着力培育集成电路骨干企业，重点在高端芯片设计领域持续发力，加快打造产业链完备、特色鲜明、规模效应明显的集成电路产业集群，努力把江北新区发展成为长三角地区的核心重镇、全国领先的产业集聚地和具有全球影响力的中国“芯片之城”。预计到2025年，集成电路产业规模显著扩张，集聚集成电路企业超1000家，全产业链规模超3000亿元，吸引集成电路产业人才超3万人，形成以芯片设计为核心的集成电路千亿级产业集群。重点布局三大基地，即以产业技术研创园为载体的集成电路设计及综合应用基地、以南京软件园为载体的集成电路设计产业基地、以浦口经济开发区和江北新区智能制造产业园为载体的集成电路先进制造产业基地，打造新区集成电路产业发展的强引擎。

全力打造高端特色化产业集群。集成电路设计产业集群重点面向新型显示、下一代通信技术、物联网、人工智能等新兴产业应用领域，加快高端集成电路设计业发展，建设全球智能设计中心。

7.1.2 基因之城

基因及生命健康产业，是21世纪极具发展前景的战略性新兴产业，是探索人类生命奥秘的未来产业。华大集团、“中国南京细胞谷”等一批行业引领性旗舰型项目相继落户，江北新区基蛋生物科技股份有限公司、南京健友生化制药股份有限公司、南京药石科技股份有限公司三家企业在沪深主板上市。以建设国家健康医疗大数据中心为契机，江北新区引进北京诺禾致源科技股份有限公司、南京世和基因生物技术股份有限公司、北京泛生子基因科技有限公司等知名基因测序企业，新区基因年测序能力超50万人次，成为全亚洲最大的基因测序基地。

近年来，江北新区依托良好的产业基础，推动生命健康产业发展进入“快车道”。新区已经成功引入美国密歇根大学、哈佛大学乔斯林糖尿病中心、瑞典医疗健康发展中心、伦敦国王学院、南京鼓楼医院等一批国内外高端医疗健康服务资源。

目前，新区正在加快形成以生物制药、化学药、现代中药和医疗器械为主体，基因检测、第三方检验服务、动物生命营养为特色，诊断试剂、精准医疗、干细胞等为潜力的产业体系，建设“基因之城”的动力更加强劲。

努力打造具有全球影响力的“基因细胞城”、生物医药创新资源汇集平台和生命健康创新名城先导区。力争到2020年底，引进20家以上国际基因领域顶尖企业，集聚700家以上生命健康领域企业；打造国内生物医药的创新产品制造中心，开发20个以上具有自主知识产权的生物医药新产品；集聚高层次创业人才150人以上，引进万名产业创新创业人才，建成以基因细胞产业为引领的生命健康千亿级产业集群。

7.1.3 新金融中心

金融是现代经济的核心，是服务经济社会创新发展、支撑创新型国家建设的重要手段，在建设具有全球影响力的创新名城先导区、打造“两城一中心”主导产业集群的战略指导下，新区正全力建设扬子江新金融中心，积极探索金融与产业、科技的有效融合，充分发挥金融对产业发展的支持作用和对科技进步的促进作用，为江北新区打造全省创新策源地、引领区和重要增长极提供有力的金融支撑。

江北新区金融中心将会被打造成为辐射长江经济带、延伸全国、具有国际影响力的扬子江新金融集聚区，产融高度融合、全国一流的新金融示范区，金融科技创新发展之地以及保险创新试验区。

在前期规划研究及调研工作的基础上，江北新区制定了“江北新区扬子江新金融中心建设三年行动计划”，明确了新金融中心的产业功能布局、空间发展布局，以及阶段性发展目标和重点任务。功能布局上，聚焦江北新区区位优势、禀赋特征和辐射带动功能，围绕江北新区重点产业和关键领域，加大新金融产业引进和培育，集聚金融资产管理、股权投资、金融科技、保险创新等新金融业态，构建“融资+投资+保险”三位一体的 CBD3.0 梦想之城。空间布局上，按照与区域发展相适应、与产业体系相配套、与生态环境相协调的原则，构建“一心一镇”为主阵地、多区域联动发展的现代金融产业集聚发展格局。“一心”即中央商务区（CBD）资产管理与证券化中心，以工银金融资产投资有限公司为龙头，强化各类金融资产要素集聚，形成最具活力的资产流转生态圈。“一镇”即创业创新基金小镇。充分发挥省市共建江北新区发展基金的作用，牢固树立“基金招商”的理念，以中心区基金小镇为依托，积极运用“资本+技术”的方式，大力引入各类基金入驻新区，充分发挥基金在项目引进、产业培育以及环境打造中的引领和支撑作用，构建金融与科技、产业协同发展的新格局。

江北新区将以建设国际金融中心协同承载区和金融支持科技创新改革试验区为驱动，助力南京打造泛长三角区域金融中心。预计到 2025 年，金融业占 GDP 的比重增长至 15%，金融业增加值占南京市 GDP 增加值的比重大幅提升；集聚金融资本 10000 亿元，基金认缴规模达 10000 亿元，各类持牌机构 200 家。

7.2　“两城一中心”建设的重点和难点

7.2.1　芯片之城

南京是全国重要的科教中心城市、国内重要的电子产业基地，2010 年 9 月，工业和信息化部正式认定南京为“中国软件名城”，南京成为中国首个荣获此称号的城市。全市电子信息制造业规模在全国 15 个副省级城市位居第四,软件信息服务业主营收入在全国城市位居第四。

1. 新“芯片之城”

江北新区新“芯片之城”的建设无疑会使南京电子信息产业规模和水平更上一层楼，以台积电等龙头项目为支撑，以顶尖芯片设计企业为引领，重点构建集成电路设计、晶圆制造及封装测试、配套的全产业链，同时推动芯片设计与网络通信、卫星应用、物联网、人工智能协同发展，增创产业特色优势。

2. 集成电路设计产业集群

面向新型显示、下一代通信技术、物联网、卫星导航应用、人工智能等新兴产业应用领域，加快数字信号处理（DSP）、中央处理器（CPU）、人工智能芯片、模数/数模转换（ADC/DAC）、射频识别（RFID）、电源管理等集成电路设计业发展，不断提升设计业整体实力。

3. 晶圆制造及封装测试产业集群

在现有 12 英寸、16 纳米工艺的基础上，推进到 10 纳米以下先进工艺，扩大先进工艺生产线的产能，并带动一批优质企业组成产业联盟，使江北新区成为全球半导体制程最先进的中心之一。发展先进封装测试产业化技术，引进建设封装、测试生产线，与 12 英寸晶圆制造等项目配套发展，支持封装工艺技术升级和产能扩充，提高测试技术水平和产业规模。

4. 支撑配套产业集群

引进、培育具有国际先进水平的化学试剂、晶圆切割、激光成像等专用材料和设备企业，扶持行业龙头企业，使其技术水平达到国际先进，争取在细分领域的突破性发展。结合江北新区网络通信、卫星导航应用、智能电网等战略性新兴产业的发展现状，强化集成电路设计、软件开发、系统集成、内容与服务协同创新，引导芯片设计与应用结合，加大对重点领域专用集成电路的开发力度，有重点地突破超大规模集成电路，如北斗导航、移动通信的自主设计。

7.2.2 基因之城

2016 年 10 月，中华人民共和国国家卫生和计划生育委员会批准在南京江北新区开展国家健康医疗大数据中心及产业园试点建设。围绕该项目，通过大数据、人工智能、云计算等技术，江北新区已经重点建设了人工智能华佗医生、全息数字健康管理中心和扬子百万人全基因组测序计划等项目。

1. 人工智能华佗医生

该项目是江北新区联合中国科学技术大学、南京大学、东南大学、复旦大学、上海交通大学、浙江大学六所高校，依托健康医疗大数据中心的数据储备打造的一款人工智能系统，在学习全基因组及相关组学大数据、临床医疗大数据、生活环境大数据和中医经典药方数据后，运用最先进的量子信息技术，研发人工智能核心引擎，定制专注于中国人健康的人工智能医生，不仅可以为医生及医药机构提供辅助医疗诊断、医学影像识别和药物研发服务，还可以为个人提供中西医结合的定制化健康信息服务，包括自助式智能诊断、个性化精准治疗、精细化健康管理等。

2. 全息数字健康管理中心

该项目围绕健康医疗大数据应用开发，利用云计算、计算机深度学习、人工智能等高端技术，联合国内著名医院、高科技医疗企业，搭建全息数字健康管理平台，建立集全组学检查、高端影像检查、国际先进化验检查、多功能检查等为一体的全息数字体检中心，促进个性化、全程化健康管理服务发展，打造国际领先、技术顶尖的健康保证品牌。中心拥有先进的全组学测试设备，包括二代、三代、四代基因测序仪；先进的医疗检测仪器设备，包括蛋白质谱、代谢质谱、微生物质谱、环境质谱检测设备等；最现代化的高精尖医疗设备，包括罗氏 Modular 全自动生化分析仪、360 智能 CT 检测机、磁共振成像 3.0、正电子发射计算机断层显像-磁共振成像（PET-MRI）等三维立体成像系统。中心还将配备强大的专家队伍，包括全科诊疗专家团队、影像诊断专家团队、全组学生物信息分析专家团队。中心将对人群的健康数据进行统一收集整理，定时专人跟踪回访，形成人群健康信息大数据，进一步服务于人群的健康建设。

3. 扬子百万人全基因组测序计划

基因产业发展中基因大数据是基础。然而，全球的基因组研究主要是由美国、英国等发达国家承担的，由于人种的基因差异，国外数据库对黄种人不具备相应的价值。因此，黄种人，尤其是中国人需要以自己的大型基因组学数据为基础来解读数据，才能真正做好自己的基因产业与“精准医疗”。但是目前我国尚未开展大规模基因组测序计划，尚未有我国国民特异的遗传变异信息数据库，也没有针对中国人群特异的重大疾病的个体基因组信息分析项目。相较于人工智能华佗医生和全息数字健康管理中心，该项目困难重重。为攻克这一难关，江北新区联合扬子科创中心公司率先发布并启动“扬子百万人群基因组计划”项目，本项目主要有四个目的：一是建立国家大规模基因组测序平台和数据分析中心；二是完成 100 万人的全基因组测序；三是建立中国人群特异的遗传变异信息数据库；四是开展若干类型人群队列分析，包括慢性病、罕见病、多发病等对人体健康成长有重大影响的队列，为建立个体化的精准治疗方案和健康维护方案提供基础和依据，为新药开发提供支撑，也为儿童发育研究、儿童认知障碍的早期干预提供基本遗传信息。

7.2.3　新金融中心

为将新金融中心打造为辐射长江经济带、延伸全国、具有国际影响力的扬子江新金融集聚区，产融高度融合、全国一流的新金融示范区，江北新区将重点建设“一心两谷”（图 7-1），聚焦芯片、基因两大产业，立足资管、基金、银行、保险四大领域，加快“一心两谷”金融要素集聚进程，打造大资管生态圈，构建“2+*N*”产业基金群、加快科技金融专营机构发展、加速金融中介引进，营造银行、基因、保险、券商、信托公司及有限合伙人发挥各自优势、协同开展大资管的新格局。同时，江北新区积极打造金融科技、知识产权金融协同创新、新金融国际交流、金融安全稳定等示范平台，丰富新金融的发展内涵。

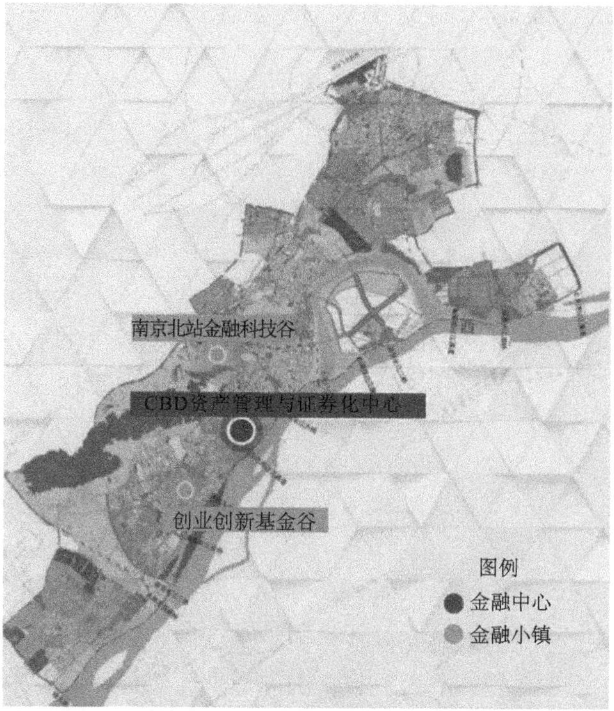

图 7-1　江北新区新金融中心布局图

1. CBD 资产管理与证券化中心

CBD 资产管理与证券化中心，以江北新区 CBD 为主要载体，重点推进新金融核心功能区、绿地金融中心、新金融创意街区、新金融国际会展中心等项目的建设。以工银金融资产投资有限公司为龙头，以新型资管和非银财管为切入口，主要引进以资产管理为重点的非银金融机构，重点布局创新融资、投资、保险三大核心产业，加快构建商业银行、保险、证券、信托、租赁、基金分工协作、共同开展资产管理业务的新格局。

2. 创业创新基金谷

创业创新基金谷依托研创园创新创业企业密集的优势，先期利用“腾飞大厦”作为过渡期载体，打造投资基金集聚区。以基金谷为依托，聚焦芯片、基因两大产业领域，发挥两大政府投资基金的引领和跟投作用，撬动社会资本、产业资本和金融资本布局战略性产业和高科技项目。加速引导各类基金入驻，逐步形成天使基金、创投基金、并购基金、公募基金和私募基金等全产业链，构建“2+*N*”基金集聚体系，全力支持新区科技创新企业做强做大。

3. 南京北站金融科技谷

南京北站金融科技谷规划金融科技产业集聚区，构建绿色、和谐、共享的开放式金融科技产业集群，以智能化为方向，运用区块链、人工智能等技术手段，优化传统金融业务模式，提供金融服务解决方案。鼓励银行业金融机构设立科技支行或专营机构，鼓励开展科技保险业务，制定专营机构绩效考评办法。做强做大以南京江北新区扬子科技融资租赁有限公司为代表的国有租赁公司，吸引有影响力的融资租赁、金融租赁公司在新区设立分支机构；鼓励符合条件的龙头企业依托创新园区设立科技小贷公司，大力发展科技小贷、担保业务。

积极引进发展税务、律师、审计、会计师、资产评估、投资咨询、信用评价、券商等金融中介服务机构，大力发展创业培训和融资咨询服务机构，探索金融科技创新应用。推进有条件的园区、孵化器开展科技企业中介服务集体采购，提升科技金融中介服务水平。

7.3　江北新区“两城一中心”建设的对策建议

作为制度创新和模式转型的前沿阵地，国家级新区承担着探索改革与先行先试、辐射带动区域发展、提升区域及国家竞争力等重要使命。当前，国家级新区已逐渐覆盖中国主要的城镇群和经济区。国家意图通过国家级新区布局来加快改革创新形成新的制度供给，使其成为所在城镇群或经济区的核心增长动力，以支撑区域快速发展以及改革红利的持续显现。在经济新常态和习近平新时代中国特色社会主义思想的指导下，南京江北新区“两城一中心”的建设应聚力加快高质量发展，奋力在新一轮解放思想改革创新中走在前列。

7.3.1　“两城一中心”建设坚持高质量发展

1. 高质量发展阶段要求“两城一中心”建设要高质量

一是经济进入新常态。我国经济从过去9%左右的高速增长逐步换挡到目前6%左右的增长，经济结构不断优化，发展方式从要素驱动、投资驱动转向创新驱动。二是主要矛盾发生新变化。经过改革开放四十多年的发展，我国社会生产力水平明显提高，社会主要矛盾已经转化为人民日益增长的美好生活需要和不平衡不充分的发展之间的矛盾。三是国际环境出现新动向。贸易保护主义和逆全球化思潮抬头，地缘政治冲突、中美贸易摩擦等存在巨大变数，经济全球化在曲折中深入发展，速度可能有所放缓、规则可能有所改变。

2. 建设现代化经济体系迫切要求“两城一中心”建设要高质量

党的十九大报告指出，建设现代化经济体系是跨越关口的迫切要求和我国发展的战略目标。一要坚持质量第一、效益优先。把提高供给体系质量作为主攻方向，推动质量变革、效率变革、动力变革，提高全要素生产率。二要建设“四个协同”的现代产业体系。更加注重实体经济、科技创新、现代金融、人力资源的协同发展和相互促进，形成现代产业体系的整体发展效应。三要构建“三有结合”的经济体制。加快构建市场机制有效、微观主体有活力、宏观调控有度的经济体制，增强我国经济创新力和竞争力。

3. 江北新区所处的发展方位要求“两城一中心”建设要高质量

自2015年6月正式获批至2018年，江北新区经过三年的打基础、拉框架、优体制、促创新，建设成效初步显现，正在加速迈上发展快车道。2017年江北新区全域GDP突破2000亿元（直管区GDP突破1000亿元），2018年上半年直管区GDP可比价增长13%，保持全市领跑位次。但总体来看，新区综合实力在全国19个国家级新区中处在中游位次，与国家、省市高质量发展走在前列的要求相比仍存差距；尽管集成电路、生物医药等新兴产业增长较快，但产业整体仍处于发展期；产业转型压力巨大，高新技术产业和现代服务业比重偏低，节能降耗面临很大挑战。面对推动高质量发展面临的新形势和新任务，必须大力解放思想，深入对标找差，加快破解发展难题。

7.3.2 要聚焦重点并强力突破

要聚焦重点、强力突破。在总量上要形成规模，聚焦产业特色，依托龙头企业，打造在全省、全国乃至全球领先的产业地标。在影响上形成声势，占据产业链制高点，差异化、特色化、高端化发展，搭建一批在国内国际上有影响力的行业平台和活动阵地。在招商上形成攻势，聚焦产业链条、重点区域、重要标的、龙头企业，坚持不懈地推进专业化招商。

1. 在总量上形成规模

在总量上要形成规模，聚焦产业特色，依托龙头企业，打造在全省、全国乃至全球领先的产业地标。建设“两城一中心”，能够推进创新集成、产业集群、空间集聚，助力创新名城建设；能够加快产城融合，促进江北新区生产、生活、生态空间协调发展；能够培育壮大战略性新兴产业集群，加快经济转型升级；能够融入“一带一路”倡议和长江经济带国家战略，促进区域协同发展。“两城一中心”充分体现并完全契合江北新区“三区一平台”的战略定位。

一是围绕“高”字谋划产业定位。以更高站位、更宽视野，顶层谋划“两城一中心”发展定位及行动方案，将“两城一中心”打造成具有全球影响力的产业地标。二是围绕“实”字清晰产业目标。2018年集成电路、生命健康产值分别突破100亿元、500亿元，金融业增加值占GDP比重提高3个百分点；到2020年集成电路、生命健康产业集群均迈上千亿级台阶，金融业增加值占GDP比重赶超全市平均水平。三是围绕“优”字加快空间布局。围绕“两城一中心”产业特点和需求，进一步完善园区平台的基础设施和功能配套，打造定位清晰、特色鲜明、分工合理、错位发展的重点产业集聚区。

2. 在影响上形成声势

在影响上形成声势，占据产业链制高点，差异化、特色化、高端化发展，搭建一批在国内国际上有影响力的行业平台和活动阵地。江北新区坚持“世界眼光、国际标准、中国特色、高点定位”，围绕打造“六个新区”目标，深入对标雄安新区、浦东新区，在“4+2”产业体系基础上，结合自身产业基础和禀赋条件，科学研判全球科技创新和产业变革大势，瞄准国内产业发展痛点和创新突破重点领域，提出建设“两城一中心”。

3. 在招商上形成攻势

在招商上形成攻势，聚焦产业链条、重点区域、重要标的、龙头企业，坚持不懈地推进专业化招商。一是坚守实体经济根本。紧扣“两城一中心”，把发展的着力点放在实体经济上，加大重大项目的引进和推进力度，加速发展和壮大主导产业集群。二是激发创新“第一动力”。贯彻南京市委创新名城“121”战略，围绕产业链部署创新链，创建国家综合性产业创新中心，建立以企业为主体、市场为导向、产学研深度融合的创新体系。三是强化金融功能支撑。加大新金融产业引进和培育，构建支撑实体经济发展的金融服务体系，打造具有强大资本吸纳能力、产融结合能力和创新转化能力的全国一流新金融中心。四是用好人才“第一资源”。坚持高精尖缺的导向，抓住“引得来、留得下、用得好”三个关键环节，实行更加开放、更加有效的人才政策，让才智充分涌流，让活力竞相迸发。

7.3.3 加大对新金融中心建设的特别支持

1. 出台扶持政策为新金融中心建设提供政策支撑

江北新区出台《南京江北新区加快建设扬子江新金融集聚区的若干意见（试行）》（以下简称金融十条），设立100亿元的新金融发展基金，从金融企业落户奖励、办公用房支持、经济贡献奖励，到金融高端人才引进、金融项目创新支持、投资风险补偿都明确了支持政策，形成全链条扶持政策体系。同时，研究拟定“1+3 金融十条实施细则”体系，强化政策的可执行性，为吸引各类金融机构集聚江北新区提供了有力的政策保障。

2. 加快载体建设以提升新金融核心要素的承载能力

在CBD区域，首期建设总占地面积230亩、地上建筑面积71万平方米、由8幢超高层建筑组成的新金融中心一期项目，打造包含顶级金融总部、超五星豪华酒店、公寓、大型集中式商业等功能的国际新金融中心。同步推进118万平方米绿地金融中心建设，内容包括金融中心、科创中心、大型商业等，建成后将成为继紫峰大厦之后新的南京城市地标。采用1.5级土地开发模式和装配式建筑快速建造方式，启动总占地面积8公顷、建筑面积约5万平方米的金融创意街区项目，重点引入基金等新金融业态企业。筹划新金融国际会展中心建设，主体由一座低密度现代化国际会展中心和两座国际会展大厦构成，国际会展中心主要承载展览大厅、演播厅、新金融博物馆、扬子江金融大讲堂等重要会展功能；国际会展大厦包含高端商业区、办公区，以及新金融产品互动馆。

3. 强化配套以营造新金融发展生态圈

设立100亿元规模的江北新区战略投资协同基金，以政府投资基金为引导，加速引进各类基金入驻“基金小镇”。打造新区产融服务中心，构建宣传展示、项目对接、募资服务、股权交易、注册登记、投资人沙龙等基金投资运作全链条服务体系。推动央行与南京市、南京大学等合作共建“南京金融科技应用创新研究中心和应用示范基地”落地江北新区，并以此为契机，积极推进金融与大数据、人工智能等新兴技术的结合，创新金融应用场景。深化与金融学会、中关村区块链产业联盟、清华大学五道口金融学院等研究机构的合作，在江北新区设立金融创新智库、金融创新研究院，打造金融科技研究基地。

4. 深化金融改革创新以打造科技金融创新平台

以“金融支持、创新驱动、改革发展”为抓手，推进科技金融体制创新，形成以金融支撑新区科技创新、科技企业做大做强和科技产业升级的良好格局。深耕“灵雀计划”，组建新区灵雀企业合作联盟，以“灵雀商学院”形式举办各类培训，为企业提供股权投资、应急周转、贷款贴息、研发补助、专利授权补助等全链条、多方位、一站式扶持，把灵雀企业打造成具有国内影响力的强势品牌，培育一批具有高成长裂变发展潜力的灵雀企业，使其成为区域创新发展的新引擎和经济增长的新动能。

第8章 南京江北新区社区天气资讯网络构建的技术路线

8.1 引 言

香港社区天气资讯网络（Co-WIN）通过提升公众气象意识和防灾减灾意识，在公众气象教育方面扮演着重要角色，创造了一个多方共赢的局面。中国气象局在印发的《全面推进气象现代化行动计划（2018—2020年）》中提出愿景，到2023年初步实现气象服务模式从单向推送向双向互动转变，服务体系从低散重复向集约化转变，增强公众在线互动、情景体验等公众气象服务供给能力。江苏省气象局编写的《“十三五”气象事业发展规划》指出要增强公民气象素养，借助社会资源提高气象科学知识社会普及程度及防灾减灾知识和意识水平，鼓励引导公众参与志愿观测活动、开展防灾减灾科普活动，将气象灾害防御知识纳入学校课程，形成促进气象事业发展的强大合力。当下极端天气气候事件频繁发生，如2018年洪涝、台风、干旱、风暴、地震、低温冷冻、震灾、森林灾害等灾害共造成全国1.3亿人次受灾，153.6万间房屋遭到不同程度的损坏，农作物受灾面积20814.3千公顷；直接经济损失达2644.6亿元（田心，2019）。社会公众气象意识缺失无疑严重制约公众应对灾害的能力，加剧气象灾害带来的危害，造成重大损失。在这种形势下，以南京江北新区为例，审视参与式气象教育视域下社区天气资讯网络构建的技术路线，具有理论和现实的双重意义。

在28届中国气象学会年会上，陈兆伟等（2011）推介了香港Co-WIN的运作模式、发展历程及教育活动推广模式等。此后，Hung和Wo（2012）探讨了香港Co-WIN的发展历程及其带来的价值。何俊杰等（2013）在第五届气象科普论坛上介绍了香港社区天气观测计划（community weather observing scheme）推出的网上平台和采用的公众气象教育模式。专家学者已经充分认识到Co-WIN在公众气象意识和防灾减灾意识提升方面的重要性，但现有文献的探讨仅聚焦于香港Co-WIN，尚未发现文献基于中国内地省（区、市）或城市的特定情境展开分析；鲜有文章系统地探究社区天气资讯网络构建的技术路线；此外，既有研究均采用定性分析法，缺乏系统、严格的案例研究。

不同于已有相关研究，本书充分借鉴香港Co-WIN发展的成功经验，在剖析香港

Co-WIN 与内地主要资讯平台异同的基础上，紧密围绕如何增强公众气象科学素养，强化公众防御气象灾害意识、提高防灾减灾能力这一中心命题，在南京江北新区特定情境下，探究社区天气资讯网络构建的技术路线。这就允许采用案例研究法，系统地梳理香港 Co-WIN 发展的成功经验；采用规范分析法，探究南京江北新区社区天气资讯网络构建的技术路线。该研究具有重要的现实意义：南京江北新区是国家级新区，是长江经济带与东部沿海经济带的重要交汇节点，是华东面对内陆腹地的战略支点。南京江北新区社区天气资讯网络的构建，有利于通过气象机构、学校、公众等多方社会力量的长期努力，提升公众气象意识，提高公众的灾害应对能力，从而降低灾害带来的损失。此外，本书研究结果将对其他国家级新区开发社区天气资讯网络具有重要的示范作用。

8.2 他山之石：香港 Co-WIN 案例分析

首先运用案例研究法，剖析香港 Co-WIN 的发展历程，着重分析该平台推送的公众气象教育资源及采用的教育模式；在此基础上，比对分析香港 Co-WIN 与内地典型天气资讯平台在日常天气预报、大气污染监测、公众气象教育等方面呈现的异同之处。以期识别香港 Co-WIN 在公众气象教育领域取得的成功经验，为构建南京江北新区社区天气资讯网络提供有效的借鉴。

8.2.1 香港 Co-WIN 案例分析

1. 方法选择

选取案例研究方法，理由在于：在南京江北新区特定情境下，探讨如何构建社区天气资讯网络，此类问题属于“怎么做”的问题，适合用案例分析开展研究工作（朱晓红等，2019）。

2. 案例选取

本书选取了香港 Co-WIN 作为研究对象，基于案例的典型性和可获得性两方面考虑。

案例的典型性具体表现为：第一，Co-WIN 是由香港天文台、香港理工大学和香港中文大学三方共建的公众教育项目，其观测成果获得英国皇家学会认可，在公共服务领域处于领先水平；第二，Co-WIN 率先利用互动模式激发用户积极性、提高公众参与度，帮助公众增加气象与环境科学知识积累、增强气象素养、提高防灾减灾意识水平，由此可见平台采用的教育理念具有前瞻性。

案例的可获得性具体表现为：Co-WIN 作为公共服务项目，网站资料透明公开，发展历程、板块内容以及教育模式等重要信息均可获得，可供进一步分解细化，确保案例分析顺利开展。

3. 案例分析与发现

下面从香港 Co-WIN 发展历程、板块内容、公众气象教育模式与资源三个层面，系统剖析 Co-WIN 构建的技术路线。

1）Co-WIN 发展历程

本小节研究的是平台构建的技术路线问题。在开展案例分析之前，首先需要界定平台构建过程，该过程是指从平台的初创到平台运营发展的全流程。借鉴 Isckia 和 Lescop（2015）、朱晓红等（2019）的观点，本小节将 Co-WIN 构建的过程划分为初创期、成长期和更新期三个阶段：初创期是指初始创意被识别及平台建立的阶段；成长期是指会员、板块以及管理等方面不断发展的阶段；更新期是指平台获得一定程度的行业认可且受众群体不断增加的阶段。基于三个阶段的划分，本小节将具体描述 Co-WIN 平台构建的发展历程。

初创期：前期筹备与平台成立。香港 Co-WIN 成立的构想，源自香港天文台两位前任台长林超英先生及李本滢博士的创意及创新精神。千禧年代开始，香港越来越多气象爱好者及学校自发建立自动气象站，并在互联网上发放有关的天气资料，但这些资料的品质及稳定性参差不齐。另外，市民对气象资讯的需求不断增加，都渴望能在自己生活的社区内设立气象站，提供最贴身的地区天气信息。有鉴于此，香港天文台早于 2005 年开始构思如何在有限的资源下，通过与学校及社团合作，收集学校及社团的自动气象站天气资料，经过适当的品质管理程序，再通过互联网为市民提供更多及覆盖面更广泛的天气资讯，从而达至多方共赢的局面，这也是 Co-WIN 的意思。当时适逢香港理工大学应用物理系有意派学生到中小学推广科学教育。香港天文台与香港理工大学理念相同，于 2007 年 1 月签署合作备忘录，共同筹划活动，在香港的学校推动气象教育。Co-WIN 于 2007 年 8 月 24 日正式启动。初始会员共计 35 个，包括中小学校以及可观自然教育中心暨天文馆（Ho Koon Nature Education cum Astronomical Centre）。

成长期：会员、板块与管理发展。就会员发展而言，2008 年葵涌区林植宣博士老人综合服务中心加入 Co-WIN，2009 年海下湾海洋生物中心及香港童军总会（Scout Association of Hong Kong）相继成为 Co-WIN 的会员。就板块发展而言，为了进一步拓展教育内容，2008 年夏天 Co-WIN 开始推动会员进行了多次试验性研究计划。2008 年 11 月正式启动了“社区紫外线资讯网络”，并于 2009 年 11 月启动了“齐来关注社区天气”活动。2010 年 11 月 13 日，Co-WIN 启动“网上教育资源”平台，并新增维基教育资源以推广气象教育。就管理发展而言，2009 年 11 月 Co-WIN 成立了“社区天气资讯网络”执行委员会，负责制定 Co-WIN 未来的发展方向及筹办气象教育活动。

更新期：行业与社会认可。2011 年 4 月，Co-WIN 在“2011 香港资讯及通讯科技奖”比赛中，荣获“最佳协同合作（服务）奖”。2011 年 6 月，Co-WIN 获得英国皇家气象学会颁发的“2010 维萨拉奖（Vaisala Award）——天气观测及仪器应用”。此后，Co-WIN 的会员数目持续增加，截至 2019 年 9 月 15 日，共有会员 169 个。会员积极上传天气观测照片至社交网络平台上，目前照片已超过 23050 张。

2）板块内容

目前 Co-WIN 平台包括“最新资讯”、“关于我们”、“天气资料”、“照片库”、“教育资源”、“社区天气观测计划”及“会员”共 7 个板块内容。“最新资讯”板块持续更新各类比赛资讯、专家公开讲座等信息；“关于我们”板块介绍平台背景资料、建设宗旨、会员权利与义务等基本信息；“天气资料”板块展示 169 个会员观测的日常天气信息与大气污染物浓度；“照片库”板块呈现用户上传的天气照片、会员观测站图片及各类活动留影等；“教育资源”板块提供教育资源、研究性学习范本、培训班材料、自动气象站操作资料、技术问答讲坛及讨论讲坛等；“社区天气观测计划”板块主要用于会员上传天气照片和观测资料，展示香港天气现象、自然灾害视频等；“会员”板块包含会员名单等信息。

3）公众气象教育模式与资源

Co-WIN 力求打造“线上+线下”资源对接平台，采用提供线上资源和组织线下活动相结合的教育模式（图 8-1）。线上资源有助于用户学习气象与环境知识，而线下活动有助于会员在实践性研习活动中躬行求知。

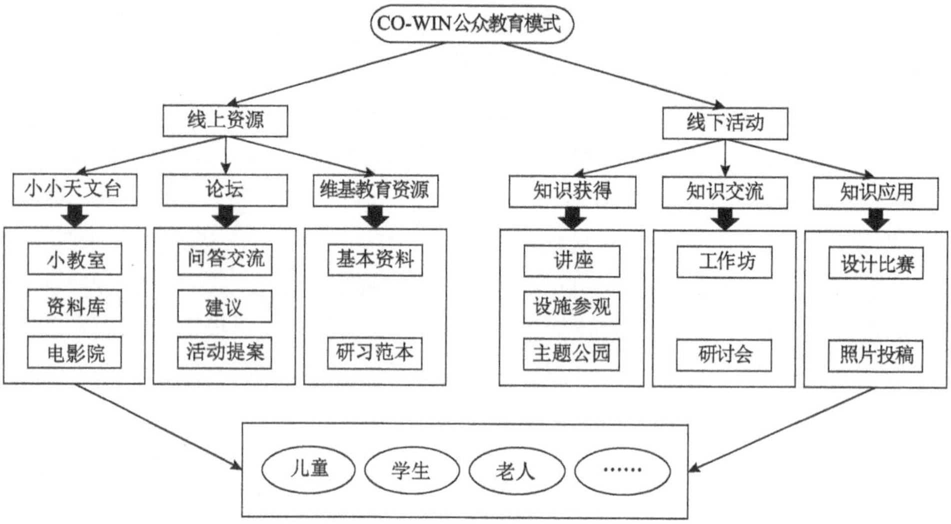

图 8-1　香港 Co-WIN 的教育模式

线上资源以文字、图像、视频等多种形式结合的方式呈现。一是提供辐射、气候变化、环境监测等基本信息，帮助公众对气候环境形成初步认知；二是上传酸雨、二氧化碳、热压指数等观测对象的研究性学习范本，辅助公众开展深入调查研究；三是开辟了问答论坛，以供用户讨论交流、互相答疑解惑；此外，Co-WIN 利用“小小天文台”分网站，为幼童提供气象知识，激发学童探索气象知识的兴趣。“小小天文台”共有十二个分区（分区天气、天气照片、天气雷达图像、卫星云图、闪电位置资讯、紫外线指数、天文台吉祥物、天气预报、网上时钟、太空天气、天气配对、度天赏云）。每个分区下展示“小教室”“资料库”“电影院”三个板块，“小教室”简要介绍相关知识，“资料库”提供详细资料及外部链接，“电影院”可播放部分仪器教程和天气案例视频。儿童可以通过天气配对游戏加深对热带气旋、雷暴、水浸等预警标志的记忆，通过计时问答、拼图、猜猜图像、数字风波等小游戏加深对太空天气的了解。

线下活动包括两种教育模式。一是互动式教育模式（知识获得和知识交流）：会员可以通过 Co-WIN 定期组织的讲座活动获取气象知识，通过参加工作坊、研讨会等活动，交流知识和分享经验。二是实践型教育模式（知识应用）：会员可以通过参观气象设施了解其基本运作方式；中小学生还可以走出课堂，在海洋公园学院、马湾公园通识学院等主题公园中实践求知。此外，Co-WIN 多次组织气象类竞赛，如天气预测比赛、闪电探测器设计比赛、能见度测量方法设计比赛、地震探测器设计比赛等，以加强学生对工程学及气象的认识和关注，同时考验其对于相关知识的应用能力。

8.2.2　香港 Co-WIN 与内地主要天气资讯平台的异同

目前中国内地天气资讯平台主要包括中国气象局面向社会公众建立的公益性气象服务平台和以墨迹天气为代表的商业性气象服务软件两种。本节在比对分析香港 Co-WIN 与内地主要天气资讯平台的异同时，选取最具权威性的网站——中国天气网及其关联 App 中国天气作为公益性天气资讯平台的典型，选取国内下载量较大的六款手机天气软件作为商业性天气资讯平台的典型，包括墨迹天气、爱尚天气预报、2345 天气预报、天气通、天气预报（原中央天气预报）、彩云天气，如表 8-1 所示[①]。

就日常天气信息而言，内地主要天气资讯平台与 Co-WIN 平台都提供气温、气压、风速、风向、湿度、天气状况、紫外线等日常天气信息，但前者是基于中国气象局等机构提供的气象数据资源做出的天气预测，而 Co-WIN 平台提供的数据来源于会员的实际观测，且该平台还包含太阳辐射观测值。

就大气污染物监测而言，内地主要天气资讯平台通过空气质量指数等形式呈现空气质量状况。中国天气网提供一氧化碳、二氧化氮、二氧化硫、$PM_{2.5}$ 和 PM_{10} 等全天候监测数据，而 Co-WIN 平台部分会员会提供一氧化碳、二氧化氮、二氧化硫和臭氧等实况监测数据。

就公众气象教育而言，Co-WIN 平台在公众气象教育方面扮演着重要角色，通过打造“线上+线下”资源对接平台，采用组织线下活动与提供线上资源两种教育模式，创造了一个多方共赢的局面。相比而言，内地主要天气资讯平台在公众气象教育方面略显薄弱。具体而言，中国天气网侧重于提供大量的教育资源和天气案例；墨迹天气侧重于用户交互，如设立“实景活动”专区，鼓励用户上传天气专题图片、参与人工智能观云识天活动，该专区还包括“观天者计划”，通过补贴的方式号召用户发布实时图片直播灾害现场，成为气象灾害的前线观察员；而其他天气资讯平台鲜有涉猎公众气象教育。

① 截至 2019 年 9 月 20 日，华为应用市场下载量显示，下载量分别为墨迹天气 9 亿次，爱尚天气预报 7914 万次、2345 天气预报 5094 万次、天气通 5320 万次、天气预报 2054 万次、彩云天气 1274 万次。

表 8-1 香港 Co-WIN 与内地主要天气资讯平台的异同

项目			公益性天气资讯平台（免费）		商业性天气资讯平台（付费）					
天气资讯平台		天气平台名称	香港 Co-WIN	中国天气网[a]及其关联 App 中国天气	墨迹天气[d]	爱尚天气预报	2345 天气预报[c]	天气通[b]	天气预报	彩云天气
天气资讯平台		数据来源	会员实际观测值	中国气象局中央气象台和 AccuWeather	中国气象局	中国气象局	中国气象局	北京市气象局等	国内外多家气象机构	中国气象局和彩云数据
日常天气信息		气温、气压、风速、风向、湿度、天气状况、紫外线[e]	√	√	√	√	√	√	√	√
日常天气信息		太阳辐射[f]	√							
大气污染物监测		空气质量指数[g]		√	√	√	√	√	√	√
大气污染物监测		一氧化碳、二氧化氮、二氧化硫、	√	√						
大气污染物监测		$PM_{2.5}$ 和 PM_{10}		√						
大气污染物监测		臭氧	√							
公众气象教育	线上资源	教育资讯	√							
公众气象教育	线上资源	教育资源	√	√						
公众气象教育	线上资源	天气案例	√	√						
公众气象教育	线上资源	讨论交流区	√		√					
公众气象教育	线上资源	天气游戏	√							
公众气象教育	线下活动	专家讲座	√							
公众气象教育	线下活动	设施参观	√							
公众气象教育	线下活动	研讨会	√							
公众气象教育	线下活动	工作坊	√							
公众气象教育	线下活动	气象观察与仪器设计比赛	√							
公众气象教育	线下活动	实践课堂	√							

资料来源：根据香港 Co-WIN 及内地主要资讯平台相关数据整理获得。

a 中国气象局提供气象信息服务的核心门户，其关联 App 是中国天气。

b 天气通是新浪微博旗下生活类产品。

c 上海二三四五网络科技有限责任公司（2345 网址导航）旗下的手机天气 App。

d 中国下载量最大的商业性天气资讯平台。

e Co-WIN 平台提供持续性紫外线数值观测记录，然而内地主要天气资讯平台仅描述紫外线等级，如强、弱等。

f 太阳辐射是指到达地球大气上界的太阳辐射能量，又称天文太阳辐射量或日照辐射。

g 空气质量指数是定量描述空气质量状况的无量纲指数。根据空气质量指数的不同区间确定空气质量级别、类别及表示颜色。

综上所述，除中国天气网外，中国内地天气资讯平台鲜有涉猎公众气象教育领域。虽然中国天气网在该领域做出了较大贡献，但在应对全球气候变化大背景下，该平台仍存在以下不足：就教育内容而言，线上教育资源单一、线下活动缺失；就教育形式而言，教育形式单一，互动式和实践式教育模式缺失。

8.3　南京江北新区社区天气资讯网络平台构建的技术路线分析

8.3.1　指导思想

遵照《中华人民共和国气象法》，遵循《气象灾害防御条例》、《全面推进气象现代化行动计划（2018—2020 年）》及江苏省《“十三五”气象事业发展规划》的指导思想，坚持政府主导、社会参与的基本原则，以共享发展、面向民生、提供优质服务为主要任务，以提高公众气象科学素养、增强公众防御气象灾害的意识、提高防灾减灾能力为服务目标。

8.3.2　建设宗旨

为了弥补中国内地现有天气资讯平台目前存在的不足，推广气象及环境科学的教育，南京江北新区社区天气资讯网络拟打造内地首家“线上+线下”气象教育资源对接平台，通过线上教育资源、互动式教育模式、实践式教育模式，帮助用户获取气象与环境知识，并引导用户学以致用。

8.3.3　平台发展战略

1. 发展定位

南京江北新区社区天气资讯网络通过与南京中小学校及梅园新村等街道社区合作，依托全国综合气象信息共享平台（CIMISS），收集会员利用社区学校内自动气象仪器获得的天气资料，经过适当的数据审核程序，再通过互联网为市民提供覆盖面更广泛的天气资讯以及多种模式相结合的教育资源，从而达到推广气象与环境科学教育的目标。平台的发展定位是服务南京、辐射长三角的综合门户，致力成为其他国家级新区建立社区天气资讯网络的典范，助力南京江北新区实现成为开放合作示范区的发展目标。

2. 发展路径

1）平台建立

平台拟由南京市气象局、江北新区管委会、南京信息工程大学（以下简称南信大）三方合作共建，采用主办方统筹、会员协作、公众参与的多方共赢运营模式。会员初步包括金陵中学、南京师范大学附属中学等南京中小学校；梅园新村街道、宁海路街道、泰山街道、五老村街道等街道社区；南京市雨花台区百蝶缘生态发展中心、南京市建邺区莫愁生态环境保护协会、南京市建邺区绿石环境教育服务中心等。会员义务包括：一是充分发挥宣传作用，推介江北新区社区天气资讯网络，推广“线上+线下”公众气象教育模式，以扩大平台的受众范围；二是充分发挥组织作用，与平台主办方合作，定期开展互动式与实践式等线下教育活动，以推广气象与环境科学教育。

2）平台发展

初建期（1～2 年），服务南京。平台旨在为南京公众提供气象教育资源与服务。具体而言，根据用户反馈逐步调整线上教育资源、线下活动形式与种类；同时不断发展壮大会员队伍，不断扩大平台的受众群体，争取使平台服务范围覆盖南京市主城区、新增城区及近郊等区域，以期推进气象资源教育成果转化、满足南京公众气象教育需求，增强公众气象素养、提高防灾减灾知识和意识水平。

发展期（3～5 年），辐射长三角。在立足南京的基础上，平台依据南京江北新区作为长三角的重要发展引擎，拟对长三角形成较强的辐射作用。预期在平台建立 3～5 年内，平台教育模式及管理体系渐趋成熟，在充分满足南京地区公众气象教育需求的同时，也能够为长三角主要城市的公众提供气象教育服务。

成熟期（6～10 年），开放合作。依托南京江北新区开放合作示范新区的发展定位，平台还将发挥重要的示范作用，与滨海新区、横琴新区、舟山群岛新区、两江新区、西咸新区、贵安新区等国家级新区协作共建覆盖不同气候区的公众气象教育网络，力求打造具有覆盖范围广、资源类型多、教育模式全等特色的公众气象教育全面发展的新局面。

8.3.4 平台架构及核心模块

1. 平台架构

平台拟包括“最新资讯”、“照片展”、“天气信息”、“线上资源”、“线下活动”、“反馈区”、“关于我们”和“会员”共八个板块，如图 8-2 所示。“最新资讯”板块推送气象知识、天气灾害类新闻、趣味性科普等最新消息；“照片展”板块呈现天气剪影、观测仪器照片、活动留影等图片；“天气信息”板块展示经过平台审核的会员志愿观测站[①]实时数据，以及气象站提供的具有时间跨度长、数据量大等特征的气象观测记录，包括日均气温、最高气温、最低气温、降水、风力、风向等；“线上资源”板块旨在为公众提供内容丰富、形式多样的气象科普信息、网课资源、交流互动区以及创作区；“线下活动”板块旨在通过互动式和实践式教育模式，引导用户在实践中获取知

① 中国气象局在《综合气象观测业务发展规划（2016—2020 年）》中，提出了社会气象观测行动计划，其中明确表达发展“基于微型气象传感器以及移动互联、云计算、大数据分析等先进技术，利用社会众筹和政府购买服务相结合的发展模式，建立政策引导、市场主体和业务融合的公众参与式社会气象观测体系，形成便捷参与、观测即共享的社会气象观测业务”。志愿观测站，即由个人、社会团体或私营企业等建设并运行的长期气象观测站点，符合气象部门相关观测技术条件，并自愿按照气象部门管理要求纳入气象观测网的地面气象观测站。http://www.cma.gov.cn/2011xwzx/2011xqxxw/2011xqxyw/201803/t20180309_463799.html。

识并学以致用；“反馈区”板块可供用户提出完善平台的建议或个人气象需求；“关于我们”板块介绍平台建设宗旨及发展定位等基本信息；“会员”板块包括会员权利与义务、会员名单及分布等信息。

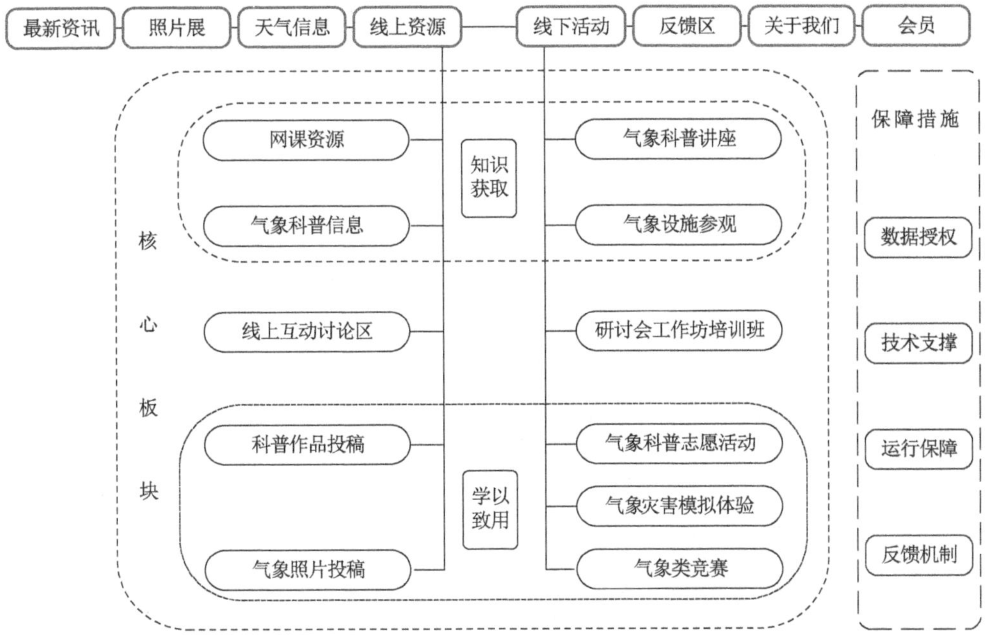

图 8-2　平台构架图

2. 核心模块：线上资源与线下活动

线上资源。第一，平台与中国天气网等权威网站开展深度合作，充分利用其现有资源，定期为公众推送气象科普信息。第二，平台同知名气象科普自媒体合作，向公众投放趣味性科普短片或手绘漫画等，便于公众理解气象科学，激发公众兴趣。第三，平台与南信大、华中师范大学等高校合作，整合其气象类国家精品课程等网课资源，为公众提供专业、系统的气象知识讲解。第四，平台还将开辟讨论区，以便用户进行交流互动。此外，用户还可以将自己创作的科普视频、漫画、图画投递至创作区特定板块，一经录用，即可获得稿酬等奖励。

线下活动：就互动式教育模式而言，平台开展气象科普讲座，举办研讨会、工作坊和培训班，用以引导成员交流互动、分享知识。就实践式教育模式而言，首先平台通过组织紫金山天文台、天文博物馆等气象设施参观活动，使成员可以进一步了解天气变化的过程及其原因，并掌握基本的天气观测方法与技能。其次，成员可以参与气象灾害模拟体验，在模拟情景中学习防灾减灾知识以及灾害应对方法。最后，平台还作为主办方，举办大量气象类竞赛，包括但不限于知识竞赛、观云识天气技能比赛、气象照片大赛、防灾减灾工具设计大赛、征文比赛等，以帮助公众学以致用。此外，平台还招募成员作为志愿者，定期提供知识技能培训，引导其为社区提供公益性气象科普服务。

3. 保障措施

1）数据授权

根据《气象信息服务管理办法》第五条①、第七条②、第十四条③，南京江北新区社区天气资讯网络依法获得基本气象资料与产品的使用权，依托全国综合气象信息共享平台统一数据环境和服务接口，以及南信大观测站等基础设施，以确保日常天气信息的可获得性。

2）技术支撑

平台拟与中国气象局、江苏省气象局、南京大学、南信大等机构或高校开展合作共建，依托上述机构或高校建立气象教育专家智库，以保障科普讲座、学术沙龙、研讨会、工作坊等活动顺利开展。

3）运行保障

平台拟使用云计算架构，以云服务器为核心，建设数据采集端、数据服务端、应用服务端三个模块。通过跨平台开发，该架构依托大量数据源，通过应用程序接口获取、存储并处理海量数据，并提供网页、App 等多种交互式服务接口。

4）反馈机制

平台拟开辟反馈区，广泛采纳用户的建议并及时做出调整，以期完善平台的内容体系及运营模式，如依据用户浏览量增加相应气象（如雷暴、台风等）资讯的比重；根据实时气象灾害（如 6·23 盐城龙卷风袭击事件）在平台主页展示相应的防灾减灾措施；采取积分制、学时制等灵活的奖励管理制度，激发用户积极性。

8.4 结论与启示

本章基于南京江北新区特定情景，在参与式气象教育视域下，探究社区天气资讯网络构建的技术路线。构建的南京江北新区社区天气资讯网络开发了一种政府主导、社会参与的公众气象教育新模式。该平台是中国内地首家“线上+线下”的气象教育资源对接平台，通过线上资源、互动式教育模式和实践式教育模式，帮助用户获取气象与环境知识，并引导用户学以致用。

本章的贡献在于系统探讨参与式气象教育视域下社区天气资讯网络构建的技术路线。中国气象局、江苏省气象局及南京江北新区可能对本章得出的结论比较感兴趣。该平台不仅能够服务南京，辐射长三角，还将成为其他国家级新区建立社区天气资讯网络的典范。尽管提高社会公众气象意识在短期内难以实现，但是希望本章提出的参与式气象教育模式对全国公众气象教育事业发展起到重要的作用。

---

① 第五条 国家鼓励依法开展气象信息服务活动，支持与气象信息服务有关的科研开发和成果推广应用，引导和吸引社会资本支持气象信息产业发展。

② 第七条 气象信息服务单位应当向其营业执照注册地的省、自治区、直辖市气象主管机构备案，并接受其监督管理。

③ 第十四条 从事气象信息服务单位可无偿获取基本气象资料和产品。

第9章 中国气象谷功能规划与建设调查

2019年1月中共南京市委市政府印发《关于深化创新名城建设提升创新首位度的若干政策措施》的通知，要求在宁企事业单位和高校科研院所深入贯彻习近平新时代中国特色社会主义思想和党的十九大精神，落实省委推动高质量发展走在前列部署和市委创新驱动发展“121”战略，聚焦创新的市场化、高端化、国际化、融合化、集群化、法治化，坚持战略引领，强化改革动力，着力破解制约创新发展的体制性障碍、结构性矛盾和政策性问题。

为全面落实南京市委市政府建设具有全球影响力的创新名城的发展战略，南信大和南京江北新区主动开启战略合作新模式，围绕推动落实江北新区高校创新集聚带建设发展，以推动大气科学和气象学产业发展、重大科技研发及其成果产业化为目标，实现校地深度融合发展。通过采取市场化合作机制，依托南信大和南京江北新区特色优势，以共建中国气象谷为主要内容，以推动科技成果产业化为主要方向，在气象科学与技术研究、气象信息服务领军企业培育、气象服务模式及产品开发等方面深化合作，致力于打造中国最大的、最具影响力的气象谷和综合性科技创新平台。

9.1 前期工作

2018年12月29日南京市委书记张敬华调研南信大，见证南信大与江北新区战略合作签约仪式,并明确指示南京市和江北新区支持在南信大周边地区建设中国气象谷项目。

2019年1月23日南信大召开成立“气象+”科技产业联盟战略研讨会，向与会80余名气象界企业家咨询中国气象谷项目，得到与会企业家的一致支持。

2019年2月20日江北新区罗群常委考察南信大，对用地规划、拆迁进度、任务分工、牵头单位等做出部署，江北新区成立以罗群和陈潺嵋为领导的建设领导小组，全力推进中国气象谷项目建设。

2019年2月26日和2019年2月27日南信大分别召开战略发展咨询委员会成立大会和中国气象谷建设专家咨询会，中国科学院院士秦大河、中国气象局原副局长许小峰和江北新区相关部门领导参加相关会议和咨询活动，秦大河、许小峰对南信大中国气象谷项目表示赞许，并拟以中国气象事业发展咨询委员会的名义向中国气象局建言支持中国气象谷项目。

2019 年 3 月 29 日“智荟江北 · 院士专家南京行”江北新区建设发展咨询座谈会在南信大召开，二十余位中科院院士、专家建言“好主意”，献策“金点子”。 院士专家们表示，中国气象谷建设要围绕国家社会发展需求；注重营造文化创新氛围；着力在气象模式、资料、探测、产业四方面进行探索。

前期南信大关于中国气象谷建设的规划、咨询和论证工作在南京市、中国气象局和企业界已经产生重大反响。该项建设工作必要、紧张、迫切，并将对南信大中长期的战略发展产生深远影响。

9.2 总 体 规 划

通过校地融合、校地共享，共同建设校区、园区、景区、社区——“四区一体化”的中国气象谷，可以引进一批行业一流企业，汇聚一批世界一流的行业领军人才，掌握一批世界领先的气象科技成果，孵化一批气象产业的龙头企业，开发一批气象服务的高端产品，形成一套商业气象的完整产业链，将中国气象谷打造建成教育、科技、产业、服务相互融合的世界级气象中心。

中国气象谷项目总体规划为“两核、三轴、一带”。两核即用于基础科研的双子楼和促进成果转化的中国气象谷启动区。三轴即万家坝路国际风情一条街、龙山北路创新创业一条街和盘城新街创新发展轴。一带即龙王山风光带，融合气象环境观测、生态观测和气象科普相关功能。规划如图 9-1 所示。

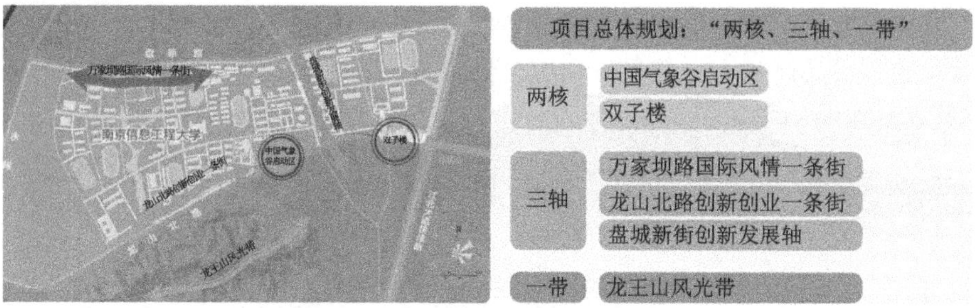

图 9-1 中国气象谷项目总体规划图

9.3 中国气象谷启动区规划

中国气象谷启动区（气象科技产业园）依托南信大的科技成果，致力于打造战略性新兴产业创新成果转化平台，实现气象科技政产学研用的紧密结合，形成培育气象科技产业创业者创新和加速气象服务企业发展的聚集地。

9.3.1　建设目标

气象科技产业园项目建设目标为：以孵化转化为核心，以引智引资为手段，以关联企业聚集为途径，着力推动气象科技产业传统发展方式的转变，促进科研、生产、市场的有机连接，实现气象服务的延伸，提高气象科技产业对社会经济发展的贡献率。产业园拟容纳南信大现有 7 个工程中心和相关科技企业 100～150 家，总规划建筑面积 70000 平方米，其中工程中心用房 10000 平方米，企业用房 60000 平方米。

9.3.2　工程中心规划

南信大现有 7 个省级以上工程中心，根据各工程中心现有功能和未来 5 年发展规划，每个工程中心约需 1500 平方米科研和实验用房，总计约 10000 平方米。

9.3.3　1621 产业战略规划

在企业引进方面，结合南信大在学科、人才、产业实践等方面的优势和经验，气象科技产业园的建设拟实施 1621 产业战略，即 1 个园区、6 个产业发展方向、21 个产业集群汇聚。

6 个产业发展方向如下。

1. 气象装备企业的研发、生产、中试和孵化产业方向

气象科技产业园将汇聚气象卫星及数据接收处理系统研制、气象雷达研发制造、自动气象探测产品研发制造、雷电监测及雷电防护产品制造、人工影响天气监测及作业设备研制五个产业集群。

目前，根据南信大与中国华云气象科技集团公司签订的战略合作协议，中国华云气象科技集团公司在校内设立校企研究院。研究院主要致力于南信大毫米波气象雷达和地面综合观测系统成果的转化与企业孵化。国内最大的气象雷达研发和制造商敏视达公司（中国华云气象科技集团公司子公司）、国内最大的气象地面观测设备研发和制造商升达公司（中国华云气象科技集团公司子公司）已经进驻。

2. 商业气象服务产业方向

气象科技产业园将汇聚气象应用软件开发、专业气象信息服务、金融保险服务、气象技术交易平台四个产业集群。

目前，国内领先的墨迹天气（独角兽企业）、象辑科技（瞪羚企业）、南京信大气象科学技术研究院（南京市新型研发机构）等多家商业气象服务公司均依托南信大学科与人才优势将研发中心设在南信大校内。

墨迹天气 2018 年已覆盖 Symbian、Android、iOS、Windows、Windows Phone 等平台，经过 7 年多的发展，拥有超过 5 亿个注册用户、7000 万个日活跃用户，是全世界拥有最多用户的气象互联网公司。

象辑科技是国内领先的商业气象服务公司，拥有国内顶尖的气象技术和研发团队，为

国内最大的风能发电企业提供精准商业气象服务，是国内首家气象金融保险业服务公司。

南京信大气象科学技术研究院是南信大与江北新区共建的新型研发机构，为航空、环保行业提供精准气象服务，是南京市唯一的商业气象服务企业的孵化基地。

3. 气象大数据服务产业方向

气象科技产业园将打造中国气象大数据中心，为各类商业气象服务提供气象数据和各类气象产品公共服务平台，平台将汇聚气象云计算服务、基于新兴媒体的气象信息增值服务、工程技术与数据咨询三个产业集群。

根据南信大与无锡市政府、中国气象局的合作内容，中国气象大数据中心将汇集中国气象局（CMA）、国家海洋局（SOA）、欧洲中期天气预报中心（ECMWF）、美国国家海洋和大气管理局（NOAA）的气象数据和水文、航空、海洋、环境等各类卫星、遥感、地面观测数据；同时无锡中国太湖之光超算中心为各行业研究院和众创平台的业务与研发提供大数据运维支撑。

4. 人工智能与信息技术产业方向

气象科技产业园将汇聚气象人工智能、信息安全、物联网与环境感知三个产业集群。

南信大已与华为、腾讯、商汤等公司签订全面战略合作协议，已在基于人工智能的中国“华为气象云”“华为气象一体机”等方面展开合作。依托气象行业与相关业务，探索了人工智能技术与气象行业的融合模式，搭建了人才融合平台，取得了一系列科研成果。气象科技产业园将以合作伙伴的研究成果和人才资源为支撑，引进和孵化一批具有市场前景的企业，拓展相关外延服务。

5. 遥感与测绘产业方向

气象科技产业园将汇聚遥感信息技术研发、无人机研发、遥感数据一体化、航空测绘四个产业集群。

北京航天宏图信息技术股份有限公司是国内领先的专业从事卫星（遥感卫星、导航卫星）技术研究与应用和大气海洋信息化服务的国家高新技术企业。目前其研发中心已经落户南信大校内，依托南信大的人才和学科优势实体来运行。气象科技产业园将以北京航天宏图信息技术股份有限公司作为龙头企业，吸引集聚一批遥感与空间信息相关的企业落户南京。

6. 环保监测与环境治理服务产业方向

气象科技产业园将以中科三清科技有限公司为龙头企业，打造环保监测、环境治理服务两个产业集群。

中科三清科技有限公司借助中国科学院大气物理研究所和中科曙光在环境和信息领域的技术优势，成为国内领先的环境监测和预报预警服务商。目前中科三清科技有限公司研发中心已经设在南信大校内，与南信大合作研发的空气质量多模式集合预报系统在2008年北京奥运会、2010年上海世博会、2011年西安世园会、2014年北京APEC会议、2014 年南京青奥会、2015 年北京 9・3 大阅兵等重大活动空气质量保障中，都发挥了十分关键的作用，彰显了强大的高科技实力。

目前六个产业方向的龙头企业均已和南信大签订战略合作协议，并已在南信大校内运行了校企研究院。各产业方向龙头企业也向南信大表示了落地江北新区的意愿和共建江北新区的战略构想。气象科技产业园拟规划六幢科研用房分别容纳六个产业方向。其中每个产业方向龙头企业商业用房需求如表 9-1 所示。

表 9-1　各产业方向龙头企业商业用房需求

产业方向	企业名称	用房面积/平方米
气象装备企业的研发、生产、中试和孵化	中国华云气象科技集团公司	2000
商业气象服务	墨迹天气（独角兽企业）	1000
	象辑科技（瞪羚企业）	1000
	南京信大气象科学技术研究院（新型研发机构）	1000
气象大数据服务	无锡超算中心	2000
人工智能与信息技术	华为集团	1500
遥感与测绘	航天宏图信息技术股份有限公司	1500
环保监测与环境治理服务	中科三清科技有限公司	1000

另有 50 家各类科技企业、社会团体和科研单位已和南信大进行了接触，提出了商业用房的需求，清单见表 9-2。

表 9-2　向南信大表达入驻气象科技产业园的企业清单

编号	名称	编号	名称	编号	名称	编号	名称	编号	名称
1	中国气象服务协会	8	华风气象传媒集团	15	广州数鹏通科技有限公司	22	南京信大教育发展有限公司	29	南京零尘环境科技有限公司
2	北京华风天际气象服务有限公司	9	航天宏图信息技术股份有限公司	16	华风爱科气象科技（北京）有限公司	23	南京信大高创软件科技有限公司	30	云禾（南京）智能科技有限公司
3	中国华云气象科技集团公司	10	北京墨迹风云科技股份有限公司	17	深圳市昆特科技有限公司	24	江苏北斗卫星导航检测中心有限公司	31	南京亘古信息科技有限公司
4	太极计算机股份有限公司	11	象辑知源（武汉）科技有限公司	18	南京恩索气象科技有限公司	25	南京信大技术转移有限公司	32	江苏科博空间信息科技有限公司
5	航天新气象科技有限公司	12	中科三清科技有限公司	19	安徽智慧气象科技有限公司	26	无锡信大气象传感网科技有限公司	33	北京智融天象科技有限公司
6	南京中网卫星通信股份有限公司	13	北京周同科技有限公司	20	南京信大气象科技有限公司	27	南京南信大影像技术工程有限公司	34	华风爱科气象科技（北京）有限公司
7	富景天策（北京）科技集团有限公司	14	兰州大方电子有限责任公司	21	南京微麦科斯电子科技有限责任公司	28	南京信大防雷科技有限公司	35	安徽雷安防雷检测有限责任公司

续表

编号	名称	编号	名称	编号	名称	编号	名称	编号	名称
36	南京信大气象科学技术研究院有限公司	39	西安华腾微波有限责任公司	42	无锡中科光电技术有限公司	45	南京南信大传媒艺术有限公司	48	安徽特宁防雷检测有限责任公司
37	南京宸象空间信息技术有限公司	40	南京超级云计算信息服务有限公司	43	南京长望信息科技有限公司	46	南京争锋信息科技有限公司	49	北京思湃德信息技术有限公司
38	南京艾迪克晟信息技术有限公司	41	南京研学信息科技有限公司	44	合肥佳讯科技有限公司	47	和日天官（北京）气象科技有限公司	50	南京旦茨电子科技有限公司

综上所述，南信大引进各类企业进驻气象科技产业园所需求的商用用房面积是符合实际的，引企引智工作已初具成效。

9.3.4 高端研发机构和培训机构规划

1. 哈佛大学-南信大空气质量和气候联合实验室

哈佛大学-南信大空气质量和气候联合实验室成立于 2017 年，由哈佛大学和南信大联合创办。双方以联合实验室为平台，联合开展大气环境研究，包括中国区域空气质量、污染物的排放和跨境传输、气候变率对空气质量的影响、大气环境和气候的相互作用等；每年轮流在南信大和哈佛大学举办 JLAQC（空气质量和气候联合实验室）研讨会，为空气质量和气候研究提供高水平交流平台，促进两校科研人员间的学术交流；在人才培养与科学研究等方面开展深入的合作。哈佛大学每年将为南信大培养一定数量的博士生和博士后，并接收南信大教师和科研人员的学术访问交流。鉴于中心未来发展和国际化协同的需要，拟将其整体迁入气象科技产业园，实验室规划面积是 6000 平方米。

2. 耶鲁-南信大大气环境中心

耶鲁-南信大大气环境中心成立于 2011 年，由耶鲁大学和南信大联合创办。宗旨是就与中国大气环境相关的污染和资源问题开展科学研究及教学工作，促进两校之间的学术交流，关注与社会经济发展密切相关的科学问题，着重探讨在基础理论和方法上有突破性的工作。其主要成果为：①建设全球首个湖泊中尺度通量网，构建了湖泊 $CH_4/CO_2/H_2O$ 涡度相关及通量梯度系统，阐明了浅水湖泊与大气 CO_2/CH_4 交换的特征和机制；②建立了生物物理学内在机制理论（intrinsic biophysical mechanism），为温室气体效应和局部气候变化提供了理论框架，在土地利用分解领域应用温室效应；③开发了水汽和 CO_2 稳定同位素的通量观测系统及稳定同位素过程模型。鉴于中心未来发展和国际化协同的需要，拟将其整体迁入气象科技产业园，实验室规划面积是 5000 平方米。

耶鲁-南信大大气环境中心依托耶鲁大学作为全球性研究型大学的丰富资源和其历来与中国的紧密联系，在南京建立一个校友活动、人才培养、学术交流和技术产业化相结合的非营利性机构，可以采用校-校之间的国际合作模式实现落地。

耶鲁大学森林环境学院李旭辉教授所领导的国际合作项目可以作为耶鲁-南信大大气环境中心在南京落地的基础，该合作项目可以上升到南京政府层面的版本。中心具体功能包括：成为 Yale Club 的南京机构，成为南京和华东地区耶鲁校友的活动中心；成为北京耶鲁中心在南京地区的分支机构，开展学术会议和创业领袖的人才训练；建立与耶鲁相关的基金会，向耶鲁校友和社会募资来支持学术交流活动和学校科研教学；帮助耶鲁大学的科研成果在南京实现技术成果转化和产业化。耶鲁-南信大大气环境中心规划面积 2000 平方米。实验室和耶鲁-南信大大气环境中心的规划面积共 7000 平方米。

3. 中国气象服务协会年会永久会址

中国气象服务协会（以下简称协会）是气象部门成立的第一个全国性、行业性、非营利性社会组织，于 2015 年 5 月 13 日正式成立。协会现有会员单位共 468 家，第一届理事会选举中国气象局公共气象服务中心主任孙健担任首任协会会长，18 位副会长和秘书长分别由气象服务相关领域企事业单位、科研机构的领导组成。协会下设专业委员会，按照专业领域划分目前已组建成立了气象传媒产业委员会、气象装备委员会、能源气象委员会、旅游气象委员会、应急预警委员会、预算财务委员会、防雷减灾委员会和气候可行性论证委员会八个专业委员会。协会秘书处设综合管理部、会员服务部、气象服务评价部、发展研究部和信用咨询中心共五个部门，负责协会日常工作的组织和管理。

协会成立以来，先后成功主办首届中国-东盟博览会气象装备服务展、“中国天然氧吧”创建活动、中国气象服务发展论坛、风云际会颁奖盛典等重大活动，每年定期发布《中国气象服务产业发展报告》和《中国公共气象服务白皮书》，是我国气象事业和气象服务发展的重要力量。

协会在国家深化改革、气象服务市场初具规模以及社会管理进一步规范的大环境下应运而生，随着我国社会主义市场经济体制的建立和完善，以及气象服务市场的扩大开发，必将在服务企业发展、优化资源配置、加强行业自律、履行社会责任等方面发挥更加重要的作用。

协会年会每年召开一次，参会规模约 1000 人，需要规划永久会址面积 3000 平方米。

4. 全球气象教育联盟总部

近年来，气候变化、环境污染、气象灾害等跨地区、无国界的重大科学问题已成为全人类面对的共同挑战，以及全球主体需要共同承担的责任。

然而，全球经济和教育发展的不平衡，导致气象教育资源的发展极度不平衡，迫切需要形成全球协同合作以开展气象教育与培训。

为此，南信大联合美国大气科学研究大学联盟、英国雷丁大学、俄罗斯水文气象大学、俄罗斯联邦水文气象与环境监测局高级培训学院、肯尼亚内罗毕大学，倡议全球各气象教育与培训机构共同成立全球气象教育联盟这一平台。

全球气象教育联盟的宗旨和使命是：加强国际气象教育与培训机构的合作及交流，共同商讨全球气象教育事业的机遇与挑战，搭建全球气象人才培养、教学、科研、资源建设和共享的平台。

全球气象教育联盟总部规划办公面积、培训教室面积、会议场所面积总计约 5000 平方米。

9.4 国际风情一条街规划

国际风情一条街拟引进国际知名气象企业，安排南信大研究生和留学生入住，并配套相应的娱乐、餐饮、金融、生活服务等设施。总规划建筑面积约 250000 平方米。

9.4.1 国际知名气象企业

为实现中国气象谷的国际化发展战略，从规划伊始，南信大即着眼于引进国家知名气象企业，利用南信大科技、智力资源，实现成果转化和技术转移的产学研全面国际化合作，构建全球气象产业的技术和人才高地，为江北新区的引资、引智创造一种新模式。

目前南信大商请落地气象科技产业园的公司如表 9-3 所示。

表 9-3 南信大商请落地气象科技产业园的企业清单

国别	企业名称
英国、荷兰	MeteoGroup
美国	AccuWeather
德国	T7online
美国（IBM 旗下）	The Weather Company
美国	Spectrum 公司
美国	RM YOUNG
芬兰	维萨拉
日本	日本气象株式会社

各公司需要的商业用房面积总计约 10000 平方米，拟雇佣员工近 800 人。

9.4.2 留学生与研究生住宿

1. 规划宗旨

致力于打造集研究生与留学生教学培养、日常管理、生活服务、休闲娱乐于一体的集成化管理模式，以改善留学生的学习生活环境、提升南信大留学生管理服务水平，服务南信大国际化人才培养目标，充分为南信大及江北新区营造国际化氛围。

2. 配置方案

规划的外住留学生与研究生规模如下。

到 2019 年底，南信大全年在校研究生与留学生达到 6000 人，2020 年在校人数 8000 人，约来自 150 个国家。考虑到国别、性别、宗教信仰等因素，外住 2400 名留学生应预备 3000 个床位，含单人间 600 间+双人间 1200 间，按洲别分栋、男女分层，配冰箱、饮水机、空调、热水器、浴霸等。另有研究生约 5600 人必须外住。

留学生与研究生用房需求如表 9-4 所示。

表 9-4　留学生与研究生用房需求

用途	数量/间	单间面积/平方米	合计面积/平方米
教室	180	120	21600
语音室	9	140	1260
机房	36	120	4320
图书阅览室	6	210	1260
办公室	24	100	2400
教师休息室	12	120	1440
吸烟室	6	120	720
茶歇室	3	200	600
报告厅	6	350	2100
会议室	9	180	1620
学生宿舍	5400	30	162000
学生活动场馆	12	180	2160
洗衣房	12	100	1200
咖啡吧	3	200	600
	合计		203280

9.4.3　生活娱乐设施规划

在新一轮的工作部署下，南信大为改善校园环境，提升学校内涵，体现国家“双一流”、世界一流学科建设高校风范，各部门先后按照分工对中国气象谷的功能进行规划。商业街的定位和业态组合设计直接关系到建筑设计方案、对外招商和后期运营管理，后勤服务总公司负责规划国际风情一条街生活娱乐功能的布局，通过对目标消费市场、周边商业项目、同类型大学城商业项目的调研，对商业街定位、业态组合设计提供如下建议方案。

1. 地理位置

国际风情一条街主要分布在南信大的东区、中区、西区，位于学校的北侧临街地带，划分为八个板块：

创业四号楼（后勤交通服务中心和南京华云汽车修理厂自用房）；

创业三号楼一楼对外部分门面房；

创业二号楼（连同南气宾馆打包外租）；

创业一号楼一楼开放对外部分（目前一楼对内学校自用，建议开放对外）；

创业一号楼以西区域（空地）；

人才公寓以东区域（校内地面与校外路面平均落差5米）；

人才公寓门面房（由总务处对外承包）；

人才公寓以西区域（空地）。

具体分布如图 9-2 所示，五角星为八大板块。

图 9-2　国际风情一条街

2. 商业布局现状

学校目前商业布局为八大板块中已有四大板块对外承租。

创业四号楼门面房现作为汽车修理厂，后期将打造成为品牌连锁修理厂。

创业三号楼一楼对外部分门面房整租于江苏沃阁文化旅游集团有限公司（合同于 2019 年 6 月 30 日到期），经营项目涉及汽车维修、水果批发零售、五金机电、图文广告等业务。

创业二号楼门面房全部交由南京乾泰酒店管理有限公司管理，主要经营酒店的餐饮项目。

人才公寓门面房由总务处对外整租，经营项目涉及医药、保险、餐饮、超市等。

3. 商业布局规划

目标消费市场调研。目前国际通行的商业区结构和业态的分布为：购物占 35%，餐饮占 25%，休闲、娱乐、酒店、服务等占 40%，为了方便广大师生，并满足中国气象谷自身建设的需要，借鉴南信大团委组织学生会调研中心 2017 年 9 月 15～30 日的门面房现状与整改调研报告，以及南京仙林大学城调研报告，调研结论如下。

环南信大知识经济圈整体消费层次分化比较明显。月消费 5000 元以下的占 65%，月消费 5000～8000 元的占 22%，月消费支出在 8000 元以上占 13%。

消费结构。伙食及日用品支出排首位，其他主要支出为交通、通信、服饰、学习、聚餐交际。

与日常生活配套的商业项目支持率较高，如银行、超市、水果、风味餐饮支持率超过 50%，支持率低于 50%的项目是 KTV、咖啡、体育用品、眼镜店、数码产品。

4. 业态组合建议方案（按商业建筑面积 5 万平方米算）

1）业态规划

业态规划如表 9-5 所示。

表 9-5　国际风情一条街生活区业态规划

规划内容	餐饮	娱乐	服饰	服务
业态	异国料理、特色连锁	练歌房、游戏厅、酒吧、特色书吧	运动、休闲、时尚服饰	金融、美发、数码产品、电信移动、文具
面积/平方米	20000	10000	5000	15000
比例/%	40	20	10	30
目标商家	肯德基、永和大王、健康煮等			

2）项目建议

国际风情一条街的项目应发展以学生（含留学生）为主要目标消费群的社区配套商业，餐饮占 40%，服务占 30%，娱乐占 20%，服饰占 10%。目标消费人群为高教区学生及部分社区群众，为中档和经济型消费档。

3）各区定位分析建议

创业四号楼：后勤交通服务中心和南京华云汽车修理厂自用房，因全校教职工和规划企业拥有近 4000 辆私家车，建议打造汽车维修连锁，服务全校教职工。

创业三号楼一楼对外部分门面房：结合南气宾馆改造，建议该处为综合区域。

创业二号楼：连同南气宾馆打包外租，建议该处以餐饮为主。

创业一号楼一楼：对外部分暂未开放，建议对外开放一楼楼面，联合打造娱乐休闲文化区，主要引导开展健身娱乐等项目。

创业一号楼以西区域：该处为停车场和食堂围墙部分，建议建造为国际民俗区，主要开展以各国民族特色为主题的项目。

人才公寓以东区域：由于校内地面与校外路面平均落差 5 米，暂无开发。

人才公寓门面房：已对外总承包。

人才公寓以西区域：建议设为创新综合区，主要开展餐饮连锁、金融、文体用品、图书音像、日用百货、品牌咖啡等项目。

国际风情一条街是中国气象谷功能规划中不可或缺的一部分，是集购物、休闲、餐饮、娱乐、运动等多种业态为一体的新兴商业区域，业态规划十分重要，后期可根据实际情况进一步调整优化。

9.5 创新创业一条街规划

中国气象谷创新创业一条街的功能定位主要是依托高校高端人才和先进的科技成果等资源聚集的优势，通过建立研发中心、产业集群和配套服务，突出高校创新、产业创新，为在校师生、毕业校友以及环南信大知识经济圈内的有志创业人士提供“一站式”服务体系创业平台。街区内将为创客提供办公、生产及生活用地，支持研发机构依托南信大优势学科建立紧密的合作关系，使其成为人才实训基地、科技成果转化的重要平台。总规划建筑面积约 100000 平方米。

9.5.1 南信大云创空间

1. 建设目标

南信大云创空间（以下简称云创空间）是经科技部认定的国家级众创空间。建设目标是：将创客文化与专业教学相结合，为有创意想法和创造热情的学生打造一个“开放式、社区化、创新型”的学习环境，聚集不同专业具有创意的学生，分享彼此的创意与创作，协作开展创新和创业。同时，可利用云创空间平台充分展示南信大多年来的创新创业成果，通过承办“互联网+”大学生创新创业大赛、挑战杯省赛等重要赛事展示南信大学子风采和办学特色，为南信大一流特色高水平大学建设做出更大贡献。

2. 建设方案

面向南信大师生和社会，提供双创成果展示、创业训练、创业沙盘、项目路演、竞赛指导等配套服务，设计面积约 3000 平方米。

云创空间结合南信大气象特色和文化而命名，由智慧教学区、会议室、智慧工作室、路演区、成果展示区、咖啡水吧区六个功能区域构成，其中智慧教学区用于双创师资培训和小型竞赛培训（可容纳人数 100 人，面积约 200 平方米）；会议室用于学生交流想法和创意（拟建设 5～6 个会议室，每个面积约 30 平方米）；智慧工作室用于学生进行专业设计、开展各类项目制作活动（面积约 200 平方米）；路演区用于学生分享创客作品和创新成果（面积约 200 平方米）；成果展示区用于南信大创新创业成果实物和展板展示（面积约 600 平方米）；咖啡水吧区用于给学生创业提供免费办公场所（每个房间面积约 30 平方米，约 55 个），如图 9-3 所示。

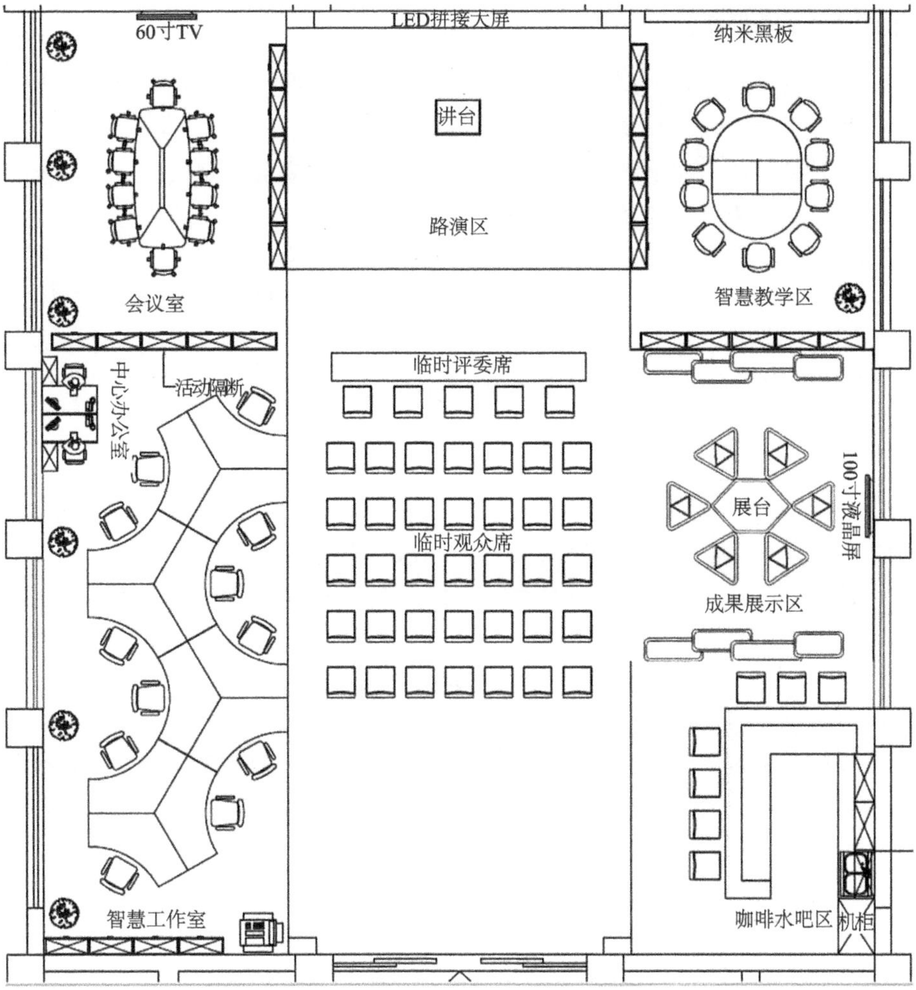

图 9-3 云创空间平面设计效果

3. 工作机构

云创空间由学校教学工作指导委员会负责推进与落实，教务处（藕舫学院）具体实施，学工处、研究生工作部、团委、实验室与设备管理处、总务处等职能部门参与建设及管理，具体工作包括：场地设计、室内装修、网站建设、设备采购、人员组织、成员招募、宣传推广、培训讲座、项目活动及日常管理等。

4. 活动组织

云创空间除了开设面向全校的创客技术、设备和工具培训课程及专门课程，更多的是开展教师指导的课程项目和学生主导的独立项目，并为每个入驻项目提供一定的经费支持。学校将定期举办大型的“创客嘉年华”等活动，通过作品展、工作坊、论坛和沙龙等形式，全面展示交流创客们的奇思妙想和创意作品，让广大在校师生亲自体验科技带给生活的变化和乐趣。鼓励和支持优秀作品团队参加各类学科专项竞赛。

9.5.2 北斗检测实验楼

学校参股企业江苏北斗卫星导航检测中心计划强势入驻创新创业一条街，根据企业产业技术特点，北斗检测实验楼提出具体用房要求：建筑面积3000平方米，三层结构。一楼下面无地下室，地面能承载大型实验设备。顶楼便于安装卫星接收天线，楼的四周较开阔。部分区域一楼、二楼及三楼打通，确保13米×8米×10米静空间（建5米法电磁兼容实验室）。部分一楼、二楼打通，确保10米×8米×6米静空间（建三综合试验箱装置）。楼外侧预留能建22米×15米×12米建筑体的空间，为今后建10米法实验室留下条件。动力电150千瓦配置。街区将尽力满足入驻企业的配套需求，加快推进特色产业实验基地建设，促进科技服务业高端化发展。

9.5.3 环南信大创新载体

目前环南信大创新载体企业约70余家，且大部分办公地点在校内，规划依托创新创业一条街全方位地调动社会积极性，营造良好的创新创业环境，支持新型研发机构依托南信大优势学科建立密切的合作关系，提升应用基础研发能力和技术源头供给，使其成为人才实训基地、成果转化重要平台，围绕特色气象行业大力吸引产业链相关企业，未来3～5年按照每年25%的递增速度计划在街区内孵化约200家科技创新企业，实现高校创新集聚带。按照每家企业100～200平方米的研发办公用房来计算，需4万平方米的建筑面积，另外还需配套建有研发中心、实验实习基地、生活服务设施等，多层建筑的容积率一般在0.8左右，按照这个总体量至少有6万～8万平方米的用地需求。

9.6 双子楼规划

双子楼可满足南信大基础性创新平台用房需求和研究生教学与实习实训用房需求，总规划面积约120000平方米。

9.6.1 基础性创新平台用房需求

学校现有省部级科研平台21家，其中包括教育部重点实验室、省部共建协同创新中心、国际合作联合实验室；江苏省科学技术厅重点实验室、工程技术研究中心、联合实验室；江苏省教育厅重点实验室、省高校协同创新中心；中国气象局重点实验室；江苏省省级工程研究中心；国家各部门、江苏省级单位共建设立的实验室。现有校级科研平台33家。同时，为满足学校科研发展、支撑双一流高校建设，拟新建科技部国家重点实验室、教育部重点实验室、江苏省科学技术厅开放实验室等。

目前，学校省部级科研平台在管理部门建设要求、申报书和任务书承诺等方面存在不足的情况，为进一步加强科研平台建设管理、为广大师生提供良好的科研环境和实验条件，拟将现有省部级和校级科研平台实验场地整体搬迁至双子楼，统筹规划新建科研平台布局，集聚科研创新要素，一是便于实验室的集中规范管理和实验设备仪器的开放共享；二是更有利于科研人员交流和研讨，从而推动学科交叉领域科学研究和跨学科发展；三是从大楼内部布局和设计开始来规避实验室电源、管道、排风、逃生通道等安全问题，杜绝实验室安全隐患，形成标准化的示范实验室。

整体搬迁之后，双子楼将形成地球系统科学学科群实验室、生态与环境治理学科群实验室、未来信息技术学科群实验室三大学科群实验室和军民融合中心，总面积约60000平方米。每个学科群实验室拟由国家级科研平台、省部级科研平台和国际化校级科研平台三部分构成，形成“高地、高原、高峰”层次鲜明、循序渐进的科研结构和进阶模式。军民融合中心拟成立三个科研创新平台，促进学校国防军工科研事业发展，全面提高学校的科技创新能力，实现中国气象谷体系化发展，逐步打造成为国家军民融合创新示范区。

1. 地球系统科学学科群实验室

1）气象与水文大气环境交叉研究国家重点实验室

学校拟新建气象与水文大气环境交叉研究国家重点实验室，遵循“需求导向、学科交叉、创新引领”的原则，依托南信大全国排名第一的大气科学一流学科，充分发挥气象、水文、环境等学科交叉融合优势，整合现有的气象灾害教育部重点实验室、气候与环境变化教育部国际合作联合实验室、气象灾害预报预警与评估协同创新中心、大气环境与装备技术协同创新中心等科研机构的研究力量。气象与水文大气环境交叉研究国家重点实验室将秉承“开放、合作、共享”的理念，汇聚海内外创新力量，面向世界建设国际一流的大气科学研究中心和开放式协同创新平台，集聚创新团队和优势资源，重点突破气象、水文和大气污染领域的若干重大科学问题，提升我国大气科学的独立自主创新能力，抢占国际科技制高点。根据科技部相关文件要求和《国家重点实验室建设申请报告》，实验室规划面积是近4000平方米。

2）亚欧与北极气候变化前沿科学中心

亚欧与北极气候变化前沿科学中心将系统地认识亚欧和北极气候系统的变化规律，从多圈层、多尺度相互作用的角度，深入理解其变化机理，发展和完善相关的动力学理论；发展年际、年代际预测和气候变化预估新理论和新方法，整体提升我国在气候变化研究领域的国际影响力，使我国在中高纬气候变化动力学和预测预估领域的研究达到国际领先水平。该前沿科学中心将努力打造成在国际上具有广泛学术影响力的科学研究平台。根据教育部相关文件要求和《亚欧与北极气候变化前沿科学中心建设申请报告》，实验室规划面积是2000平方米以上。

3）气象灾害教育部重点实验室

教育部重点实验室是高等学校组织高水平科学研究、培养和集聚创新人才、开展学术合作交流的重要基地，是国家科技创新体系的重要组成部分。其主要任务是面向科学前沿，聚焦国家战略需求和行业、区域发展需求，开展创新性研究，提升高等学校创新能力，推动学科建设发展，以高水平的科学研究支撑高质量的高等教育。教育部重点实验室实行“开放、流动、联合、竞争”的运行机制；坚持科教融合，创新引领，定期评估，动态调整。教育部重点实验室是由高等学校建设的具有相对独立性的科研实体，实行人、财、物相应独立的管理机制。根据《教育部重点实验室建设与运行管理办法》的要求，实验室面积不低于 3000 平方米。南信大气象灾害教育部重点实验室在《江苏省省部共建教育部重点实验室建设申请报告》中申报的面积是 4000 平方米。

4）气候与环境变化国际合作联合实验室

国际合作联合实验室要求加强与国外高水平大学合作，建立教学科研合作平台，联合推进高水平基础研究和高技术研究，提高创新人才培养质量。其在建设模式、科研组织、人才培养、考核评价等方面推进机制创新、改革试点，深化教育改革、扩大教育开放，提升高校原始创新能力和国际学术声誉，加速世界一流学科和世界一流大学建设。《国际合作联合实验室立项建设与验收标准》要求，实验室面积不低于 5000 平方米。为了更好地满足实验室多学科交叉融合和国际合作交流的需要，拟将实验室整体迁入双子楼，规划面积是 13000 平方米。

5）气象灾害预报预警与评估省部共建协同创新中心

气象灾害预报预警与评估省部共建协同创新中心于 2018 年 12 月经教育部批准成立，是江苏首批高校协同创新中心之一，也是唯一一家以省属高校为牵头建设单位的协同创新中心。

气象灾害预报预警与评估省部共建协同创新中心按照《中华人民共和国国民经济和社会发展第十三个五年规划纲要》的部署和《深化科技体制改革实施方案》的要求，根据《统筹推进世界一流大学和一流学科建设实施办法（暂行）》，持续推动高校协同创新，服务社会主义现代化强国建设。为进一步汇聚南信大优势资源，协同发展，加强平台建设和团队、人才培养，拟将该中心迁入双子楼，规划面积是 4000 平方米。

6）南信大气候与应用前沿研究院

南信大气候与应用前沿研究院于 2018 年 7 月经南信大人事处批准成立。研究院坚持“创新驱动、国际合作、科教融合，世界一流、服务社会”的发展理念，围绕气候动力学、气候模式研发、气候预测预估、气候应用及灾害预警四个方面开展科学研究、人才培养及产品开发与应用，加强国际合作，创新运行机制，打造气候与应用领域的国际科研平台和国际化人才培养高地，产生一批国际领先的原创性成果，建成国际一流的科学研究与合作中心，为大气科学一流学科建设提供有力支撑，更好地服务国家战略及地方社会经济发展。实验室规划面积是 500～600 平方米。

7）南信大灾害风险管理研究院

南信大灾害风险管理研究院于 2018 年 9 月经南信大人事处批准成立。全球灾害频发，导致大量人员财产损失，甚至影响国家的安全稳定，灾害风险管理研究院是在未来地球计划中国秘书处、中国气象局、中科院相关院所的支持下成立的，依托南信大优势的大气科学等地学学科群，围绕国家防灾减灾战略需求，开展灾害风险和灾害管理研究。研究院与南京森林警察学院联合成立森林草原火灾监测预警与防控研究中心，为火灾风险管理提供了新的方向。目前研究院拥有外籍资深院士 1 名，教授 5 名，中青年研究人员 5 名，经过 3～5 年发展，将汇集国际国内灾害风险管理的著名学者，建立以各类气象灾害为主的灾害风险研究队伍，规模达到50人左右。拟设立五个实验室，针对不同的灾害类型组建国际联合实验室，围绕水旱灾害、台风、暴雨、火灾和城市灾害开展研究，为国家有关部门提供政策建议，为灾害管理提供行业标准，为地方经济发展提供防灾减灾保障服务。研究院规划面积不少于600平方米。

8）遥感卫星应用国家工程实验室南京研究中心

遥感卫星应用国家工程实验室南京研究中心于2018年9月经南信大科技处批准成立。未来3～5年内，研究中心拟获取原创性数据，预期实现4000景数据（市场价值约800万元）的分发，支撑原创性科学研究；支持南信大发表论文100篇（SCI > 50篇）；联合申报重大项目及国家级和省部级科研奖项（1～2项）；促进地理学博士点的建设；依托研究中心，申报省部级平台；强化与相关部门、行业的科研、技术、项目等多层面的合作，争取横向经费快速增长；联合培养青年骨干教师1～2名/年；联合培养硕士研究生2～3名/年，博士研究生1～2名/年。研究中心的规划面积是500～600平方米。

9）南信大精细化区域地球模拟和信息中心

南信大精细化区域地球模拟和信息中心于2019年3月经南信大人事处批准成立，中心以美国大气研究中心-实时集成天气预报系统（NCARWRF-RTFDDA）、气候集成预报系统（Climate WRF-FDDA）、真实世界气候集成预报系统-LES模式（RTFDDA-LES）、集合卡尔曼滤波-真实世界气候集成预报系统（EnKF-RTFDDA）、天气预报系统-耦合流域水文模型（WRF-HYDRO）等为基础，发展世界领先中小微尺度产业化业务数值天气预报模式；扩展国家大气研究中心（NCAR）及其他人工智能机器学习技术和地理信息系统（GIS）/谷歌地图等模式预报产品的图形展示平台，提高局地高精度气象信息化服务能力。中心的研究将满足大气物理学院和其他有关学院中尺度气象、大气环境和山洪积涝的产、学、研、教的需求并促进南信大相关产业市场的发展。实验室规划面积是500～600平方米。

10）南信大水文气候与全球变化研究院

南信大水文气候与全球变化研究院目前处于筹建阶段，研究院坚持“孕育原始创新、推动学科发展、面向国家需求”的发展理念，围绕气候和水文过程对全球变化响应机理及未来演变趋势、考虑人类活动影响的高分辨率陆面生态水文模式研制、变化环境下极端水文事件预测适应三个方面开展基础和应用科学研究、聚集和培养优秀科技人才、深化高水平学术交流合作，打造水文气候领域的重要科技创新基地和国际化人才培养高地，并以此筹建省部级科研平台、争取国家和省部级人才及科研项目，为学校“双一流”学科建设提供有力支撑，更好地服务国家战略及地方社会经济发展。

研究院在未来3～5年内欲招聘五名水文气候交叉领域的青年骨干人才作为固定人员，同时邀请校内外资深专家和相关方向的青年教师、部分校外专家作为固定或流动人员，培养一定数量的博士后和研究生，达到30～50人的规模。其预期成果为：①发表SCI论文50篇，并争取在高影响杂志社发表原创性成果，推荐研究院人员到国际学术期刊任职，在业内顶级国际会议上组织分会，扩大研究院的综合学术影响力；②研制具有自主知识产权的高分辨率路面模型，为地球系统模式提供陆面分量模块，为应对全球变化提供科学工具；③建立水文气候耦合的陆地水循环多尺度预测系统，力争在国家或省部级单位得到应用，并积极开展成果转化；④通过广泛的国内外交流合作，申报和承担国家及地方科研项目，提高研究院的知名度，培养水文气候和全球变化领域的青年领军人才，为建设具有国际水平的科研机构奠定基础。实验室规划面积为500～600平方米。

2. 生态与环境治理学科群实验室

1）大气环境监测与污染控制重点实验室

南信大拟新建大气环境监测与污染控制重点实验室，紧密围绕国家的重大需求，紧盯大气环境领域的前沿科学问题，重点在大气环境监测预警与仪器研发、大气污染形成机制、大气污染控制技术、大气环境变化及影响等方面开展创新性研究，旨在提高大气污染监测与控制水平，为国家大气污染治理提供科学支撑。根据教育部相关文件的要求和《教育部重点实验室建设申请书》，实验室规划面积不少于4000平方米。

2）大气环境与装备技术协同创新中心

大气环境与装备技术协同创新中心围绕"江苏高等学校协同创新计划"重点任务所明确的要求，紧密围绕科学技术前沿和社会发展的重大问题、面向行业产业发展的核心问题和共性问题、面向区域发展的重大需求和社会主义文化建设的迫切需求，按照"高起点、高水准、有特色"的要求，具有明确的服务领域方向、拟解决的重大问题和培育建设目标措施，突出体制机制创新，并取得了明显的建设成效。南信大大气环境与装备技术协同创新中心在《大气环境与装备技术协同创新中心2018—2020年发展规划》中的规划面积是12200平方米。

3）环境监测开放实验室

为了响应国家大型仪器开放共享的号召，优化学校科研平台结构，按照集约化、社会化、市场化整合大型科学仪器，学校未来拟组建环境监测开放实验室，实验室规划面积是1000平方米。

4）南信大生态研究院

南信大生态研究院于2019年1月25日经南信大人事处批准成立。研究院依托传统的生态学科力量，围绕区域特点与气象特色，重点在全球变化生态学、修复生态学、环境生态学、气象生态学等领域开展研究，为我国（特别是长三角地区）培养全面发展的生态学高层次专门人才，以满足区域生态文明建设的战略需求。研究院规划五年内规模达到40～50人，设立六个研究方向，包括全球变化生态学、修复生态学、环境生态学、景观生态学、城市生态学、气象生态学。

根据六个研究方向，设立六个实验室，每个实验室的培养目标是每年培养研究生8～10人。六个实验室以不同尺度对生态问题进行研究，相互区别但彼此互助合作，着眼于突出生态学研究的广度与深度，并将研究成果应用于实际，解决面临的生态问题。研究院规划面积不少于2500平方米。

3. 未来信息技术学科群实验室

1）江苏省大数据分析技术重点实验室

江苏省大数据分析技术重点实验室于 2014 年 6 月经江苏省教育厅批准成立。实验室按照“原始创新、重点突破、引领发展、服务社会”的科技发展指导思想，围绕视觉特征表示与内容理解、大数据计算模式与知识挖掘、大数据分析在气象中的应用三个方面开展工作，主要目标是紧密围绕国家重大需求，主动适应江苏省地方经济建设需求，汇聚一流人才和资源，以提高大数据技术的创新能力为核心，打造国内一流、世界领先的大数据分析研究中心和人才培养高地。在《江苏省高校重点实验室申请书》中，南信大江苏省大数据分析技术重点实验室的规划面积是 3000 平方米。

2）南信大人工智能研究院

南信大人工智能研究院于 2018 年 7 月经南信大人事处批准成立。研究院采用产学研相结合的模式，开展以需求和问题为驱动的人工智能研究，服务于国家和地区产业发展，目标是建成世界一流的人工智能研究院。研究院的建设为南信大的进一步国际化做出贡献，从而带动整个国内人工智能领域的研究与发展，研发世界领先水平的人工智能新技术及其应用。研究院规划五年内规模达到 30～50 人，十年内达到 50～100 人，设立五个研究方向，包括机器视觉研究方向，自然语言理解研究方向，认知和因果学习研究方向，数据挖掘、大数据处理和机器学习研究方向，智能机器人研究方向。研究院的实验室规划面积不少于 600 平方米。

4. 军民融合中心

1）气候变化与北极问题研究中心

随着气候变化对北极航道的影响，北极已成为国际热点和敏感区域，也是战略博弈的重点问题，国家近年来将投入几百亿元用于该领域的研究，围绕此项目开展的相关工作，将带来巨大的产业价值。该中心具有军方背景，研究目标清晰，任务明确，将快速成为北极研究工作的一支重要力量。办公用房需求面积为 1200 平方米。

2）气象环境卫星工程与应用联合实验室

其主要开展大气遥感卫星系统天地一体化仿真、先进卫星遥感仪器和平台设计与验证、大气遥感数据处理及应用、大气遥感天基探测新机理和新方法等研究。办公用房需求面积为 2000 平方米。

3）军民融合先进材料研发中心

该中心主要从事化学化工材料研究、人工影响天气作业材料研制、电磁隐身防护材料研制以及高性能电池研发等。学校具有雄厚的研究基础，目前已承担军方两项高性能电池研究，以及一项电磁防护新技术开发项目，并小批量生产。办公用房需求面积为 2000 平方米。

9.6.2 研究生教学与实习实训用房

研究生用房总共约 60000 平方米。

1. 教室

研究生教室的数量主要根据课程种类、专业数量、学生人数及用途等因素确定，共需 20000 平方米。

1）公共教室

研究生的一些公共课程，如“中国特色社会主义理论与实践研究”“科技写作”等，常采用多专业合班授课的方式，所需教室规模较大（90～120 人/间）。此类课程的授课使用公共教室。一般情况下，根据学期公共课的开课数量分配公共教室。拟规划公共教室 5000 平方米。

2）专业教室

研究生的专业课程常采用分专业小班授课的方式，教室规模主要受专业人数的影响，为 40～60 人/间。此类课程的授课使用专业教室。一般情况下，根据专业数量为一年级的硕士研究生分配专业教室，每个专业专属一个专业教室。拟规划专业教室 13000 平方米。

3）备用教室

适当配备不同规格的备用教室，以便调课、补课、考试、活动时使用。拟规划备用教室 2000 平方米。

2. 学生机房

学生机房面积约 15000 平方米。

1）专属机房

二、三年级的硕士/博士研究生因科研工作、论文撰写等需要，一般 1 人配备一个机位，按照学科专业进行分区，形成专属机房（5000 平方米）。

2）公共机房

一年级的新生以课程学习为主，不配备专属机位，按照每个学生 0.6～0.8 个机位配置公共机位，形成公共机房，学生可自带计算机临时使用机位，由学院或学校统一管理（10000 平方米）。

3. 导师工作室

方便导师指导学生的实验、论文等工作，一般情况下，根据专业进行分区，按照导师数量进行机位的分配，由学院或学校统一管理。拟规划导师工作室面积为 5000 平方米。

4. 实践创新基地

按照理、工、文、管、艺分类建设实践创新基地。

1）工程实践实验室

按照工科专业进行划分，设立电子与通信工程、控制工程、环境工程等实践实验室。拟规划面积为 10000 平方米。

2）艺术实践工作室

按照艺术类的专业方向进行划分，设立中国画工作室、雕塑工作室等。拟规划面积为 3000 平方米。

5. 专业阅览室

专业阅览室收藏有重要且珍贵的设计手册、规划方案、项目报告、画本等专业文献，按照学科专业分区，方便学生查询、阅览。拟规划面积为 2000 平方米。

6. 专家报告厅

专家报告厅供专家做报告、学术交流及重要活动时使用，具有无锡-南京同步视频功能， 报告厅规模 200～300 人，校区共设立 1～2 个，拟规划面积为 2000 平方米。

7. 心理咨询室

每 500 人左右配备一个心理咨询室，学区共设立约 2 个。拟规划面积为 200 平方米。

8. 学生活动中心

为丰富学生的文化娱乐生活，配备常用的室内运动、健身器材等，校区共设立 1～2 个。拟规划面积为 2000 平方米。

9.7　原滨江学院西区规划

为配合中国气象谷的建设，为中国气象谷人才打造宜居环境，原滨江学院西区至万家坝路 200 亩地拟规划为大型国际会议中心和高端人才公寓区。

9.7.1　大型国际会议中心

新规划的中国气象谷大型国际会议中心项目总建筑面积约 30 万平方米，其中包含一座建筑面积约 15 万平方米的国际会议中心。该会议中心主会场建筑面积 8000 平方米，将成为江北新区面积最大的会议室，为各类气象峰会或大型学术和招商会议预留，平时可用作多功能厅；同时将建 1 个面积 5000 平方米的多功能厅、3 个面积 3000 平方米的多功能厅、1 个面积 1000 平方米的报告厅、1 个面积 4000 平方米的宴会厅等。项目还将配套建设四星级及五星级酒店，总建筑面积约 15 万平方米，其中五星级酒店的客房数量将达 400 间。

未来这里将成为江北新区各类国际中高端会议的承办地，也将成为江北新区向世界展示的新舞台、新名片，同时作为会展片区的先期开发区域和核心引爆点，将成为江北新区的城市新标杆，以及江北新区产业、生态、形象的新地标。

9.7.2 高端人才公寓区

根据环南信大知识经济圈各板块规划，环南信大知识经济圈建设完成后，将吸纳7000名高端技术人才入住，为高端人才打造宜居环境是引才、聚才的重要手段。原滨江学院西区拟规划高端人才公寓5000套，按100平方米/套计算。总建筑面积50万平方米。

9.8 龙王山风光带规划

龙王山公园始建于1997年，现有神龙穴、高尔夫练习场、林下烧烤区、青少年体能训练基地、仿福建客家园楼、龙王庙、龙王阁、度假木屋、古文化石刻长廊等景点。园内栽植各种花卉两万株，草坪5000平方米。南京高校学子林也建于此。龙王山南麓为南信大，也是中国气象谷的核心区。景区目前有一条路盘旋上山，可以直达山顶，而后从西南侧下山，是江北大厂一带唯一制高点，登上龙王阁可以一览四周景色。

利用龙王山特有的地形优势和生态资源，建议按照“四区融合”的思路，把龙王山打造成集休闲、娱乐、体验、育人等于一体的场所，为中国气象谷创造引智引人的美好生态环境。

其中，南信大考虑在龙王山上规划建设气象与环境生态观测场以及气象主题公园。

9.8.1 气象与环境生态观测场

为结合我国气象探测事业日新月异的发展，满足气象类各层次学生实验实习教学需求,在中国气象局及其相关部门的大力支持下南信大于2009年1月正式立项建设气象探测试验基地，还将在气象探测试验基地的基础上规划环境探测区与生态探测区。根据教学、科研的实际需要规划地面观测站，包括四大功能区：大气环境生态探测教学实习场、标准示范场、气象仪器性能比对试验场、移动观测站；此外还应配有1000平方米办公用房用于数据接收、人员办公、激光雷达观测、监控值班等。观测项目包括温度、湿度、气压、风向风速、雨量、辐射、蒸发等常规项目和气溶胶浓度、云高、含水量、温湿廓线、湍流通量等科研项目。

大气观测场为中国气象谷和气象科技产业园提供大气、环境要素实时监测资料，是中国气象谷核心区重要的气象和环境外场实验基地。观测场数据可以作为相关产业推进业务的重要支撑，为将来建设中国气象环境数据信息中心做数据储备。

地面观测场是取得地面气象资料的主要场所，地点应设在能较好地反映本地较大范围的气象要素特点的地方，避免局部地形的影响。观测场四周必须空旷平坦，避免建在陡坡、洼地或邻近有铁路、公路、工矿、烟囱、高大建筑物的地方，避开地方性雾、烟等大气污染严重的地方，在产业园区地势较高的位置即可。

9.8.2 观测场对用地的需求

观测场拟用地12000平方米，布局示意图见图9-4。

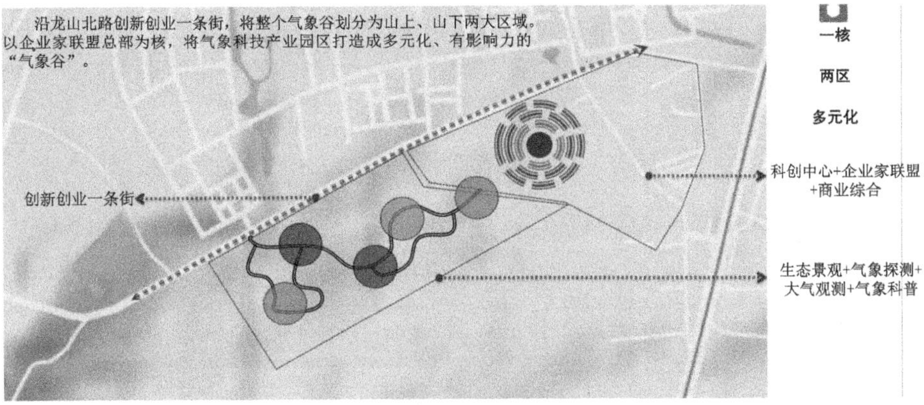

图 9-4　观测场布局图

观测场效果如图 9-5 所示。

图 9-5　观测场效果图

9.8.3　气象主题公园

气象主题公园融合生态文明建设和气象探测环境保护理念，突出校区、园区、景区、社区一体化特色。气象主题公园提出“中国第一、世界一流”的目标定位，并作为重点项目推进。该项目拟规划占地面积 6.95 万平方米。气象主题公园规划为以科普、旅游、娱乐为主题的公园。公园的建设突出观赏性、互动性。除了已有的气象环境生态观测场外，气象主题公园规划建设天文气象、气象文化、自然气象、防灾减灾、气象科普体验博物馆等科普功能区，将建成集气象监测、防灾减灾科普、气象生态创意、居民文化休闲、绿色生态公园为一体的综合性、大众化、开放式的主题公园，效果图如图 9-6 所示。

图 9-6　气象主题公园效果图

9.9　结论与建议

南信大前期对环南信大知识经济圈的规划进行了充分的论证和调研。通过大量细致的工作，掌握了翔实、可信的数据，并以此为基础提出了以上的文字规划说明。南京江北新区在制定、完善、修改土地规划的工作中可以充分考虑环南信大知识经济圈的规划设想，并纳入江北新区的整体规划之中，待条件成熟时逐步实施，以实现校地共建、校地共享、校地共赢的发展目标。

第 10 章 中国气象谷：打造国际一流的环高校特色知识经济圈

为全面响应南京市委市政府建设具有全球影响力的创新名城发展战略，南信大主动和南京江北新区进行战略合作，围绕落实江北新区高校创新集聚带建设，以推动中国气象谷建设为抓手，在气象科技研究、气象服务模式探索、气象企业孵化和气象产品开发等方面开展合作，致力于打造国际一流的环高校特色知识经济圈。

10.1 战略定位

中国气象谷项目是南信大在响应南京江北新区创建高校创新集聚带“三最”“四有”“一新”政策要求，立足市场实际情况，积极实施教学体制创新，联合推动校企联合育人与高校科研成果转化的重大战略部署。正如李北群校长所言：“大学要从‘象牙塔’成为社会的灯塔。”

中国气象谷项目工程的总体规划为“两核、三轴、一带”。

“两核”分别是用于基础科研的双子楼和促进成果转化的气象科技产业园。南信大现有省部级科研平台 21 个，包括中国气象局气溶胶与云降水重点实验室、气象灾害教育部重点实验室、江苏省气象传感网技术工程中心等，以及 33 个校级科研平台。在双子楼建成之后，各类科研平台将会整体搬迁入内，并根据规范化管理、人员深入交流、设备开放共享的思路，建成以地球系统科学学科群实验室、生态与环境治理学科群实验室、未来信息技术学科群实验室为支撑的三大开放共享科学群。其中，每个学科群将会由国家级、省部级和校级科研平台参与支撑，形成多层级、多结构的科研支撑模式，促进南信大基础科研能力的提升。同时，这三大学科群也构成了中国气象谷的基础科研支撑。

气象科技产业园是中国气象谷的启动区，致力于孵化新兴气象科技企业。通过中国气象谷的建设，能够加强气象科技的产学研转化，促进环高校科技创新集聚带的形成，形成产教融合的“示范地”、改革创新的“试验田”。气象科技产业园将采用引智引资的手段，以推动科技成果转化和科技创新企业孵化为核心目标，改变传统气象产业技术研发、生产与销售相脱节的发展方式，实现有效的产学研融合，不断提升气象服务的价值，提高气象科技企业的集聚度，在气象装备企业的研发、生产、中试和孵化，商业气象服务，气象大数据服务，人工智能与信息技术，遥感与测绘，环保监测与环境治理服务六大方向形成集聚优势，构成环南信大知识经济圈。

南信大部分省部级以上工程中心见表 10-1。

表 10-1 南信大部分省部级以上工程中心

名称	批准部门	依托学院
江苏省网络监控工程中心	江苏省发展改革委	计算机与软件学院
江苏省气象传感网络技术工程中心	江苏省发展改革委	电子与信息工程学院
江苏省环境净化材料工程技术研究中心	江苏省科学技术厅	环境科学与工程学院
江苏省海洋环境探测工程技术研究中心	江苏省科学技术厅	海洋科学学院
江苏省气象能源利用与控制工程技术研究中心	江苏省科学技术厅	自动化学院
江苏协同精密导航定位与智能应用工程研究中心	江苏省发展改革委	遥感与测绘工程学院

资料来源：根据公开资料整理。

“三轴”是围绕环南信大知识经济圈，打造以促进国际交流、鼓励创新创业、提供服务配套为核心理念的特色发展轴，包括万家坝路国际风情一条街、龙山北路创新创业一条街和盘城新街创新发展轴，如图 10-1 所示。

图 10-1 南信大“三轴”

南信大已经与美国哈佛大学、耶鲁大学，英国剑桥大学、曼彻斯特大学等多所著名高校建立了人才培养和科研合作关系。南信大拥有中国政府奖学金等来华留学项目，每年都会接收大量的海外留学生。根据南信大的数据，截止到 2019 年底，全校研究生与留学生达到 6000 人，2020 年这一数字达 8000 人。国际风情一条街主要用作留学生与研究生的住宿生活区，目前规划建筑面积约 250000 平方米。在此基础上，国际风情一条街拟走国际化道路，开发校友经济圈，引进一批国际知名气象企业，通过挖掘南信大雄厚的科研资源和丰富的国际人才资源，为江北新区探索一种全新的引资、引智模式。

龙山北路创新创业一条街位于学校 1960 街区的左侧，主要提供创新、创业和针对园区气象科技企业的配套服务。中国气象谷依托南信大高端人才和先进的科技成果，为气象科技创业者提供“一站式”科技服务。街区为创客提供办公、生产及生活用地，用于人才实训、科技成果转化及与研发机构进行合作等，总规划面积约 100000 平方米。其中，最有特色的莫过于云创空间，该空间的命名结合了南信大的特色和文化，设计面积约 3000 平方米，并经科技部认定为国家级众创空间。云创空间的建设目标是融合市场的创业文化和专业教学需求，为富有创意理念和创意热情的学生提供“开放式、社区化、创新型”的实践环境。云创空间继承和发挥了南信大的创新创业优势，将形成由学校教学工作指导委员会负责推进落实、教务处具体实施、多部门共同参与建设的协同发展模式。云创空间将通过承办省级及以上“互联网+”大学生创新创业大赛、挑战杯赛等方式，展示南信大的创新创业风采。

“一带”是指龙王山风光带。龙王山是大厂及周边地区的唯一制高点，山上风景秀丽，人文资源丰富，有始建于 1997 年的龙王山公园。积极发挥龙王山的生态资源优势，贯彻绿色发展的理念，使产业发展和绿色环保相结合，是中国气象谷对于龙王山风光带开发的核心理念。中国气象谷在龙王山的规划上包括两个部分。第一，气象与环境生态观测场。龙王山气象探测试验基地是一个环境优美、远离闹市、周围无大型遮挡物的气象观测站，完全符合气象观测所要求的空旷平坦、不能处于洼地，以及不能邻近铁路、公路或高大建筑的要求。该场所在满足学生实习检测数据的同时，也能够将气象探测用于龙王山环境保护。第二，气象主题公园的建设。气象主题公园是一个集气象检测、防灾减灾科普、气象生态创意、居民文化休闲、绿色生态公园为一体的综合性、大众化、开放式的公园，是中国气象谷发挥龙王山生态优势，服务当地居民，推广气象和环保知识的综合性工程，气象主题公园将以“中国第一、世界一流”的目标定位进行建设。

10.2　中国气象谷发展的突破口

10.2.1　在保持自主创新的同时，加快国际合作的步伐

随着社会发展水平的不断提高，农业、工业、服务业都对气象服务行业提出了更高的要求。自 2011 年以来，中国气象发展指数（MDI）以年均 10.3%的速度增长，进入了气象行业爆发式增长阶段。中国气象局和国家统计局 2018 年的调研数据显示，近期中国气象产业市场规模每年将接近 1000 亿元，预计 2025 年将达到每年 3000 亿元左右。长期以来，气象行业作为向政府提供公共基础服务的行业，主要依靠政府拨款发展，例如，近五年来，重大气象工程和基础设施建设保持年均 30 亿元左右的投资额，多为政府财政预算拨款。各地的气象产业较少有民营资本进入，市场较为分割封闭，政府以管控和引导为主，缺乏经济活力。我国气象行业商业化的重要节点是 2015 年出台的《气象信息服务管理办法》，中国气象局开始向社会公布《基本气象资料和产品共享目录》，同年，开始向社会公布气象数据和资料。气象行业属于技术主导型行业，准入门槛较高，在缺少大数据共享的时期，涉足气象行业的民营企业非常少。而且，各地方气象行业大都由

当地政府主导，难以形成气象龙头企业，市场上多为中小型民营企业。中国气象企业无论是市场规模还是商业开发模式，与发达国家相比都存在明显差距。中国华云气象科技集团公司（前身为中国华云技术开发公司）由中国气象局1992年独资兴办，是中国最大的气象服务企业，目前占全国市场份额的60%，在资本规模等方面上与国际一流企业还存在明显的差距。此外，发达国家对气象企业的资本投入巨大。例如，2013年孟山都斥资9.3亿美元收购Climate Corporate，为美国农民购买农业保险提供专业指导。2015年，IBM公司斥资20亿美元收购The Weather Company的商业气象服务和基础数据库。发达国家在气象行业的商业化和市场应用方面起步早、经验足，目前已经形成了一批高度国际化、产业链成熟、服务体系完善的大型气象公司，如日本天气新闻公司、The Weather Company、AccuWeather等。中国气象谷定位于孵化一批领军企业、打造一批高端气象产品、形成一套完善的相互融合的产业链，必然要加快国际化的步伐，加快引入国际资本、引进国际先进技术、吸纳国际高端人才等，学习外国先进模式。

10.2.2 培养行业龙头企业，提高市场商业化水平

美国气象产业无论是技术水平还是行业产值都一直处于世界领先水平，其发展经验对于中国的气象行业发展具有十分重要的借鉴意义。气象行业由于具有公益性质，在美国也是由政府全额拨款支持发展，具体业务由美国国家环境预报中心、地方的天气预报台、河流预报中心等机构负责。在1962年之前，美国气象服务主要由国家免费提供。1962年AccuWeather成立之后，气象预报有了市场化的概念，开始为公司客户和个人客户制定有针对性的气象服务，并培养了用户的付费习惯。截止到2014年，美国大约有300家私营天气预报公司，均是以提供个性化气象服务为特色。目前，AccuWeather已经发展成为预报最为准确、全球范围内成长速度最快的国际气象媒体公司。

龙头企业对气象行业的发展有着巨大的促进作用，在行业产值与引领行业发展和拓展行业生产空间上都有着重大的意义。因此，要把中国气象谷打造成国际一流气象综合平台，除了已拥有的学科优势以外，还要大力引进、培养龙头企业。但是就目前而言，入驻中国气象谷的企业以中小型企业为主，或者是大型企业的分部、联合实验室等，如南信大与中国华云气象科技集团公司共建的校企研究院、与敏视达公司共建的设备研究所，其他如墨迹天气、象辑科技等企业都在南信大设有研发中心。心知气象的数据显示，气象服务付费企业多为软件行业的大型客户，对气象服务的专业性和精准性要求较高，小型公司难以达到要求。目前，在气象服务付费上占据主流的是软件开发行业，付费标准比传统产业高出18%，这类企业在采购上更加倾向于有着专业化团队的大型气象服务公司，从而制定个性化的服务。在气象行业大发展的历史机遇期，中国气象谷需要整合南京气象行业资源培养一批龙头企业，用以带动市场的发展，培养用户的付费习惯。

10.2.3 扩大对外交流渠道，提升科技创新能力

气象行业发展十分依赖科学技术的积累。当前，我国气象行业与国外先进国家还存在明显差距，吸纳国际前沿科学技术，积极参与国际气象合作，对我国气象行业发展有着重要意义。2017年，中国气象局被正式认定为世界气象中心，徐家汇观象台以及呼和

浩特、长春、营口气象站被确认为百年气象站，并且为《巴黎协定》和联合国政府间气候变化专门委员会第五次评估报告提供技术支撑。我国各地气象行业也积极参与全球气候治理工作，主动与各种国际组织展开合作，谋求走到世界气象舞台中央。目前，我国气象行业在数字预报模式能力，气象资料再分析水平，气象预报准确率，雷达、卫星等大型气象装备建设水平等方面与国外还有很大差距。在商业化方面，气象行业商业化起步较晚，气象产业总体产值偏低、气象产品缺少个性化定制等问题突出。因此，我国在产品和服务的附加利润上，相对于国外还有相当大的差距。

对于中国气象谷来说，保持与国际前沿技术的合作交流，提升产品的科技含量，紧跟世界前沿的商业模式，对于打造高端科技创新集群来说至关重要。目前，中国气象谷与国外先进科学团体积极合作。在大气质量和气候研究方面，南信大 2017 年主动与哈佛大学合作建立了哈佛大学-南信大空气质量和气候联合实验室，每年轮流在两校举办 JLAQC 研讨会，为两校博士研究生及教职员工提供交流平台，促进两校科研人员之间互动。此外，哈佛大学每年都会为南信大培养博士研究生和博士后工作人员，并安排学者相互访问，开展深入合作。在大气环境污染和资源领域，南信大 2011 年与耶鲁大学联合建立了耶鲁-南信大大气环境中心，积极探讨基础理论和方法，在湖泊中尺度通量网、生物物理学等方面取得了重要成果。

尽管如此，中国气象谷现状与发展目标之间还存在着不小的差距。中国气象谷致力于打造国际一流的气象平台，建立教育、科技、产业、服务相互融合的世界级气象中心，这对于中国气象谷的全方位国际化提出了更高要求。在与国际组织的交流方面，南信大在 2020 年派遣一名教职员工前往国际气象组织任职。国际气象组织服务全球，便于建立全球合作网络，以进行气象、水文和其他地球物理观测，并建立提供气象服务和进行观测的各种中心，在国际气象行业上拥有重大影响力。目前，中国气象谷在参与国际气象事务和交流的数量、频次上都明显偏少。应该加大对这些具有行业前瞻性的学术会议的参与力度，鼓励扩大对外交流，建设新型引智模式，提升环南信大知识经济圈的科技创新实力。

10.2.4　利用政策红利，进一步与江北新区融合

江北新区自 2015 年批复以来，被定位为南京都市圈和苏南地区的新增长极；是国家重点打造的产城融合副中心，且正处于从“科教名城”迈向“创新名城”的重要历史时期，创新扶持政策力度很大。在 2019 年《关于深化创新名城建设提升创新首位度的若干政策措施》中，有 18 项聚焦创新的鼓励政策措施，其中针对高校院所人才方面的有构建专业化服务体系奖励措施；在针对产业打造方面，有高水平启动重大专项奖励措施、高标准重大研发平台奖励措施、高质量发展新型研发机构奖励措施。在推动国际化创新合作方面，江北新区鼓励学校推动优势学科群建设，在人才培养、科研仪器设备共享等方面加强合作。

中国气象谷作为江北新区重点建设的气象综合性平台，在政策上要合理利用现有国家级新区的政策，整合周边的市场和资源。一方面积极谋求内生驱动，发挥本身的优势，提升科研能力，促进科技成果转化，打造高水平的科技产业集群。另一方面，要将自身

发展融入进江北新区发展的浪潮中，全面落实创新驱动战略，加快集聚高端人才，加速引进研发机构，更好地孵化科技企业。此外，中国气象谷需要更好地与新区融合，如创业者在中国气象谷创业时，获得更便捷的政府服务以及更加精准的政策指导等。

10.2.5 完善基础配套设施，提升地区核心竞争力

中国气象谷位于江北新区待开发的区域，社会公共基础配套设施相对落后。随着江北新区的发展，各类产业陆续入驻，基础设施建设日臻完善，中国气象谷周边环境有了一定的改善。但是，中国气象谷致力于聚集高层次人才队伍，打造气象行业成果转化的专业化服务体系，如南信大已经与华为、腾讯、商汤等公司签订合作协议。这种高起点定位、谋求前沿科技开发，以高层次人才聚集和现代科技金融为主的商务型、科研、创业综合体，对基础设施建设和生态环境提出了更高的要求。目前，中国气象谷东边是南京化工园区，园区内多为石油化工、有机化工材料、高分子材料等项目，对环境宜居性有一定影响。中国气象谷南侧是南京高新技术产业开发区，在园区内有电子信息与生物工程、医药产业和航空航天性材料等项目。中国气象谷周边还分布着一定数量的工业园区，生态宜居性较差。此外，中国气象谷周边的教育配套设施也相对落后，中小学老师数量较少，且缺乏高水平的国际学校，难以满足中国气象谷打造国际平台的战略需求。在医疗配套上，现有的三甲医院数量和医疗条件供给相对不足。这些基础设施、人文环境、医疗设施等建设的相对滞后，在一定程度上影响了中国气象谷打造全球平台的实现。对于江北新区而言，需要将中国气象谷统一纳入总体规划中，提高中国气象谷的竞争潜力。

10.3 建　　议

10.3.1 依托南信大学科优势，加快集聚全球科技创新资源

首先，抓住“双一流”学科建设契机，依托南信大大气科学、信息与通信工程、环境科学与工程等优势学科，加快集聚全球高端科技创新人才，为中国气象谷科技创新提供原动力。其次，启动国家实验室和国家工程中心等高端科研平台的筹备与申报工作，为中国气象谷科技创新提供“硬件”支持。最后，加强与国际高水平研究机构的合作，构建高质量的全球科技创新合作网络，全方位提升中国气象谷的科技创新能力。

10.3.2 构建良好的创新创业生态系统，培育特色化的创新创业集群

加强对中国气象谷的推广，提高中国气象谷在全国的辐射能力。合理规划中国气象谷的园区功能，为创新创业人员提供舒适的办公、生产及生活环境。通过承办全国“互联网+”大学生创新创业大赛等赛事，打造中国气象谷创新创业品牌，形成良好的创新创业氛围。引入天使投资人和风险投资机构，为园区气象科技企业的启动和腾飞提供资金支持，形成特色化的创新创业集群。

10.3.3　建议政府加大对中国气象谷内企业产品和服务的采购，扶持园区企业科技创新

随着经济发展水平的提高，气象产品和服务成为公共服务的重要组成部分。建议政府加大对中国气象谷内企业产品和服务的采购力度，一方面提高公共服务水平，另一方面也能够为园区科技企业发展提供动力。气象行业是典型的知识密集型行业，中国气象谷是我国第一个以气象为特色的专业化园区，建议政府对园区科技企业提供创新基金和税收优惠，促进园区企业进行科技创新。

10.3.4　坚持生态文明理念，促进气象探测行业与环境融合发展

习近平总书记曾经说过“绿水青山就是金山银山”，中国气象谷在发展气象产业的同时不能忘记生态文明建设。气象探测作为气象产业的重要核心之一，对于生态环境的要求较高，需要避免工矿企业和城市环境对于探测数据的污染。建议考虑中国气象谷对于科研、教学和实训的需求，确保产业和生态之间的平衡，构建产业和生态的和谐环境，实现产业与生态的更高质量、更有效率、更加可持续的发展。

第 11 章 欠发达地区打造一流营商环境

11.1 国际一流营商环境的概念和要求

11.1.1 营商环境的概念和内涵

营商环境一词包括营商和环境两个概念。其中，“营商”的内涵相对简单清晰，对照世界银行的“doing business”，可以将其直接理解为“经营商业”，具体指由企业等市场主体开展的以营利为目的的经济活动，其内容维度包括企业等市场主体在全生命周期内开展的所有经营活动。

综合借鉴已有文献的观点，可以将营商环境界定为对企业等市场主体在全生命周期内开展各种经营活动产生直接或间接影响的各种自然、社会因素和条件的总和。从需求层面来看，营商环境是能够满足企业等市场主体在经营活动过程中派生的所有直接或间接需求的要素和条件的总和；从供给层面来看，营商环境是指对企业等市场主体的经营活动有直接或间接支撑作用的要素和条件的总和。

11.1.2 一流营商环境的标准与要求

概括而言，一流营商环境的特征是结合国际营商环境的主流趋势，借鉴系统论的思想，可从六个方面理解国际一流营商环境的标准。

一是环境要素的多样化程度较高，市场主体能够便捷地从市场上获取所需的各种要素。构成营商环境的基本要素包括市场主体与非市场主体、正式制度与非正式制度、有形生产要素与无形生产要素等，不仅类型齐备，而且数量充足，质量层次较高。简言之，就是市场主体能够以可接受的成本获得支撑自身成长发展所需的各类资源要素。

二是环境空间的开放化程度较高，市场主体能够便捷地进出国内与国外两个市场。营商环境系统具有较强的开放性和包容性，既向本土市场主体开放，又向海外市场主体开放；既包容高层次市场主体，又包容低层次市场主体；既包括有形的地理空间开放，又包括无形的制度空间开放。

三是环境规则的法治化程度较高，市场主体能够得到健全的法制保障并自觉遵守各类法律法规。营商环境包含体系完整、内容丰富、层次鲜明的法律法规和政策制度，所有主体的行为和交易活动都在法治化框架下进行，法治成为市场主体、政府、社会公众共同的行为准则。

四是环境机制（渠道）的便捷化程度较高，市场主体能够以较低的交易成本完成与外部环境之间的能量交换。营商环境与市场主体之间的联系机制畅通无阻，不同主体和要素之间的沟通渠道方便快捷。

五是环境功能的效率化程度较高，市场主体能够在各种环境要素和主体的有效支撑下，高效率地实现自身的利润目标。营商环境对市场主体的作用结果符合效率原则，各类环境要素的功能实现过程损耗较少。

六是环境系统的自我调适能力较强，市场主体能够高效应对内外环境的各种冲击，保持相对平稳的运行状态。营商环境构成一个相对稳定的自组织系统，能够持续获取新的环境要素，不断释放新的功能效用，使整个环境系统步入不断自我良性累积前进的轨道。

11.1.3　营商环境的内容维度

营商环境是一个综合性概念，其涉及的内容极其丰富，目前尚无一致的认识框架。对营商环境内容维度的理解是构建评价指标体系的重要基础，反过来，流行的评价指标体系也反映了相关权威机构对于营商环境内容维度的认识。世界银行重点关注“开办企业、施工许可、获得电力、财产登记、跨境贸易、纳税、获得信贷、执行合同、办理破产、中小投资者保护”十个方面的内容；国家发展改革委制定的“营商环境评价指标体系”涉及23个一级指标、106个二级指标。《中华人民共和国国民经济和社会发展第十三个五年规划纲要》关于营商环境的目标定位是“营造公平竞争的市场环境、高效廉洁的政务环境、公正透明的法律政策环境和开放包容的人文环境。统一内外资法律法规，制定外资基础性法律，保护外资企业合法权益”。这也在一定程度上揭示了营商环境内容维度的基本框架。

营商环境实质上是一系列相互关系的总和，集中反映了企业在“开办创设—要素获取—生产销售—破产退出/扩大生产”这一系统过程中，与政府、要素供给者、竞争对手和合作伙伴、社会公众、生态环境、创新主体等各类利益相关者之间的相互关系，并且企业这一市场主体在这个关系网络中处于中心地位。营商环境的基本框架内容分为六个部分。

一是市场环境，主要包括企业在特定空间范围内面临的市场体系、市场规则、市场机制、市场结构以及市场精神等条件，主要指企业与平等市场主体之间的交易行为，反映企业与供应商、分销商以及竞争对手之间的关系。

二是政务环境，主要包括企业在市场准入、开办设立、项目审批、公共服务等关键环节面临的来自政府及其相关部门的支持条件，主要反映企业与政府之间的关系，集中体现在政府在行政审批管理、工商登记、税收征缴、贸易通关等方面给予企业的支持。

三是法治环境，主要包括企业在全生命周期内所开展的各类活动所涉及的各种法律法规及其实施效果，它规定了企业各类行为规则的最低标准，对企业行为兼具支撑作用和约束作用。在法治经济背景下，企业与所有利益相关者之间的关系都要遵循相关法律法规，其中最值得关注的是企业与政府和社会公众之间的关系，前者承担着立法、执法、司法的功能，后者则是企业依法运营行为结果的直接承受者。

四是要素环境，主要包括企业在生产经营过程中所需要的各种生产要素，在数量规模和质量层次等方面的供给条件，如劳动力要素、资本要素、土地要素、技术要素等。它对企业的成本有决定性影响，主要反映企业与各种生产要素供给主体之间的关系。

五是宜居（宜业）环境，主要包括与企业员工日常生活和人力资本再生产密切相关的对企业生产经营活动有间接支撑作用的条件，主要是指文化氛围、生态环境、科教实力、健康医疗等涉及企业业务开展便利性、投资人居住舒适度方面的内容，主要反映企业与生产、生活服务供给主体以及社会文化之间的关系。

六是创新环境，主要包括与企业创新驱动发展密切相关的创新投入、创新平台、创新行为、创新成果等方面的供给条件，集中指向企业发展的动力因素，主要反映企业与各类创新主体之间的关系。

营商环境的上述六个内容维度分别对应企业生命周期的不同阶段和不同利益相关主体：企业在良好的政务环境支持下顺利开办，在良好的要素环境支持下获得生产经营所必需的要素资源，在良好的法治环境的强制保障和良好的宜居（宜业）环境的柔性支撑下开展产品生产和服务供给，在良好的市场环境支持下完成要素获取和产品销售等各项交易行为，在良好的创新环境支持下获得转型升级的持续动力。

11.2 欠发达地区的营商环境建设基础

11.2.1 我国欠发达省域的界定

欠发达是一个历史的、相对的概念，其基本含义是指某一地区的发展程度较低或者发展不充分。联合国开发计划署创立了人类发展指数（HDI）的方法，自 1990 年起，在每年公布的《人类发展报告》中用 HDI 来测定一个国家或地区的经济、社会发展程度。HDI 主要有三个基本要素：寿命、知识和生活水平。本节结合我国区域发展实际，借鉴 HDI 的基本内涵和意义，在此基础上构建我国区域发展程度指数（ADI）。将该指数分为三个基本指标项目，分别是预期寿命指数[①]、受教育指数[②]和人均 GDP 指数[③]，指数值的计算方法为：指数值=（实际值–最小值）/（最大值–最小值），而 ADI 值为三个基本指数的几何平均数。我国 30 个省（区、市，除西藏以外）ADI 排名结果如表 11-1 所示。本书在排名后十位的省（区）中选取了七个省（区）作为欠发达地区典型案例进行研究，这七个省（区）分别是甘肃、广西、贵州、宁夏、陕西、四川和云南。相比较而言，欠发达地区有一些共同的特点，这些地区自然条件相对恶劣、产业结构比较落后、基础设施建设较为落后，投资不足、积累能力较差，市场化改革进展缓慢，经济外向度较低，

① 预期寿命指数：根据 2009 年《人类发展报告》，最大值取值为 85，最小值取值为 25。

② 受教育指数：分为成人识字率和综合入学率。成人识字率：最小值 0%、最大值 100%，为 15 岁以上识字者占 15 岁以上人口的比率。综合入学率：最小值 0%和最大值 100%，指学生人数占 6 岁以上人口的比率（依各国教育系统的差异而有所不同）。

③ 人均 GDP 指数：最大值为 40000 美元，最小值为 100 美元。

人口受教育程度较低。

表 11-1　各地区 ADI 排名

位次	地区	ADI	位次	地区	ADI
1	北京	0.9258	16	湖南	0.8307
2	上海	0.9217	17	黑龙江	0.8276
3	天津	0.9114	18	河北	0.8254
4	江苏	0.8801	19	山西	0.825
5	浙江	0.8789	20	河南	0.8208
6	广东	0.8729	21	江西	0.8169
7	福建	0.8610	22	广西	0.8148
8	山东	0.8561	23	陕西	0.8138
9	重庆	0.8522	24	宁夏	0.8136
10	辽宁	0.8495	25	四川	0.8133
11	吉林	0.8444	26	新疆	0.8119
12	内蒙古	0.8399	27	青海	0.7774
13	湖北	0.8368	28	贵州	0.7743
14	海南	0.8354	29	甘肃	0.7638
15	安徽	0.8328	30	云南	0.7557

资料来源：2018 年《中国统计年鉴》。

11.2.2　欠发达地区的营商环境建设基础存在短板

纵观相对发达地区营商环境的形成过程，总结全球顶尖国家和地区的营商环境营造的成功经验，如新西兰[①]、新加坡[②]、丹麦[③]，国内城市，如北京、上海、深圳、杭州，会发现一些共同的特征：这些地区拥有廉洁高效的政府；实行开放透明的引资政策；集聚高端人才，形成了充裕的人力资本储备；建立了公平高效的司法体制；有完善高效的基础设施，营造出高度开放的贸易投资环境；以科技优势持续集聚创新资源。总结起来，相对发达地区营商环境的吸引力建立在高效廉洁的政府、相对透明的开放政策、充裕的人力资本、公平高效的司法环境、完善的基础设施、科技创新的优势等基础上。与之相比，欠发达地区的营商基础还有很多不足。

① 新西兰：根据世界银行 2018 年 10 月发布的《2019 全球营商环境报告》，新西兰在全世界 189 个国家和地区中排名第一。

② 在历年《全球营商环境报告》排名中，新加坡 2006～2015 年连续十年居全球榜首，2016～2018 年均排名第二，是世界上投资环境最佳的国家之一。

③ 丹麦在《2019 全球营商环境报告》中跃升全球“最佳营商环境国家”第三位，在欧洲地区排名第一。实际上，世界银行已经连续 9 年将丹麦列为欧洲最佳投资目的国。

1. 基础设施建设薄弱

西部地区的基础设施严重滞后，土地面积占全国总面积的 71%，而基础设施建设却极为落后，尤其是交通基础设施滞后是制约这些地区发展的重要因素，公路、铁路、港口、机场等重大项目建设差距，深深影响了西部欠发达地区的发展速度。除此之外，水利、能源、信息、物流等方面也是西部地区基础设施的主要短板。

2. 服务型政府行政效能较低

党的十八大提出服务型政府的建设目标，我国欠发达地区政府的行政能力与其目标存在不相匹配的问题。主要问题在于：一是权力使用不规范。地方政府法治不规范、执法水平低，权力运行往往以领导人意志为中心，一些不合理的行政权力使用现象依然存在。二是政府财政资金匮乏。欠发达地区由于环境恶劣，发展滞后，财政不足，同时又处于急需建设的境地，缺少财力保障，基础设施建设无法落实，经济、政治、文化、社会等各项事业落后，地方政府服务职能得不到发挥。三是干部思想不解放，创新意识不强，习惯于用传统思维想问题、办事情，不能创造性地开展工作，主观能动性较差，为群众服务的能力和本领弱化。创业精神和进取意识不强。有的干部对工作中面临的新形势、新任务认识不清，对新问题缺乏深层次思考，工作方法肤浅，处理问题的能力不够强。

3. 政策开放程度低

一是产业开放程度低。欠发达地区普遍存在三次产业开放度低，新型工业化、支柱产业、外向型经济发展滞后，国际与国内竞争力低下等问题。二是贸易开放程度低。对外经济贸易仍然存在出口规模小、出口商品结构落后、出口市场小、对外投资严重滞后、国际市场营销力度不够，对外经济合作缺乏长期规划和深入进取等不利现状，对外开放的政策措施缺乏各方面的协调与支持，缺乏跨越与超前观念。

4. 高素质劳动力和人力资本匮乏

一是引进难与流失快的困境。企业关键技术岗位、管理岗位人才、特殊工种的技工以及一些先进设备的维护人员，从外地引进难度大，也时常面临人才流失的风险。二是重视人才的发展客观性要求与企业经营者观念不到位之间的困境。由于企业家知识层次的局限性，对于如何开发人才资源，许多经营者依然比较模糊，对企业人才资源的开发，说起来重要、干起来次要、忙起来不要的现象非常普遍。三是企业人才开发的整体性要求与主体缺位之间的困境。从政府层面来看，存在管理服务不够集中、机制体制不够灵活、政策落实不到位等问题。从企业层面来看，人才资源开发时的主体意识不够强。从社会层面来看，随着政府职能的转变，人才服务工作比较落后。

5. 欠发达地区司法体制不健全

一是欠发达地区地方立法滞后于发达区域。二是经济发展滞后，法治建设需要的人力物力供给不足。法治建设的经费保障和专技人才的配备严重缺乏，法治成本的控制始终是欠发达地区面临的一个难题。三是“熟人社会”状态下，民主法治更难发展。在云贵山区，地理环境在一定程度上限制了商业的流通与人际的交流，欠发达地区属于“熟人社会”，人民群众信法、守法、用法的空间远远小于发达地区。

6. 欠发达地区科技创新能力不足

一是产业基础的先天不足。产品科技含量少，工业以劳动密集型为主，多数企业以低质低价竞争模式发展，可以说是处于产业分工格局的低端，与科技创新的联系十分松散。二是科技政策落实不到位。存在科技措施不完善、政策落实不到位的问题。三是科技投入仍显不足，多元投资机制尚未建立。虽然科技经费占财政科技支出的比例逐年上升，但总量偏小的现状依然存在。就金融机构而言，由于担忧科技研发的长期性和风险性等，金融机构不愿对其投入更多的资金，特别是不愿投入资金到急需资金支持的中小型科技企业和尚处于创业阶段的科技项目。四是科技队伍的总量不足。许多企业出现专业技术人员紧缺的问题。

11.3 相对发达地区与欠发达地区的营商环境现状比较研究

世界银行《全球营商环境报告》每一年对我国与世界其他国家和地区营商环境进行综合排名，引发了我国各省域对营商环境建设的关注和重视。2014 年起我国启动商事制度改革至今，营商环境排名由 2015 年位列第 84 位上升至 2019 年排名第 46 位，4 年中上升了 38 位，无论我国的东部沿海相对发达地区还是欠发达地区的营商环境改革都推出了一系列的营商环境优化措施，取得了不同程度的营商环境优化绩效。

11.3.1 相对发达地区与欠发达地区在营商环境优化政策方面的差别

通过对相对发达地区与欠发达地区的营商环境改革进程和营商环境政策措施的深入比较、分析，还是能够显著地发现欠发达地区与相对发达地区在政策系列化、政策细化程度、操作可行性、务实性、多政策部门间配合度等方面仍然存在较大差距。根据世界银行营商环境评价指标项目，将营商环境分解为 10 个项目，分别是开办企业、施工许可、获得电力、财产登记、跨境贸易、纳税、获得信贷、执行合同、办理破产、中小投资者保护。本节对相对发达地区与欠发达地区这 10 个分项的针对性政策的数量、类别、形式进行比较分析，见表 11-2[①]。

① 表 11-2 对欠发达地区与相对发达地区营商环境优化政策的统计来源于各地政府官方网站，作者搜集后整理成表。

表 11-2 相对发达地区与欠发达地区营商环境优化政策比较

地区	项目区域	开办企业	施工许可	获得电力	财产登记	跨境贸易	纳税	获得信贷	执行合同	办理破产	中小投资者保护
欠发达地区	甘肃	1 政策	0	1 政策	1 政策	0	0	0	0	0	0
	广西	1 政策	1 指南	0	1 政策	0	3 指南	0	0	0	0
	贵州	1 政策 1 解读	1 政策 1 解读	0	1 政策	1 政策	0	0	0	0	0
	宁夏	0	272 条文	1 办法	1 办法	1 政策	0	2 方案 1 行动计划	1 行动计划	0	0
	陕西	1 方案	1 方案	1 方案	1 方案	1 方案	1 方案	1 行动方案	0	0	0
	四川	3 指南 1 政策	1 政策 1 解读	1 政策	0	2 政策	2 政策	0	0	0	0
	云南	0	1 方案	1 政策	0	1 方案 1 解读	1 做法	0	0	1 政策	0
相对发达地区	北京	22 政策 2 图解	43 政策 9 图解	18 政策	32 政策 20 解读	68 举措	10 政策 10 英文解释	3 政策	14 政策	1 政策	1 政策
	上海	4 政策 1 张图 1 解读	24 政策 5 图示 1 解读	8 政策 2 张图	6 政策 1 张图 3 解读	11 政策 2 图示	11 政策 8 解读	2 政策	2 政策	1 举措	0
	深圳	1 专栏（多项政策集合），15 项措施	6 政策	4 政策	3 政策 2 解读	1 专栏（多项政策集合）	2 专栏（多项政策集合）	3 专栏（多项政策集合）3 重要政策	5 政策	1 政策	0

1. 欠发达地区营商环境政策数量不足，且有些关键项目存在政策空白

选取的 7 个欠发达省（区）基本上每一类营商环境项目只有一个政策文本，少部分地区对政策文本有相应解读。开办企业项目四川出台了 3 个指南文件。施工许可项目宁夏有 272 项相关条文，这些文件是自治区，或自治区内每一个市、县（区）在 5 年内出台的有关于不见面审批的指南，政策条文如此之多，许多规定重复且自相矛盾，让办事人员千头万绪，难以把握重点。宁夏在获得信贷政策方面有 2 个行动方案，1 个行动计划。四川在跨境贸易方面有 2 个政策文本，在纳税方面也有 2 个政策文本。综合来看，四川在所选取的欠发达省（区）案例中营商环境优化政策数量稍显突出。欠发达地区在营商环境改革的许多分类项目政策上存在空白。例如，获得信贷方面，只有宁夏推出 2 个方案、1 个行动计划，陕西有 1 个行动方案，其余地区没有相应政策。办理破产方面，只有云南有 1 个相应政策，其余地区没有政策公布。中小投资者保护方面，选取的 7 个欠发达省（区）没有相应政策公布。

相对发达地区公布的各项政策的数量对比欠发达地区有绝对优势。北京关于开办企业的政策文本有 22 个，上海有 4 个政策文本，深圳推出一个开办企业专栏，涵盖 15 项关键政策措施。施工许可方面北京有 43 个相关政策文本，上海有 24 个相关政策文本，深圳有 6 个政策文本。获得电力方面，北京推出了 18 个政策文本，上海有 8 个相关政策，深圳有 4 个重要政策。财产登记方面北京有 32 个政策文本，上海有 6 个政策，深圳推出 3 个政策。跨境贸易方面更是相对发达地区营商政策集中的关键点，北京推出了 68 项举措，上海推出了 11 个政策文本，深圳推出了一个专栏专门公布和解释深圳的跨境贸易一系列措施。执行合同方面，北京有 14 个政策文本，上海有 2 个政策文本，深圳推出 5 个政策文本。北京的营商政策最为全面，在中小投资者保护和办理破产方面都有相应的政策文本推出。

2. 相对发达地区比欠发达地区更重视政策“用户体验感”

政策为服务对象考虑，解决投资人和企业的实际困难及问题，尽量做到办事流程简化。一项政策推出后，政府更多从流程简化入手，做好行政部门在跨部门流程的深度融合，做到前台服务化、后台融合化，如此一来，政府的行政效率就非常高。

北京不仅推出的政策项目非常全面，而且对开办企业、施工许可、财产登记、纳税等投资人最为常见的审批事项环节都有详细的政策解读，开办企业和施工许可配备了详细图解，其中施工许可有九个图解项目。尤其在针对境外投资人的纳税方面，公布的十大政策都有英文政策文件，方便境外投资人阅读。为了更加契合投资人和企业的需求，北京推出的营商环境优化措施还增加了征求意见环节，不少优化营商环境的政策在推出之前，都曾公开向社会征求意见。

上海的政策集中在开办企业、施工许可、获得电力、财产登记、跨境贸易和纳税方面。与北京一样，上海也非常重视政策解读，推出的全部细化政策都有配套的解读宣传册，通过流程图示和文字相结合的方法方便公众解读，尽力做到政策服务的细化、周全和便利化。

深圳为了更好地服务投资人和公众，在相关网站上把营商环境政策进行分类，分为审批类、政策类和其他类，便于服务对象进行分类查找。深圳为营商环境优化推出了政策专栏，在专栏网站页面上公布相应政策，详细解读政策，也向社会公布政策效果。在施工许可和审批项目上推出优化准营基础专栏、跨境贸易专栏，以合同执行为主题推出商事活动专栏。

综上，这些政策推出后的细化工作在欠发达地区的政府网站上是很难看到的，显而易见，欠发达地区与相对发达地区的差距很大程度体现在政策推出后的“用户体验感”上面。

3. 相对发达地区营商政策因区域特色而更有吸引力，而欠发达地区营商政策缺乏吸引力和闪光点

北京、上海、深圳推出营商环境政策的政府网站都设置了营商环境专题，网页清晰，政策体系完整。北京直接对营商环境十项政策进行分类系列化展示，上海对六项营商政策项目进行系列化展示，深圳是专栏化政策展示。而欠发达地区的政府网站很少有营商

环境专题，相应政策归档也不清晰。欠发达地区也有一些省（区）在政策系列化上有所尝试，例如，陕西省对7个项目都有相应的行动方案，还推出了五大专项行动方案，包括中介服务、涉企收费、诚信体系建设、优化便民服务和促进政策落实方案，但是政策推介不到位。

北京的营商政策特色体现在除了十大分项政策，北京还专门针对企业人才引进推出了4个重要政策文件，针对政务服务便利化推出了12个重要文件。体现了北京在创新环境、政务环境优化方面的重视。

上海在八个分项政策和一个举措之外，着重推出《上海扩大开放100条》政策，体现了上海对营商开放性的重视，所有的营商优化政策都是为了更好地营造外向型开放性发展环境。

深圳在四大政策介绍、解读专栏之外，重点推出了"营商环境监测"专栏，通过持续性、反馈性的营商改革，推动深圳走在全国前列，也是不断反省、不断解放思想优化营商的动力所在。深圳作为特区，其营商环境建设体现了特区特色。一是为了强化自贸区试点，率先推出电子文书商贸登记制度。二是根据深港金融合作的要求，强调人民币跨境管理业务的便利化，推出一系列相关政策。三是深圳的营商政策重点在于改革发力，以政策推改革，与全国其他区域比改革进深、比改革成效，并不是一味强调政策本身的优惠幅度。四是改革针对性强，大部分政策聚焦于为企业减负，针对现实突出矛盾。五是深圳的营商政策重视鼓励创新，尤其在人才吸引、财产保护等方面敢于开拓，推出有的放矢的具体操作政策。

综上，北京、上海、深圳的营商环境优化政策已经凸显出自身区域营商特色，并将这种特色转化成投资吸引力，与之相比，欠发达地区在营商环境改革方面还缺乏动力和创新特色，因而很难在政策方面体现出吸引力。

11.3.2 相对发达地区与欠发达地区在政策效果上的差距

本节根据前述营商环境的六大内容维度，对相对发达地区与欠发达地区营商环境现状进行比较，对市场环境、政务环境、法治环境、要素环境、宜居（宜业）环境、创新环境六大项目的每一项选取2～3个关键性指标进行完成情况的对比。指标值数据来源于相对发达地区和欠发达地区政府或者相关研究机构公开的数据资料。

1. 市场环境

市场机制不灵活、市场体制僵硬、市场建设速度缓慢仍然是欠发达地区民营经济发展的绊脚石。以市场中介发育程度指标为例，市场中介是指在企业与企业之间、企业与消费者之间提供产品传递、资金流转以及辅助决策服务的机构，最为常见的市场中介组织有律师事务所，会计师事务所，专利、报关等代理机构等。市场中介数量较多，说明该区域市场发育良好，市场环境较优，反之，市场中介发育不充分，市场环境较差。根据相关统计信息，截至2018年底，北京共有律师事务所2570家，约占全国律师事务所总数的8.6%，而甘肃省2018年律师事务所数量为287家，广西壮族自治区律师事务所数量为810家，欠发达地区与相对发达地区中介市场环境发展差距非常明显。

2. 政务环境

建设审批环节少、行政效能高、发展环境优、市场活力强、群众满意度高的政府是创造一流营商环境的重中之重，国内各地营商环境建设都非常重视行政审批环节的改革成效，聚焦最多的审批环节是开办企业的时间、不动产登记的时间和工业项目获得施工许可的时间。围绕办理环节尽量缩短的目标，一方面要求所有手续尽量在一个指定窗口解决，另一方面要求所有的手续环节时间、费用尽量减少。江苏在行政审批改革方面走在全国前列，率先推出了“一窗受理 3550”要求，即开办企业 3 个工作日内完成，不动产登记 5 个工作日内完成，工业项目施工许可 50 个工作日内完成，并且 2018 年江苏这个指标的完成率是 97.9%。对照这个标准，欠发达地区仍有一定差距，开办企业环节四川 2018 年平均需要 5 个工作日，陕西需要 3.8 个工作日，甘肃需要 5 个工作日，云南需要 8 个工作日，贵州需要 8.5 个工作日。不动产登记工作，东部地区基本在 10 天和 5 天以内，中部地区在 12 天以内，西部地区不超过 15 天，其中贵州和云南需要 7 天。工业项目获得施工许可方面，四川 2018 年大概需要 120 天，陕西省大概需要 65 个工作日。从审批环节的流程优化效果来看，欠发达地区与相对发达地区还存在一定差距，但是通过行政流程再造，这些差距是可以在短期内弥补的。

3. 法治环境

党的十八大以来，中央全面推进依法治国，持续深化简政放权、放管结合等改革，依法保护产权等企业各项合法权益，以更有力的法治举措进一步优化营商环境，这从根本上源于法治既是市场经济的内在要求，也是市场经济良性运行的根本保障。相对发达地区在法治建设成果上有许多指标是遥遥领先于欠发达地区的。以知识产权民事案件一审结案率指标为例，苏州市知识产权民事案件一审结案率为 91.57%，上海市知识产权民事案件一审结案率为 91.72%，浙江省知识产权民事案件一审结案率为 90.63%。反观欠发达地区，四川省 2018 年知识产权民事案件一审结案率为 84.24%，贵州省知识产权民事案件一审结案率为 89.22%。欠发达地区的专利环境与相对发达地区仍然存在一定差距，不过近年来，欠发达地区的专利法治环境改善程度有明显的向好趋势。除此之外，欠发达地区的法治环境短板还表现在法律援助环境较差，律师资源严重不足，与相对发达地区差距巨大。例如，2018 年上海律师人数突破 2.5 万人，律所达到 1605 家，平均每十万人拥有 100 名律师。截至 2018 年底，北京共有律师 32205 人、律师事务所 2570 家，平均每十万人有 149 名律师。欠发达地区，如广西，2018 年拥有律师总数 7803 人，律所 766 家，平均每十万人拥有律师 15 人；陕西作为西北地区唯一律师人数破万的省份，2018 年律师数为 10057 人，平均每十万人拥有律师 2.6 人。

4. 要素环境

要素环境是城市发展和竞争的基础，对一个城市而言，要素环境及产业发展状况决定了城市的竞争力，要素环境关系到产业的空间布局，产业链、价值链的分工协同。交通条件的改善、信息技术的使用，可以降低地理区位对产业布局的影响程度，这对于欠发达地区至关重要。然而，交通、信息至今仍然是欠发达地区的短板。本书用城市路网密度来测评区域交通环境，即在一定区域内，道路网的总里程与该区域面积的比值。该指标用于评估道路、路网这一基础设施的建设情况（图 11-1）。可以看到，深圳、厦门、成都、上海、广州的城市路网密度是排名前五位的。成都作为西南重镇，路网密度比较高，但是四川省其他区域的交通基础环境依然较差，路网建设难度也较大。欠发达地区，如甘肃的兰州、宁夏的银川、甘肃的西宁等城市路网密度排名靠后。对于信息环境，本书用固定宽带平均下载速率进行区域之间的比较，反映通信基础设施的支撑能力。以 2018 年第一季度中国各省（区、市）固定宽带平均下载速率为例，上海在全国排名第一，速率为 21.95Mbit/s，北京为 21.27 Mbit/s，江苏排名第九，速率为 20.56 Mbit/s；再看欠发达地区，固定宽带平均下载速率排名靠后，例如，广西排名第 31 位，速率为 17.58 Mbit/s，青海排名第 29 位，云南排名第 28 位，宁夏排名第 25 位，贵州省排名第 24 位，我国平均水平为 20.15 Mbit/s，这些欠发达地区的固定宽带平均下载速率都低于全国平均水平。从信息基础环境来看，欠发达地区与相对发达地区的差距较大。

排名	城市	总密度	排名	城市	总密度
1	深圳	9.50	19	武汉	5.77
2	厦门	8.49	20	北京	5.64
3	成都	8.07	21	西安	5.58
4	上海	7.15	22	南京	5.55
5	广州	7.06	23	海口	5.49
6	福州	6.99	24	长春	5.40
7	杭州	6.98	25	太原	5.38
8	南宁	6.86	26	青岛	5.35
9	昆明	6.78	27	石家庄	5.25
10	合肥	6.77	28	西宁	5.11
11	宁波	6.72	29	哈尔滨	4.94
12	重庆	6.61	30	沈阳	4.80
13	长沙	6.39	31	济南	4.76
14	郑州	6.36	32	银川	4.76
15	南昌	6.12	33	呼和浩特	4.42
16	贵阳	6.07	34	兰州	4.13
17	天津	6.04	35	拉萨	3.95
18	大连	6.03	36	乌鲁木齐	3.41

图 11-1　2018 年部分城市路网密度

单位：km/km^2

5. 宜居（宜业）环境

宜居指一个城市或区域经济、社会、文化、环境协调发展，人居环境良好，能够满足居民物质和精神生活需求。宜业是指适宜人类居住生活和从事各种经济活动。宜居城市应该具备规划设计合理、生活设施齐备、环境优美、和谐亲切的社区环境。本书比较了相对发达地区与欠发达地区的医疗健康环境和文化环境的差别。医疗健康环境用平均每千人拥有执业医师数表示，该指标用于评估医疗卫生条件。2018 年，浙江和北京每千人拥有执业医师数已达到 3 人，但云南、四川、贵州等地很大一部分区域该指数在平均数 2.4 人以下，东、中、西区域差异显著。文化环境用人均拥有公共文化体育设施使用面积指标表示，是指人均拥有的公共文化体育设施使用面积（平方米）。该指标用于评估文化场馆环境对营商环境的影响。据统计，上海人均拥有公共文化体育设施使用面积 0.36 平方米，广东佛山人均拥有公共文化体育设施使用面积 0.25 平方米。而欠发达地区，贵州、甘肃、云南等地的城市公共文化体育设施刚刚开始建设，人均文化场馆设施面积非常小。

6. 创新环境

区域发展离不开创新，创新发展离不开科技，科技发展离不开科技人员。科技人员的创造活力和创新活力是创新发展的重要支撑。影响创新活力发挥的主要因素分为主体要素和环境条件两部分。主体要素包括科研人员的知识累积、创新天分、独到思维、创新意愿等。环境条件包括实验室、设备、资金支持，科研氛围，管理制度等。本书以创新投入来衡量各个区域的创新环境优劣，所用指标为 R&D 经费投入，该指标用于评估政府鼓励创新的投入水平，见图 11-2。广东、江苏、山东、浙江、上海排在全国前五位，而新疆、西藏等排名靠后，且 R&D 经费非常有限。在研发绩效方面，用万人发明专利拥有量作为指标：每一万人中发明专利的持有量。2018 年北京万人发明专利拥有量为 111.2 件，上海为 47.5 件，江苏为 26.5 件。而欠发达地区，广西万人发明专利拥有量为 3 件，陕西万人发明专利拥有量为 10.09 件，贵州为 2.82 件，甘肃为 2.62 件，云南为 2.54 件。在研发绩效方面，欠发达地区与相对发达地区的差距非常显著。

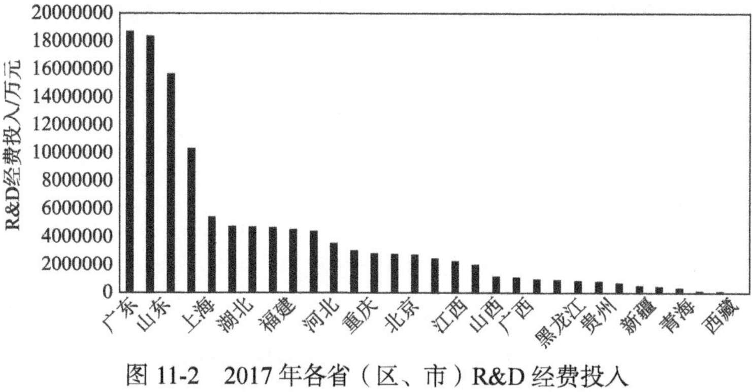

图 11-2　2017 年各省（区、市）R&D 经费投入

11.4　相对发达地区营商环境建设对欠发达地区的经验与启示

11.4.1　建设开放便利的贸易投资环境

从相对发达地区的经验来看，与国际通行规则接轨，低门槛、高效率、便利化的贸易投资环境是构建一流营商环境的首要前提。进出口贸易关税低、贸易成本低、贸易渠道畅通，海关通关流程明晰、成本低廉，通关效率高，则商品的流动快速而高效。服务贸易领域同样具有较高的开放程度，整体社会环境对于外资的态度友好，深化商事改革，

推进国际贸易便利化改革。应降低外贸企业负担，大力发展“走出去”公共服务平台。

11.4.2 建设竞争有序的市场环境

在具有一流营商环境的地区中，市场在国民经济调节中大多占据主导地位，经济社会中规则公平、机会公平、权利公平，社会信用体系、市场监管体系、市场服务体系等管理和运行机制与其国际化发展程度相适应，和地区的生产要素具有较高的配置效率；同时这些地区具有竞争性的税制体系，综合税率较低，企业税负也居于较低水平，税收体系简明易懂，征收过程简单高效。企业在运营过程中的用地、用房、用电、物流等运营成本较低，营商过程中的额外税费较少，企业营商成本低廉。外资企业在注册登记、资质许可、项目资助、项目投资等方面基本享受无差别待遇。

11.4.3 建设高效智慧的政务环境

相对发达地区营商环境拥有相对精简的政府层级，并且具有持续改革的意识，政府服务能够适应经济社会发展需要持续精简重构、科学整合政府机构职能。政府服务意识较强，政务服务流程相对明晰，行政审批事项少、审批流程规范、审批时限短。致力打造廉洁政府，对营商环境产生了较大益处，实行政务公开，加强对权力运行的监督制约，在全社会强化公民监督意识，从源头上减权限权、规范用权，严防严惩各类腐败行为，使企业规范经营受保护，政府服务管理受监督。政府积极将新兴技术应用于政府管理服务，电子政务和智慧政府推行程度较高，进一步提高了政务效率。

11.4.4 建设公平正义的法治环境

相对发达地区的营商环境都高度法治化，营商环境法律体系完善，科学立法、依法行政，市场主体守法经营。在实操规定、权责界定、程序设定等方面具有明晰的制度和程序，涉企执法制度也相对规范，保障了每个管理事项有法可依、有规可循。地区商事制度与国际高度接轨，经济社会对国际管理和市场经济规则非常尊重和认同，市场主体能够依靠规则和法律健康运行。高度重视知识产权的司法保护，具有相对成熟的知识产权保护制度，知识产权相关案件的审查、执法、维权等工作流程明确高效，具有强制性。

11.4.5 建设活力包容的创新环境

相对发达地区从各自的优势出发，体制创新与科技创新效果明显，为企业创新发展提供了高质量的资源要素。相对发达地区拥有占据领域世界制高点的高水平院校、科研机构等，制胜的关键在于善于利用现有产业、企业、高校和载体优势，营造浓厚的创新发展氛围，积极构建优势领域创新链，促进科技成果转化，建设包容的人才发展环境，利用磁石效应形成了创新资源集聚高地。积极创新人才引进机制，实施更细致、更匹配、更具竞争力的人才引进政策，提前锁定紧缺行业高端人才，优化提升人才公共服务，打造符合国际惯例的人才治理体系。积极探索对新技术、新产业、新业态等的包容审慎监管，厚植创新沃土，营造活跃的创新环境。

11.5　欠发达地区营商环境逆势突围的关键性战略

11.5.1　实施完善基础营商要素战略

交通、信息、人才、资本是欠发达地区最为重要的发展要素。欠发达地区受经济基础、地理条件和发展意识等主客观因素影响，交通设施相对滞后：交通运输方式单一，技术水平落后；交通运输体系市场化程度低；交通运输未实现互联互通。欠发达地区要积极筹划航空、港口建设，构建以航空港为核心的航空交通运输网络，配合公路铁路转运航线。进一步拓展完善公路交通运输体系，强化公路运河“枢纽点”的交通运输能力，加速铁路货场向物流中心转型，构建现代化交通运输系统。欠发达地区要抢抓信息化发展机遇，争取早日消弭与相对发达地区的数字化发展鸿沟，通过转变政府管理者观念，释放人力资本新活力，吸引信息化、数字化人才。创新政企合作模式，探索资本与城市运营合力发展，探索 PPP 模式在智慧城市中的整体应用，政府与大型 IT 企业形成深度协作关系，抢抓移动物联网契机。对于人才要素，欠发达地区要转变人才观念，强化人才的重要地位；创设良好环境，强化人才政策引导力；改善用人机制，强化人才事业建设力度；要针对地区发展需求，优化人才专业培养方向，并从产业转型发展的视角，实现不同类型、不同规格的人才培养，最大限度地满足区域人才发展需求。强化信用信息联网，建立信息备案库，通过数据互联互通和互信互认，实现申请材料的电子化、精简化。建立金融机构信息备案数据库并定期更新，避免金融机构申请抵押登记时，重复提交营业执照、金融许可证、委托书、法人代表身份证明等材料。再造线上流程，实行放权提速，根据线下流程和不动产登记法律法规规章，对线上登记进行流程再造。此外，探索制定中小企业贷款不良率容忍度的具体指标，将相关政策落实到监管评级等方面，增强金融机构服务中小企业的动力。

11.5.2　实施营商政策流程再造战略

一是突出流程再造关键环节，推动“一链办理”流程优化。推动政务服务事项标准化。实现同一事项名称、编码、类型、设定依据、行使层级、受理条件、服务对象、申请材料、办理时限、收费项目等要素省、市、县协同。按照“一个窗口、一套材料、一张表单、一个流程”的要求，开展“一件事”主题式服务，持续“减事项、减环节、减材料、减时间”。完善“一网通办”信息支撑。建设“一网通办”总门户，一体化在线政务服务平台身份认证、客服咨询、公共支付、物流快递等基础服务功能，实施政务服务事项办理出入口向统一平台集中工程，实现事项受理、审查、决定、收费、咨询等全流程在线办理。二是聚焦流程再造重点领域。组建省市协同的工作专班，对标最高标准、最好水平，分类开展专项提升行动。工程建设项目审批管理系统与相关系统平台实现互联互通，分类组织高频工程建设项目审批流程再造，进一步精简低风险工程建设项目审批事项，压缩办理时限。开展民生服务流程再造行动。聚焦社会保障、卫生健康、就业创业、民政救助、户籍办理、公安交管、交通运输等重点领域和老年人、残疾人、退役军人、高校毕业生、高层次人才五类重点人群，集中开展流程优化专项行动。

11.5.3 实施营商环境法制护航战略

营造稳定、公平、透明、可预期的一流营商环境，需要从立法层面为优化营商环境保驾护航，以确保各项有关企业发展的利好措施得到落实。甘肃、贵州、云南、四川、宁夏等西部地区应积极探索优化营商环境地方立法，从市场环境、政务环境、法治环境、生态环境、宜居（宜业）环境、创新环境六个方面确保营商环境各项利好措施稳定落地，努力从法治层面打造良好的营商环境，为中外企业平等竞争、蓬勃发展创造更加有利的条件。重点突出优化政府服务、激发市场活力、鼓励创新、强化产权保护等方面的内容，尽快制定出台与营商活动紧密相关的人才工作条例、社会信用条例、电子政务和政务数据管理办法、民事商事仲裁规范与发展促进办法等法规规章。

11.5.4 实施营商管服机构常态化战略

借鉴浙江等地的先进经验，成立营商环境监督局，人员可以由原相关企业服务机构人员编制划转，设立职能处室。以“最多跑一次”的理念和目标，倒逼政府部门简政放权、放管结合、优化服务，促进体制机制创新，增强经济社会的活力。企业和群众到政府部门办事，在申请材料齐全、符合法定受理条件的情况下，从受理申请到做出办理决定、形成办理结果的全过程一次上门或零上门。同时以该项改革为牵引，撬动经济体制、公共服务体制和权力运行机制等各领域改革，提高改革的系统性、整体性、协同性。借鉴上海成立营商环境联盟的经验，吸收企业、行业协会等优势资源，成立省市级优化营商环境联盟，定期召开营商环境改革例会，对搭建政企沟通和合作平台、优化税收政策、落实“放管服”举措、提升城市环境和基础设施、完善人才保障、履行企业社会责任等方面内容进行定期沟通和磋商，共同商议解决方案。借鉴上海、北京、深圳的营商环境政策改革经验，搭建专业政策发布平台，在平台中将发布的政策归档归类，每项政策集合既要有分项政策又要有详细的政策解读。

11.5.5 实施营商改革政策系统化战略

借鉴杭州、北京的营商环境优化发展经验，推出“9+*N*”政策体系，9 大类政策项目主要涉及开办企业、办理施工许可、获得电力、财产登记、跨境贸易、纳税、信贷、商事合同、破产注销领域，*N* 项配套措施集结为优化措施“大礼包”。联合财政、规划、城市管理、商务、工商、金融等多个部门，为企业和社会办事大幅度精简程序环节、减少时间及费用成本，进一步活跃营商环境。新型政策体系围绕“简、减、活、惠”四大目标，首先，解决企业在营商中的痛点、难点和堵点问题，大力精简办事程序，大幅度压缩政府部门办事时间，“去繁就简，能压就压”；其次，降低企业的成本负担，让企业有真正的获得感；最后，通过简政放权、放管结合、优化服务改革，最大限度地减少政府对企业活动的干预，拓展市场主体的发展空间，以激发全社会创新创业活力。逐步细化政策措施，围绕“让企业和个人少跑路，让信息多跑路”的目标，进一步缩短住房公积金业务办理时限，拓展互联网服务渠道、内容，完善网上大厅功能，升级改造现有信息系统，推动单位登记、个人开户、跨年清册、汇缴、补缴、转移、查询等业务均可在网上办理，推进网上快捷服务。

11.5.6　实施“四零”式安商亲商服务战略

一是从转变思维观念入手，围绕打造好环境、提升服务能力水平，从思想上破冰、在观念上突围，增强机遇、市场、法治、创新、服务意识，解决制约发展的深层次问题。二是紧盯服务窗口，持续开展以服务受理零推诿、服务方式零距离、服务质量零差错、服务结果零投诉为主要内容的“四零”承诺服务创建工作，规范大厅窗口服务行为。推行“一把手走流程”“处（科）长坐窗口”制度，组织各地各部门主要负责同志和班子成员定期深入实体大厅和业务部门（处室），主动体验办事感受、直接服务企业群众、查找解决难点堵点问题。开展窗口服务专项治理，集中解决“门好进、脸难看、事难办”，不一次告知、让群众多次跑，办事拖拉、推诿扯皮等突出问题。三是严肃督查问责，倒逼作风改进。公开投诉电话、信箱，开发“随手拍”即时投诉平台，常态化组织省市县三级明察暗访，集中整治不作为乱作为、公职人员勾结“黑中介”等突出问题，重点开展作风环境问题专项巡视巡察，定期通报典型案件，特别注重强化媒体监督，开设营商服务投诉专线，接受群众对营商问题的投诉，严肃处理典型营商矛盾事件责任人。

第 12 章　欠发达地区经济高质量发展转型成本测度

12.1　引　　言

12.1.1　研究意义

中华人民共和国成立以来，尤其是改革开放四十多年来我国经济增长迅速，经济规模不断扩大，与此同时，产业结构、城乡区域协调、生态环境等问题日益突出，迫切需要向更加平衡、更加充分、更加注重“质量”的发展阶段转变。

党的十八大做出全面深化经济体制改革的重大决策，对经济结构进行战略性调整，提升发展质量和效益。党的十九大依据新形势、新变化，审时度势提出高质量发展战略。推动高质量发展是大前提、大逻辑，是我国当前和今后一段时期确定发展思路、制定经济政策、实施宏观调控的根本要求，意味着我国经济建设的方向由注重增长的速度和数量向注重发展的质量和效率转变，为今后发展奠定了主基调，战略意义极其重大。

广西地处西部，经济社会发展水平落后于东部，仍为经济欠发达地区，正处于转型升级、爬坡过坎阶段，发展不平衡不充分问题逐步凸显。在此背景下，如何推进经济高质量发展，正成为广西面临的重大挑战之一。以习近平同志为核心的党中央高度重视、十分关心广西发展，赋予了广西“三大定位”新使命和“五个扎实”新要求，去年 12 月习近平总书记为自治区成立 60 周年题词“建设壮美广西 共圆复兴梦想”，为新时代广西发展指明了方向、提供了遵循[①]。这是对新时代广西发展的战略部署和推进广西各项工作事业的重要引领，是广西贯彻落实习近平新时代中国特色社会主义思想的新坐标和路线图，更是习近平总书记对广西的殷切期望与嘱托。不忘嘱托，奋力前行，广西必须坚定不移地把高质量发展作为第一要务，立足新时代、抢抓新机遇、迎接新挑战，坚持以习近平新时代中国特色社会主义思想为指导，贯彻落实“创新、协调、绿色、开放、共享”的新发展理念，努力建设大美壮乡，奋力谱写新时代广西发展新篇章。

近年来，一系列政策措施的贯彻落实体现了广西推进经济高质量发展转型的决心。全面推行经济高质量发展，必然会产生新的转型成本。广西历史累积的转型成本尚未完

---

① 广西壮族自治区党委理论学习中心组. 2019. 建设壮美广西 共圆复兴梦想[N]. 光明日报，2019-08-06(6)。

全凸显，而新的转型成本正在形成，由此增加了成本的复杂性，加剧了转型难度。如果广西经济高质量发展转型进展不顺，转型收益无法掩盖旧有的转型成本，就可能导致新的问题凸显，暴露更多的旧有问题，造成恶性循环，阻碍广西经济高质量发展的转型进程。如果不能妥善处理好经济高质量发展转型，则不但不能进一步推进广西经济建设，甚至可能进一步激化社会矛盾，形成新的发展问题。在此背景下，科学合理地测算并分析广西经济高质量发展转型过程产生的转型成本就显得尤为重要。

本章以习近平新时代中国特色社会主义思想为引领，诠释并丰富了经济高质量发展转型成本的科学内涵，通过纵向评估（即对 2008～2018 年广西经济高质量发展转型成本进行动态比较）和横向评估（即对 2018 年广西各区域经济高质量发展转型成本进行比较）揭示了广西经济高质量发展转型成本的现状与特征，“问诊把脉”广西经济高质量发展转型成本，针对性地提出新时代广西经济高质量发展政策建议，可为识别当前广西经济高质量发展的阶段性特征及进一步挖掘经济高质量发展潜力奠定重要基础，也为未来中国经济高质量发展转型成本研究提供有价值的参考。因此，系统深入研究广西经济高质量发展转型成本问题具有重要的理论价值与现实意义。

12.1.2　文献综述

目前，高质量发展主要聚焦于基本内涵的定性分析与讨论。国务院发展研究中心课题组（2019）在《高质量发展的目标要求和战略重点》中分析了高质量发展存在的问题和面临的障碍，探究了推动高质量发展的具体路径，设计了促进高质量发展的指标体系；进一步地，国务院发展研究中心课题组等（2020）提出充分发挥“超大规模性”优势，推动我国经济实现从“超大”到“超强”的转变。国务院参事室长江经济带发展研究中心和中国宏观经济研究院（2019）在《长江经济带高质量发展研究报告》中探讨长江经济带高质量发展的目标和路径，提出大力保护长江生态环境、加快构建综合立体交通体系、创新驱动产业转型升级、积极推进新型城镇化、努力构建全方位开放新格局五个方面的具体实施和实现，推进长江经济带高质量发展。朱之鑫等（2019）在《中国经济高质量发展研究》中强调我国由高速增长向高质量发展转变的必然性，从需求、供给、要素投入产出、分配、宏观经济循环五大角度，构建推动落实高质量发展的“四梁八柱”和结构框架，从指标体系、政策体系、标准体系、统计体系、绩效体系和政绩考核体系六大体系构建推动落实高质量发展的激励导向与实绩评估机制。任保平（2019）在《中国经济增长质量发展报告（2019）：新时代下中国经济的高质量发展》中较为系统地探究了中国高质量发展的衡量标准、评判体系、战略要求和路径选择，并采用微观调研方法研讨了高质量发展中的美丽指数、人民生活和营商环境等问题。部分学者采用定量方法分析和讨论了高质量发展。史丹和李鹏（2019）构建了一个由 8 维 36 项指标构成的评价指标体系，建立了考虑时间趋势的综合评价模型，利用省级面板数据对中国加入 WTO 以来的工业发展质量进行了系统性评价和分析。李金昌等（2019）构建了由经济活力、创新效率、绿色发展、人民生活、社会和谐 5 维 27 项指标构成的高质量发展评价指标体系。马茹等（2019）构建了由高质量供给、高质量需求、发展效率、经济运行和对外开放组成的 5 维 28 项指标的经济高质量发展评价指标体系及其相应综合指数方法，并对比分析我国区域经济高质量发展总体态势及其各维度表现。还有部分文献分析和讨论了广西高质量发展。杨鹏等（2019）分析了广西工业高质量发展的理论逻辑、现实挑战与应有对策。刘志雄和陆扬（2019）实证分析了广西工业高质量发展的影响因素。曹坤华（2018）认为广西应通过构建全方位开放创新体系，厚植高质量发展根基，更好地推动高质量发展。檀庆瑞（2019）指出广西自然禀赋优越、生态环境优良，生态经济应成为广西高质量发展的新引擎、新动能。广西经济编辑部（2019）报道提出，加快推进中国（广西）自贸区、面向东盟的金融开放门户和陆海新通道建设、主动对接粤港澳大湾区，全面构建"南向、北联、东融、西合"的开放发展新格局，不断创造高质量发展新局面。

迄今为止，经济转型成本尚不存在精准的一致定义。盛洪（1994）认为转型成本是经济体制转换时发生的所有成本，包括机会成本、延误成本和利益损失等。徐彬（2003）认为经济转型成本是在经济制度变革或运行中产生的各种费用的上升等所有转型代价。吕炜（2005）将转型期间发生的各种未偿付费用的最终清算值作为转型成本。唐亮（2010）认为转型成本是指，在体制转型过程中，由既得利益者的反对、新旧制度交替中的空白或新制度不完善等引起的混乱所造成的负面影响而带来的成本消耗。陈丹丹（2010）则将由计划经济制度均衡状态向市场经济制度均衡状态过渡产生的非均衡而造成的费用支付和效率损失作为经济转型成本。目前，新制度经济学是经济转型成本研究的主流理论方法，认为任何制度转型都有一定的成本，经济转型打破传统路径依赖也必然付出相应成本，这种成本则来源于转型中的调整、协调、延误过程（徐彬和宋德勇，2008；吴敬琏，2010），这些研究较为系统地讨论了经济转型成本的基本内涵和形成原因，为进一步探索经济转型成本奠定了基础。在此基础上，部分学者则关注了经济转型成本的变动特征，如吕炜（2006）、陈丹丹（2010）和李庭辉等（2015）。

综上所述，高质量发展近年来才开始引起广泛关注，当前关于高质量发展的相关研究取得了明显的成效，丰富了高质量发展的理论方法，推动了我国高质量发展管理研究与实践，也为本书提供了较丰富的参考。然而，总体上高质量系统性的定量研究成果较少，经济高质量发展转型成本的研究更少，急需理论和实证研究。

第一，新时代背景下的经济高质量发展转型成本内涵仍需进一步丰富完善。虽然学术界关于经济转型成本已有较丰富的研究成果，但目前尚未形成一个统一、全面且普遍认可的经济高质量发展转型成本内涵。经济高质量发展是一个复杂动态系统，对它的认识、理解必然是一个不断演进、深化的过程。习近平新时代中国特色社会主义思想的持续推进，对中国经济高质量发展提出了新的、更高的要求，因而经济高质量发展转型成本也必然被赋予新的内涵。但目前这方面的研究成果极少，急需开展系统深入的研究。

第二，与新时代经济高质量发展相匹配的转型成本测评体系亟待研究。一方面，现有的评价指标体系各具特色，反映了各自的时代特征与社会发展，也在不同的时空尺度上进行了实证分析。新时代赋予了我国经济高质量发展转型成本新的内涵，急需建立与之匹配且科学合理的评价指标体系。另一方面，对现有研究成果进行梳理，尚未发现关于经济高质量发展转型成本定量测评的研究文献，无法提供有效的决策支持。因此，需要构建与运用科学合理的模型方法准确测评经济高质量发展转型成本，实现在时间与空间维度上均具有可比性。

第三，目前关于新时代经济高质量发展转型成本的研究才开始起步，还缺少定量研究，尤其缺乏对广西经济高质量发展转型成本的定量研究，导致现有研究无法有效服务广西经济高质量发展和构建“美丽广西”的战略需要，无法为制定与完善经济高质量发展转型政策提供充分的科学支撑。

12.1.3　特色与创新之处

本章对 2008 年来广西经济高质量发展转型成本进行一次系统的评估与总结，其充分体现了新时代高质量发展新理念。本章首次完成了对 2008～2018 年广西经济高质量发展转型成本指数的回顾与评估工作，这项测评工作通过构建面向习近平新时代中国特色社会主义思想的经济高质量发展转型成本评价指标体系，引入极差法和综合指数法，测算 2008～2018 年广西经济高质量发展转型成本指数,以及 2018 年广西各区域经济高质量发展转型成本指数，实现广西经济高质量发展转型成本在时间和空间维度上双重可比。具体地，本章的创新点主要有以下三个方面。

第一，以习近平新时代中国特色社会主义思想为引领，协同运用经济学、管理学等理论，科学地剖析和界定了新时代经济高质量发展转型成本的内涵。本章在创新、协调、绿色、开放、共享五大发展理念的导向作用下，探索从创新发展成本、协调发展成本、绿色发展成本、开放发展成本、共享发展成本五个维度剖析和界定经济高质量发展转型成本，更好地服务于宏观政策的制定与完善。

第二，创建了经济高质量发展转型成本的测度体系。该体系从创新发展成本、协调发展成本、绿色发展成本、开放发展成本和共享发展成本 5 个维度遴选出的 33 项特征指标，具有科学性、客观性和全面性，定性和定量地评价了广西经济高质量发展转型成本。该体系采用数据驱动的综合集成赋权，体现权重分配的科学性和严谨性，而且引入定基极差法对指标进行无量纲处理，构建综合指数，实现评价结果在时间和空间维度上双重可比。

第三，多视角全方位地测评了广西经济高质量发展转型成本指数及其时空演变特征。本章通过对广西历史现实进行详细的对比参照研究，标靶性地提出新时代广西经济高质量发展转型的政策建议，“问诊把脉”广西经济高质量发展转型成本，便于对症下药，为广西及其各地区经济高质量发展决策提供科学支撑。

12.2　经济高质量发展转型成本测度体系

12.2.1　经济高质量发展转型成本的内涵

党的十九大提出高质量发展。但经济发展模式的转变不是一蹴而就，也不是自然发生完成转换。经济发展模式转变必然是一个渐进、存在阻碍的过程，会与传统发展模式产生冲突与矛盾，消除矛盾的过程不可避免地会产生相关成本及消耗。这些成本的累积和转移会逐渐凸显，乃至激增。因此，经济高质量发展转型成本成为目前必须关注和亟待解决的重要课题。

现代产权经济学将成本定义为经济行为的交易费用，即在社会发展历程中采用某些经济行为时产生的费用。该类成本主要由信息交易成本、产权交易费用以及合作费用构成。现代福利经济学指出成本应划分为两部分费用来源。对于外在经济与不经济难以进行实际测算，只能够在帕累托最优状态中进行分析。而对于内在经济与不经济，可以进行实际测算。由此可知，成本=生产费用+交易费用+外在费用。在此基础上，本章认为经济高质量发展转型成本是经济发展模式转型过程和运行阶段所产生的所有代价，具体呈现为生产方面消耗的增加、交易消费的增加以及外在消费的产生。经济高质量发展转型过程产生的代价可划分为设计成本、实施成本、摩擦成本、创新成本及运行成本。设计成本指规划经济高质量发展转型方案产生的各类消费。实施成本指在模式转型过程中，因体制因素的影响，由“信息不完全”“知识不完全”等带来的效率损耗，如学习成本、签约成本等。摩擦成本指在模式转型过程中遭遇的阻碍所引起的时间成本及资源损失。创新成本由三个相互联系的成本构成，分别是创新准备成本、体制过渡成本以及新体制优化成本。运行成本指为维持新型发展模式下的具体安排和结构所消耗的成本。经济高质量发展转型成本从表现方式上又可划分为显性成本和隐形成本。显性成本是显而易见的，如产品价格下降的同时降低了消费者支出。隐性成本是不易察觉的，如产品价格调整对农民的收益造成损害，但其不会立刻感知。经济高质量发展转型成本从负担的时效性上又可划分为现时成本和后续成本。理论上，经济转型的总成本是需要社会全体成员共同承担的，部分成本需要即时承担，这是现时成本；另一部分成本在后期由社会成员逐步负担，称为后续成本。

新时代如何优化发展模式与产业结构，开发新的增长引擎，在新的历史阶段推动质量、效率和动力变革，以控制经济高质量发展转型成本，已是当前政府和学者共同面临的重大议题。创新、协调、绿色、开放、共享五大新发展理念是我国经济破解发展难题、厚植发展优势的重要抓手，将在我国经济向高质量发展转型中起到核心作用。基于上述分析，本章将经济高质量发展转型成本的内涵界定为五个方面的成本：创新发展成本、协调发展成本、绿色发展成本、开放发展成本和共享发展成本。

12.2.2 经济高质量发展转型成本测度指标体系

1. 测度目标

经济高质量发展转型成本测度指标体系的目标包含四点。

第一，建立省际及市际经济高质量发展转型成本测度指标体系。建立经济高质量发展转型成本测度指标体系，对成本指数进行综合度量和评估，基于此指数进而综合判定省际及市际经济高质量发展转型的成本高低和难易程度。

第二，描述省际及市际经济高质量发展转型成本现状与特征。本章收集、整理省际及市际经济高质量发展转型成本相关指标的基础数据，评估得到经济高质量发展转型成本指数，成本指数的差异充分体现了不同地区进行高质量发展转型过程中的成本分布特点。

第三，引导省际及市际经济高质量发展转型的方向。基于省际及市际经济高质量发展转型成本的差异，地区间通过对比分析，进而协助政府发现经济高质量发展转型工作进程中的重难点与差距，发挥一定的激励、鞭策与导向作用。

第四，挖掘已有问题并提供政策依据。通过对经济高质量发展转型成本的比较分析，协助省际及市际挖掘影响其经济高质量发展转型成本的主要因素及存在的问题，为提出有关的改进办法和政策建议提供科学依据。

2. 测度原则

建立科学合理的经济高质量发展转型成本测度指标体系，是对各地经济高质量发展难易程度进行准确分析的重点。评价指标的科学合理选择是对经济高质量发展进行有效研究的基石。本章在选择和建立经济高质量发展转型成本测度指标体系的过程中，遵照了系统性原则、科学性原则、可操作性原则、可比性原则和目标性原则。

第一，系统性原则。指标体系包含总体层、系统层和要素层。系统层包含创新、协调、绿色、开放和共享发展成本五个维度，以体现经济高质量发展转型成本的核心内涵，这五个维度下构建的相关指标之间不是完全无关的，彼此间存在关联关系，相互影响和作用，应兼容考虑以建立成高效有机的成本体系。

第二，科学性原则。本章利用的数据均采用权威年鉴数据，并且基础数据的进一步处理和计算均采用科学的数据统计分析及系统评价方法。

第三，可操作性原则。成本指数测算体系的建立简单明了，指标定义清晰，数据易于获得，测算方法易实现。

第四，可比性原则。确定不同指标的统计口径，尽可能构建相对指标，以确保不同研究对象可对各类指标进行对比分析，合理展现和充分对比不同地区经济高质量发展转型成本，为进一步提供政策建议建立基石。

第五，目标性原则。本章的主要目标在于综合评价广西及其各地区的经济高质量发展转型成本，通过转型成本指数结果公示，协助各地区发现经济高质量发展转型的优势和缺点，为地区发展建言献策。

3. 测度思路

为了更加系统全面地对经济高质量发展转型成本进行测度，本章构建包含总体层、系统层和要素层的三层次经济高质量发展转型成本测度框架。首先，总体层指标即本章需要测度的经济高质量发展转型成本。其次，根据新时代五大发展理念，将总体层分为创新发展成本、协调发展成本、绿色发展成本、开放发展成本和共享发展成本五个部分构成的系统层指标体系。最后，系统层下要素层的构成，是每部分成本下的具体指标。

每一层指标体系与测度模型都具有差异性。要素层包含所有的基础指标。其中，一部分基础指标可以直接获取或经过简单的比值即可确定，另一部分基础指标则是需要根据模型进行计算，如反映协调发展成本的基尼系数、泰尔指数和人均 GDP 变异系数等。这些基础指标不仅要经过正向化、标准化处理获得标准化数据，而且还要在此基础上计算各要素层指标的综合权重。进而，通过简单加权得到系统层各类成本指数及经济高质量发展转型成本指数。

4. 测度流程

经济高质量发展转型成本和各维度成本都以指数形式计算。要素层指标直接进行正向化和标准化处理，将要素层指标通过变异系数赋权法、熵值赋权法、相关系数赋权法、批评（Critic）赋权法及等权法五种赋权方法计算权重，进一步进行几何平均得到各要素层指标的综合权重。通过简单加权得到系统层各类成本指数，进一步加权平均得到经济高质量发展转型成本指数。

5. 经济高质量发展转型成本指标体系

根据经济高质量发展转型成本内涵，本章从创新发展成本、协调发展成本、绿色发展成本、开放发展成本和共享发展成本五个维度构建指标体系。

创新发展成本的测度。创新能力是经济发展质量的基础。创新发展既是经济高质量发展转型的主攻方向，也是驱动转变经济高质量发展的主动力。本章采用全社会 R&D 全时人员当量、全社会 R&D 投入占 GDP 比重、劳动生产率、资本产出率和科学技术支出占一般公共预算支出比重来度量创新发展成本。

协调发展成本的测度。作为经济社会发展的主要手段，协调发展是模式转型的关键措施之一，其核心是区域发展整体性和平衡性。本章采用产业结构合理化指数、产业结构高级化指数、产业结构系数、基尼系数、泰尔指数、城乡人均收入比、城乡恩格尔系数之比和人均 GDP 变异系数来衡量协调发展成本。

绿色发展成本的测度。作为可持续发展的主要基础和条件，绿色发展的重要特点是转换落后发展模式。本章采用碳排放量、万元 GDP 碳排放、万元 GDP 能耗、万元 GDP 水耗、万元 GDP 用地面积、资源产出率和环境污染治理投资占 GDP 比重对绿色发展成本进行度量。

开放发展成本的测度。全球开放性程度逐渐加大，不再仅仅停留在提高对外开放程度上，建立高质量开放型经济也变成各地区的对外建设趋向。建设高质量开放型经济是快速提升经济水平以及推动技术更新的重要驱动力。本章采用利用外资、对外贸易依存度、技术进出口成交额占进出口总额比重和境外人员旅游人数占旅游总人数比重衡量开放发展成本。

共享发展成本的测度。作为经济社会进步的出发点，共享是促进社会公平正义的关键引导，是经济转型的关键所在。本章采用每万人公共交通客运量、每万人拥有专任教师数、每万人拥有卫生技术人员、每万人医院卫生院拥有病床数、人均社会（养老、医疗）保险支出、最低生活保证人数占常住人口比重、人均居住面积、人均公园绿地面积数和人均邮电业务量来衡量共享发展成本。

1）创新发展成本要素层指标内涵及测算

创新发展成本要素层指标包括全社会 R&D 全时人员当量、全社会 R&D 投入占 GDP 比重、劳动生产率、资本产出率和科学技术支出占一般公共预算支出比重。全社会 R&D 全时人员当量代表科技人力输入的指标，为 R&D 全时人员工作量与非全时人员按实际工作时间折算的工作量之和。全社会 R&D 投入占 GDP 比重是国际通行的考察科技创新投入水平的指标。全社会 R&D 投入占 GDP 比重越大，说明研发能力和发展能力越强，且创新成本投入越高。衡量某地区生产力发展和经济发展水平的一个核心指标便是劳动生产率，指就业人员一定时间范围内生产的劳动产品与对应人力消费量的比值，即劳动生产率=工业增加值/全部从业人员平均人数。劳动生产率越高，生产力发展水平越高。资本产出率亦称资本系数，指资本与产出量的比值，资本产出率=固定资产投资额/GDP，表示一定经济条件下的产出量需要投入多少资本。如果资本产出率高，则说明企业设备利用率高，经济效益好，但企业设备投入成本大，反之则表明利用率低，经济效益差。科学技术支出反映企业开展科学研究与试验发展、科学研究与试验发展成果应用、科技教育与培训及相关科技服务等全部科技活动的支出情况，科学技术支出占一般公共预算支出比重=科学技术支出/一般公共预算支出。

2）协调发展成本要素层指标内涵及测算

协调发展成本要素层指标包括产业结构合理化指数、产业结构高级化指数、产业结构系数、基尼系数、泰尔指数、城乡人均收入比、城乡恩格尔系数之比和人均 GDP 变异系数。产业结构合理化是指为实现各产业协调发展，在一定的生产力水平和资源禀赋的约束下，从特定的需求结构出发合理配置生产要素。通常采用要素投入结构和要素产出结构的耦合程度来度量产业结构合理化。产业结构合理化指数（C_1）定义为：$C_1 = 1/\left[\sum_{i=1}^{n}(Y_i/Y)\left|(Y_i/L_i)/(Y/L)-1\right|\right]$，其中 Y_i 代表各产业增加值，L_i 代表各产业年末就业人口，i=1，2，3 代表第一、第二和第三产业，$n=3$，C_1 值越大，产业结构越合理，产业结构调整成本反而越少。产业结构高级化是建立和实现高效益的产业结构的过程，表现为通过技术的推动，依照劳动密集、资本密集、技术密集的顺序，产业结构由低层次向高层次递进。产业结构高级化指数则是对产业结构升级的衡量，突出表现为产业之间比例关系的改变。产业结构高级化指数（C_2）定义为：$C_2=Y_3/Y_2$，其中，Y_3 为第三产业增加值，Y_2 为第二产业增加值。C_2 值越大，劳动生产率高的产业产值比重越高，产业结构高级化水平越高。产业结构系数作为产业结构变化状态的一个指标，能够反映三大产业之间相互影响而产生的协同效应。产业结构系数=三次产业增加值之和/第一产业增加值。如果产业结构不协调（接近于 1），就会使总的生产过程不顺畅。若产业结构协调（远大于 1），生产过程就会很顺畅，各产业之间的协调能力较好。基尼系数是衡量居民收入差距的国际通用指标。基尼系数最大为 1，最小等于 0，基尼系数越接近 0 表明收入分配越趋向平等。国际惯例把 0.2 以下视为收入绝对平均，0.2～0.3 视为收入比较平均；0.3～0.4 视为收入相对合理；0.4～0.5 视为收入差距较大，当基尼系数达到 0.5 以上时，表示收入悬殊。泰尔指数（T 指数）是用以衡量个人或不同地区之间收入差距的指标，T 指数定义为：$T=\frac{1}{n}\sum_{i=1}^{n}\frac{y_i}{\bar{y}}\lg(\frac{y_i}{\bar{y}})$，$y_i$ 与 $\bar{y}$ 分别代表第 i 个个体收入和所有个体的平均收入，n 表示省际个数。T 指数越小则收入差距越小，其值大于等于 0。如果人口份额等于收入份额，则份额比（即对数中的真数）为 1，T 指数也等于 0，表明地区之间不存在差异。份额比大于 1 表明该地区发达，反之，份额比小于 1 表明该地区落后。城乡人

均收入比是衡量城乡收入差距的一个重要指标，城乡人均收入比=城镇居民收入/农村居民收入。恩格尔系数是家庭食品支出与总收入的比值，通常用于衡量经济发达程度和生活水平。城乡恩格尔系数之比=城镇恩格尔系数/农村恩格尔系数。该指标值越小则表示城乡居民生活水平差距越大。人均 GDP 变异系数定义为$C_v = \frac{1}{\overline{x}}\sqrt{\sum_{i=1}^{n}(x_i - \overline{x})^2 / (n-1)}$，$\overline{x}$表示各省人均 GDP 值，$x_i$ 表示第 i 个省人均 GDP 值，n 表示省际个数。

3）绿色发展成本要素层指标内涵及测算

绿色发展成本要素层包含碳排放量、万元 GDP 碳排放、万元 GDP 能耗、万元 GDP 水耗、万元 GDP 用地面积、资源产出率和环境污染治理投资占 GDP 比重。碳排放量是指在经济活动运行过程中所释放的平均温室气体的量，本章采用联合国政府间气候变化专门委员会碳排放系数。碳排放量=煤炭排放量×煤炭消耗排放系数+石油排放量×石油消耗排放系数+天然气排放量×天然气消耗排放系数。万元 GDP 碳排放指的是产生万元 GDP 排放的二氧化碳数量。万元 GDP 能耗是关于能源利用效率的指标，万元 GDP 对综合能源消耗越多，说明经济转型成本越大。该指标以一次能源供应总量与 GDP 的比率来表示，即万元 GDP 能耗=综合能源消费量/万元 GDP。万元 GDP 水耗是水资源利用效率指标，反映水资源的消费水平和利用效率，说明一个地区经济活动中对水资源的利用程度，万元 GDP 水耗=总用水量/万元 GDP。万元 GDP 用地面积指产生万元 GDP 所利用的土地面积，万元 GDP 用地面积=用地面积/万元 GDP，万元 GDP 用地面积越小，则说明该地区越节约和高效利用土地资源。资源产出率是指经济活动中使用自然资源的效率，资源产出率=GDP/主要物质资源消费量。环境污染治理投资占 GDP 比重反映了环境保护在国家治理中的重要性，环境污染治理投资占 GDP 比重=环境污染治理投资/GDP。环境污染和生态破坏对经济主体的损害越高，具体到对居民身体健康的影响越大，环境保护投资也相应越大。

4）开放发展成本要素层指标内涵及测算

开放发展成本要素层指标包括利用外资、对外贸易依存度、技术进出口成交额占进出口总额比重和境外人员旅游人数占旅游总人数比重。利用外资是指利用来自国外的货币资金（如借入国外资金、吸收国外投资、接受国外经济援助等）和以物资、技术、专利等表现的国外资本。利用外资是为了解决本国资金、设备不足的困难而进行资金调节，达到发展本地区经济的目的。对外贸易依存度是地区经济依赖于对外贸易的程度，其定量表现是进、出口贸易总额与其地区生产总值之比，即对外贸易依存度=进出口总额/GDP。技术进出口成交额占进出口总额比重反映了高新技术产业在对外贸易中的地位以及该地区高新技术产业的发展水平，即技术进出口成交额占进出口总额比重=高新技术产品进出口量/进出口总额。境外人员旅游人数占旅游总人数比重反映了出境旅游业发展水平，该比例越大，说明该地区国际旅游业越活跃、发展速度越快。境外人员旅游人数占旅游总人数比重=境外人员旅游人数/（境外人员旅游人数+境内人员旅游人数）。

5）共享发展成本要素层指标内涵及测算

共享发展成本要素层指标包括每万人公共交通客运量、每万人拥有专任教师数、每万人拥有卫生技术人员、每万人医院卫生院拥有病床数、人均社会（养老、医疗）保险支出、最低生活保证人数占常住人口比重、人均居住面积、人均公园绿地面积数和人均邮电业务量。每万人公共交通客运量反映了地区公共交通系统发展水平，每万人公共交通客运量（次/万人/年）=公共交通客运量/总人口（万人）。每万人拥有专任教师数反映了地区教育发展水平，每万人拥有专任教师数越多，地区教育水平越高，每万人拥有专任教师数（人）=专任教师数/总人口（万人）。每万人拥有卫生技术人员和每万人医院卫生院拥有病床数均反映了地区健康服务体系水平，每万人拥有卫生技术人员越多，则地区健康服务体系水平越高。每万人拥有卫生技术人员（人）=卫生技术人员数/总人口（万人），每万人医院卫生院拥有病床数（张）=医院卫生院拥有病床数/总人口（万人）。人均社会（养老、医疗）保险支出反映了地区社会民生保障体系的稳定程度，人均社会（养老、医疗）保险支出越高表示社会民生保障体系越稳定，人均社会（养老、医疗）保险支出（元）=（养老保险支出+医疗保险支出）/总人口（人）。最低生活保证人数占常住人口比重反映了地区贫困程度，最低生活保证人数占常住人口比重越高，地区贫困程度越高。最低生活保证人数占常住人口比重（%）=最低生活保证人数/常住人口（人）。居住面积指的是房子的实际使用面积，人均居住面积代表了国家发展与个人生活水平之间的协调关系，也代表了住宿水平。人均公园绿地面积数是衡量一个地区绿化程度的重要指标，人均公园绿地面积数越大，地区绿化程度越高。邮电业务量是指以价值量形式表现的邮电通信企业为社会提供各类邮电通信服务的总数量，分邮政业务和电信业务两大类统计，人均邮电业务量可由邮政业务总量与电信业务总量之和除以总人口计算得到。

12.2.3　经济高质量发展转型成本测度方法

1. 要素层权重确定

经济高质量发展转型成本作为总体层，由系统层的创新发展成本、协调发展成本、绿色发展成本、开放发展成本和共享发展成本五大维度构成，五大维度成本又由具体的 33 个要素层指标构成。系统层成本指数是由要素层指数通过加权复合而成，系统层合计累加获得总体层指数，故应该对要素层权重进行测算。

根据权数的性质，赋权方法可划分为信息量、独立性和估价权数三类，信息量和独立性权数属于客观赋权法，最后一种为主观赋权法。本章为避免权数受到主观因素干扰，采用客观赋权法进行测算。由于方法选择可能受主观因素干扰，故采用多种方法同时计算，再取几何平均值，本章采用了变异系数赋权法、熵值赋权法、相关系数赋权法、Critic 赋权法及等权法五种方法。前两个方法属于信息量赋权，当研究对象之间评价指标差别较大时，研究对象的信息量将被更多地展现，权重也较大。相关系数赋权法是通过对指标独立性的判断而进行赋权的方法。某一指标与其他指标相关度越高，该指标独立性越差，权重越小。Critic 赋权法是综合考虑信息量和独立性的一种赋权方法。等权法则是将权重等分的一种赋权方法。

经济高质量发展转型成本要素层选取的各指标具有多样性，且指标的经济含义存在一定的差别。在运用上述赋权方法的基础上，相应地需要对原始要素层指标进行正向化和标准化处理，即指标预处理。预处理后，运用上述五种方法对要素层指标进行综合赋权。

2. 经济高质量发展转型成本指数测度方法

将变异系数赋权法、熵值赋权法、相关系数赋权法、Critic 赋权法及等权法五种赋权方法所计算的要素层指标权重经过简单几何平均，计算出要素层 33 个具体指标的最终权重即 $w_{11}, w_{12}, w_{13}, \cdots, w_{59}$。本章采用综合指数法测算经济高质量发展转型成本指数和 5 个系统层指标成本指数。

系统层指标权重为

$$w_i = \sum_{j=1}^{n_i} w_{ij}$$

系统层指标成本指数由要素层指标指数加权平均计算得到

$$y_i = \sum_{j=1}^{n_i} \frac{x_{ij} w_{ij}}{w_i}$$

其中，y_i 为系统层指标 i 的成本指数；x_{ij} 和 w_{ij} 分别为系统层指标 i 下要素层指标 j 个体的指数和权重；n_i 为系统层指标 i 下的要素层指标个数。

经济高质量发展转型成本指数由 5 个系统层指标指数累加得到

$$Z = \sum_{i=1}^{n} y_i w_i$$

其中，Z 为经济高质量发展转型成本指数；n 为系统层指标个数。

12.3 广西经济高质量发展转型成本测算实证研究

12.3.1 经济转型成本指数的测算

1. 数据来源与预处理

本节对 2008～2018 年广西经济高质量发展转型成本进行测度，数据主要来源于 2009～2019 年《中国统计年鉴》及《广西统计年鉴》。

对数据进行预处理。因为指标体系中有正向指标（全社会 R&D 全时人员当量、全社会 R&D 投入占 GDP 比重等），也存在负向指标（产业结构合理化指数、产业结构高级化指数），此外，各个指标的量纲差异很大，所以数据预处理主要包括对指标的正向化和标准化两方面内容。

正向化处理。逆向指标包括劳动生产率、产业结构合理化指数、产业结构高级化指数、产业结构系数、城乡恩格尔系数之比、资源产出率、利用外资，本章采用正向化处理方法 $(x - x_{\max})/(x_{\min} - x_{\max})$，$x_{\max}$ 为最大值，$x_{\min}$ 为最小值，处理过程相当于一组数据中的线性正向化处理，结果在区间[0,1]内。

标准化处理。本章采用极差法对指标进行无量纲处理，从而更客观地反映各年度各指标在时间维度上的实际变化。经多种方法及模型测算和检验，本章采用纵向堆叠数据法解决各年度纵向数据的可比性问题。其基本思路是，以 33 个要素层指标为基础，将 2008～2018 年中的要素层指标数据依次堆叠，再利用极差法对每个要素层指标数据进行无量纲标准化处理。

2. 系统层经济高质量发展转型成本测算

系统层经济高质量发展转型成本包括创新发展成本、协调发展成本、绿色发展成本、开放发展成本和共享发展成本五个方面。系统层指标又具体划分为 33 个要素层指标。

由各要素层汇总测算系统层成本时，考虑到指标赋权的客观性，采用变异系数赋权法、熵值赋权法、相关系数赋权法、Critic 赋权法及等权法计算出五种方法下的各要素指标权重，经过几何平均后得到的要素层指标最终权重见表 12-1。基于此，可对各系统层成本指数进行测算。

表 12-1　经济高质量发展转型成本测度中各要素层权重

系统层指标	要素层指标	变异系数赋权法	熵值赋权法	相关系数赋权法	Critic 赋权法	等权法	最终权重
创新发展成本 (0.14)	全社会 R&D 全时人员当量	0.02	0.01	0.04	0.03	0.03	0.02
	全社会 R&D 投入占 GDP 比重	0.01	0.01	0.03	0.03	0.03	0.02
	劳动生产率	0.03	0.03	0.04	0.06	0.03	0.04
	资本产出率	0.02	0.01	0.04	0.04	0.03	0.03
	科学技术支出占一般公共预算支出比重	0.04	0.04	0.02	0.04	0.03	0.03
协调发展成本 (0.23)	产业结构合理化指数	0.02	0.02	0.01	0.02	0.03	0.02
	产业结构高级化指数	0.02	0.01	0.01	0.02	0.03	0.02
	产业结构系数	0.03	0.03	0.03	0.02	0.03	0.03
	基尼系数	0.03	0.03	0.04	0.03	0.03	0.03
	泰尔指数	0.03	0.04	0.04	0.03	0.03	0.04
	城乡人均收入比	0.03	0.04	0.03	0.02	0.03	0.03
	城乡恩格尔系数之比	0.03	0.03	0.02	0.02	0.03	0.03
	人均 GDP 变异系数	0.03	0.03	0.03	0.03	0.03	0.03
绿色发展成本 (0.21)	碳排放量	0.02	0.02	0.04	0.08	0.03	0.03
	万元 GDP 碳排放	0.03	0.03	0.03	0.02	0.03	0.03
	万元 GDP 能耗	0.04	0.04	0.03	0.02	0.03	0.03
	万元 GDP 水耗	0.04	0.04	0.03	0.02	0.03	0.03
	万元 GDP 用地面积	0.04	0.05	0.03	0.02	0.03	0.03
	资源产出率	0.03	0.03	0.03	0.02	0.03	0.03
	环境污染治理投资占 GDP 比重	0.02	0.02	0.03	0.03	0.03	0.03

续表

系统层指标	要素层指标	变异系数赋权法	熵值赋权法	相关系数赋权法	Critic赋权法	等权法	最终权重
开放发展成本(0.15)	利用外资	0.02	0.01	0.03	0.04	0.03	0.03
	对外贸易依存度	0.04	0.05	0.03	0.04	0.03	0.04
	技术进出口成交额占进出口总额比重	0.06	0.09	0.03	0.04	0.03	0.05
	境外人员旅游人数占旅游总人数比重	0.02	0.02	0.03	0.08	0.03	0.03
共享发展成本(0.27)	每万人公共交通客运量	0.02	0.02	0.02	0.04	0.03	0.03
	每万人拥有专任教师数	0.03	0.02	0.03	0.02	0.03	0.03
	每万人拥有卫生技术人员	0.03	0.03	0.04	0.02	0.03	0.03
	每万人医院卫生院拥有病床数	0.03	0.03	0.03	0.02	0.03	0.03
	人均社会(养老、医疗)保险支出	0.04	0.04	0.04	0.02	0.03	0.03
	最低生活保证人数占常住人口比重	0.02	0.02	0.02	0.04	0.03	0.02
	人均居住面积	0.04	0.06	0.03	0.02	0.03	0.04
	人均公园绿地面积数	0.02	0.02	0.04	0.01	0.03	0.02
	人均邮电业务量	0.05	0.06	0.03	0.02	0.03	0.04

根据 12.2 节的测算方法，基于要素层指标数值和要素层指标权重，进行加权汇总分别得到创新发展、协调发展、绿色发展、开放发展和共享发展的成本指数，具体结果见表 12-2。

表 12-2　广西经济高质量发展转型成本系统层测算结果

年份	创新发展成本指数	协调发展成本指数	绿色发展成本指数	开放发展成本指数	共享发展成本指数
2008	0.3323	0.5610	0.7857	0.3383	0.1170
2009	0.5806	0.4971	0.7598	0.2611	0.2457
2010	0.5405	0.5015	0.6163	0.2871	0.3077
2011	0.5955	0.4452	0.5195	0.2789	0.3404
2012	0.7197	0.4139	0.4617	0.3708	0.3861
2013	0.7261	0.5969	0.4899	0.3580	0.4225
2014	0.7287	0.5263	0.3950	0.3610	0.4955
2015	0.5231	0.4877	0.2721	0.3341	0.5290
2016	0.4582	0.4819	0.2173	0.5763	0.5455
2017	0.5693	0.4971	0.2495	0.6826	0.6432
2018	0.5380	0.3985	0.1565	0.7469	0.7920

2008～2018 年广西创新发展成本指数在研究期范围内连续波动，但整体在 0.3323～

0.7287 范围内波动。广西协调发展成本指数在 2008～2012 年内整体呈现窄幅波动。值得注意的是，2012～2013 年协调发展成本指数大幅度增加，其他时期基本呈现小幅度变动。广西绿色发展成本指数在研究期范围内整体基本呈现持续下降趋势，从 0.7857 下降至 0.1565。广西开放发展成本指数在 2008～2015 年基本保持平稳，2015～2018 年逐渐升高。广西共享发展成本指数在研究期内处于持续增长态势，且 2016～2018 年增速提升，研究期内由 0.1170 上升至 0.7920。

3. 经济高质量发展转型成本测算

总体层经济高质量发展转型成本指数由系统层成本指数累加得到，计算结果如图 12-1 所示。

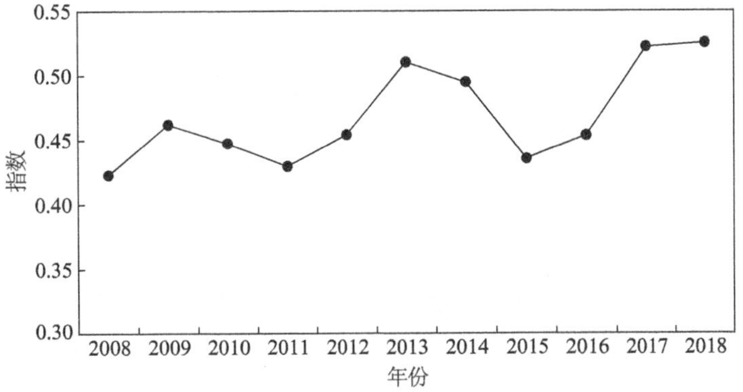

图 12-1　广西经济高质量发展转型成本指数

广西经济高质量发展转型成本指数总体呈现出波动上升趋势，但也经历了几个明显下降的阶段。2008 年广西经济高质量发展转型成本指数大约为 0.42，且在 2008～2009 年有小幅度上升，达到 0.46。在 2009～2011 年，经济高质量发展转型成本指数开始下降，在 2011 年下降至 0.42。2011～2013 年呈现相对显著的上升趋势，突破 0.50 达到 0.51。2013～2015 年出现下降态势，此后 2015～2018 年由 0.43 快速上升至 0.52，近年一直保持在这一水平。

本节对广西系统层成本指数和经济高质量发展转型成本指数进行描述性统计和 Spearman 相关系数检验，其结果见表 12-3 和表 12-4。

表 12-3　广西系统层成本指数和经济高质量发展转型成本指数描述性统计分析

统计量	创新发展成本指数	协调发展成本指数	绿色发展成本指数	开放发展成本指数	共享发展成本指数	总成本指数
极差	0.3964	0.1984	0.6292	0.4858	0.6750	0.1022
极小值	0.3323	0.3985	0.1565	0.2611	0.1170	0.4229
极大值	0.7287	0.5969	0.7857	0.7469	0.7920	0.5251
均值	0.5738	0.4916	0.4476	0.4177	0.4386	0.4688
标准差	0.1151	0.0558	0.2040	0.1615	0.1809	0.0358
方差	0.0146	0.0034	0.0458	0.0287	0.0360	0.0014

表 12-4　系统层成本指数 Spearman 相关系数检验

成本指数	统计量	创新发展成本指数	协调发展成本指数	绿色发展成本指数	开放发展成本指数	共享发展成本指数
创新发展成本指数	相关系数	1.000	0.150	0.100	–0.091	–0.55
	P 值（双侧）		0.659	0.770	0.790	0.873
协调发展成本指数	相关系数	0.145	1.000	0.524	–0.296	–0.419
	P 值（双侧）	0.670		0.125	0.377	0.199
绿色发展成本指数	相关系数	0.100	0.524	1.000	–0.800**	–0.982**
	P 值（双侧）	0.770	0.098		0.003	0.000
开放发展成本指数	相关系数	–0.091	–0.296	–0.800**	1.000	0.791**
	P 值（双侧）	0.790	0.377	0.003		0.004
共享发展成本指数	相关系数	–0.55	–0.419	–0.982**	0.791**	1.000
	P 值（双侧）	0.873	0.199	0.000	0.004	

**表示相关性在 1%水平上显著（双侧）。

广西共享发展成本指数的极差为 0.6750，且标准差为 0.1809，说明各个年份的共享发展成本指数相比其他分成本指数和总成本指数而言，有更大的差异性和波动性。广西绿色发展成本指数差异性和波动性仅次于共享发展成本指数，极差和标准差分别为 0.6292 和 0.2040。广西创新发展成本指数、协调发展成本指数、开放发展成本指数的差异性和波动性相似，且协调发展成本指数的差异性和波动性最小，极差和标准差分别为 0.1984 和 0.0558。由于经济高质量发展转型成本指数是由系统层成本指数累加得到，故表现为创新发展成本指数、协调发展成本指数、开放发展成本指数的综合特征，对广西现实经济转型情况的反映更加合理。

绿色发展成本指数与开放发展成本指数的相关系数达到–0.800，且在 1%水平上显著，说明绿色发展成本指数的变动与开放发展成本指数的变动相关度较高，这从另一个角度反映出绿色发展成本指数和开放发展成本指数间有明显的关联性。同理，绿色发展成本指数与共享发展成本指数相关系数为–0.982，在 1%水平上显著；开放发展成本指数与共享发展成本指数相关系数为 0.791，在 1%水平上显著，均存在内在的关联性。创新发展成本指数和协调发展成本指数与其他成本指数的相关系数不高。针对指数之间的关系，可以进一步探究经济高质量发展转型成本变动的内在机制。

12.3.2　广西经济高质量发展转型成本演化特征

首先，根据 2008～2018 年广西经济高质量发展转型成本指数数据，本章采用 Hodrick-Prescott（HP）滤波方法得到滤波结果，如图 12-2 所示。

通过长期趋势线，容易发现经济高质量发展转型成本指数在长期呈不断上升的状态。通过分解经济高质量发展转型成本指数长期趋势，发现在长期变化中，广西经济高质量发展转型成本指数的趋势分布呈现上升、剧烈波动和平稳三个阶段：2008～2009 年为上升阶段；2010～2016 年为剧烈波动阶段；2017～2018 年为平稳阶段。

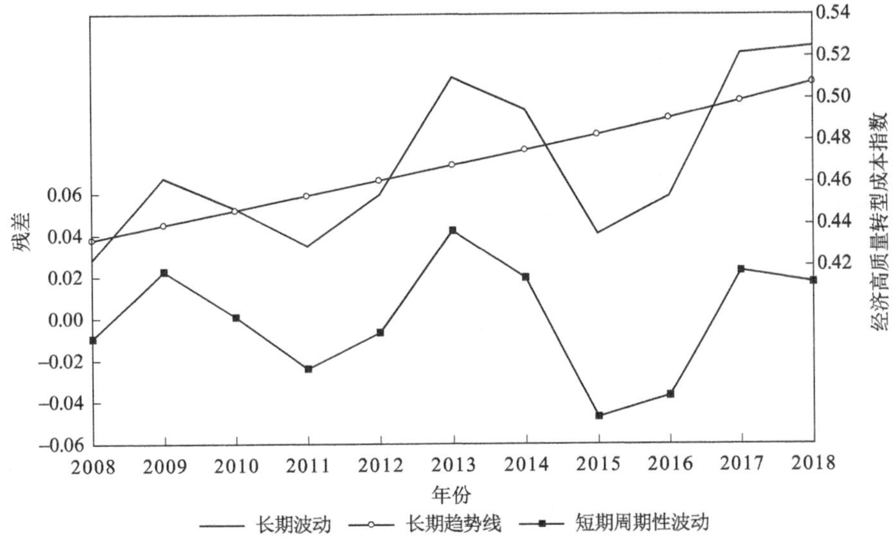

图 12-2 广西经济高质量发展转型成本指数 HP 滤波结果

其次，根据所测得的经济高质量发展转型成本指数数据进行有序样本聚类，得到广西经济高质量发展转型成本指数的最小损失函数和有序样本聚类结果，如图 12-3 和表 12-5 所示。

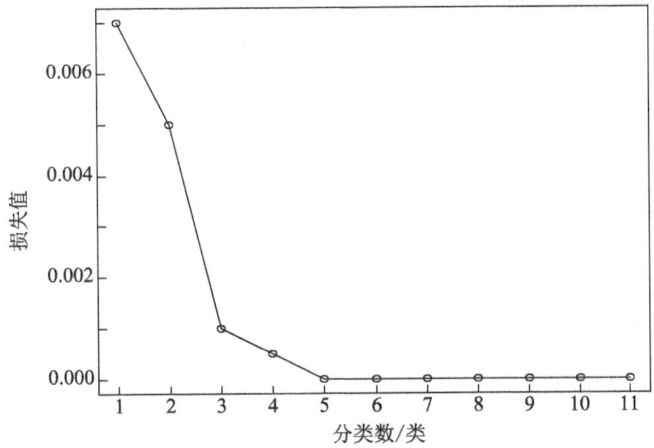

图 12-3 广西经济高质量发展转型成本指数最小损失函数

表 12-5 广西经济高质量发展转型成本指数有序样本聚类结果

分类序号	COL_1	COL_2	COL_3	COL_4	COL_5	COL_6
1						
2	1	9				
3	1	2	9			
4	1	5	7	9		
5	1	2	5	7	9	
6	1	2	3	5	7	9

注：COL_i 表示聚类个数，i=1, 2, 3, …, 6。

根据经济高质量发展转型成本指数的最小损失函数图，可以得出 2008～2018 年广西经济高质量发展转型成本指数的分类结果。图 12-3 表示最小损失函数的变化趋势，根据经济高质量发展转型成本指数的最小损失函数曲线，观察其拐点得出，在第 3 处曲线趋势发生明显变化，结合 2008～2018 年经济高质量发展转型过程，代入系统优化计算得最终分类为 3 类。在确定分类个数后，结合经济高质量发展转型成本指数有序样本聚类结果可得具体分类结果。最小损失函数图已确定分为 3 类，对应表 12-5 聚类结果可知，第一类是 2008～2009 年，第二类是 2010～2016 年，第三类是 2017～2018 年。

基于分类结果和广西经济高质量发展转型成本指数波动特征，可得出如下结论：2008～2009 年是经济高质量发展转型过程的初级阶段。根据经济高质量发展转型成本指数曲线可以发现，这一阶段经济转型成本指数呈现上升趋势，本章将其定义为“经济高质量发展转型成本指数的上升阶段”。2010～2016 年是经济高质量发展转型过程的中级阶段，本章认为这一阶段是“经济高质量发展转型成本指数的剧烈波动阶段”，其中 2010～2011 年经济高质量发展转型成本指数呈下降趋势，2012～2013 年快速上升，2014～2015 年又快速下降。2017～2018 年是经济高质量发展转型过程的后期阶段，是“经济高质量发展转型成本指数的平稳阶段”。经济高质量发展转型成本指数呈现明显的三阶段的特点，这与广西经济体制改革进程和经济发展模式的更迭密切相关。

12.3.3 广西区域经济高质量发展转型成本空间差异性

1. 广西区域经济高质量发展转型成本测算

本部分参照广西经济高质量发展转型成本评价指标体系，构建了包含创新发展成本、协调发展成本、绿色发展成本、开放发展成本和共享发展成本五个方面的广西区域经济高质量发展转型成本评价指标体系。由于指标数据的可获得性受到限制，广西区域经济高质量发展转型成本评价指标体系与广西经济高质量发展转型成本评价指标体系有所差异，从可获得性和可量化出发，选取五个方面 15 个指标，具体如表 12-6 所示，指标的定义与 12.3.1 节广西经济高质量发展转型成本测算中的相关指标一致。

表 12-6 广西区域经济高质量发展转型成本评价指标体系

一级指标	二级指标	指标方向	指标权重
创新发展成本（0.1582）	劳动生产率	负向	0.0741
	科学技术支出占一般公共预算支出比重	正向	0.0840
协调发展成本（0.1823）	产业结构系数	负向	0.0466
	城乡人均收入比	正向	0.0550
	人均 GDP 变异系数	正向	0.0806
绿色发展成本（0.1280）	万元 GDP 能耗	正向	0.0654
	万元 GDP 水耗	正向	0.0626
开放发展成本（0.1795）	利用外资	负向	0.0450
	对外贸易依存度	正向	0.1003
	境外人员旅游人数占旅游总人数比重	正向	0.0341

续表

一级指标	二级指标	指标方向	指标权重
共享发展成本（0.3520）	每万人公共交通客运量	正向	0.0797
	每万人拥有专任教师数	正向	0.0626
	每万人拥有卫生技术人员	正向	0.0712
	每万人医院卫生院拥有病床数	正向	0.0640
	人均邮电业务量	正向	0.0743

与广西经济高质量发展转型成本的测算类似，测算各区域的经济高质量发展转型成本首先要通过二级指标构造一级指标指数。在标准化得到各二级指标指数之后，通过加权方法合成得到创新发展成本、协调发展成本、绿色发展成本、开放发展成本和共享发展成本五个方面的一级指标指数。在此基础上，通过加权方法合成广西各区域的经济高质量发展转型成本指数，各指标权重由变异系数赋权法、熵值赋权法、相关系数赋权法、Critic 赋权法和等权法五种客观赋权方法的简单几何平均确定。

2. 区域经济高质量发展转型成本的测算结果

本部分在指标体系和模型构建的基础上，搜集并整理相关数据，数据均来源于《广西统计年鉴》、各市统计年鉴及统计公报。根据广西区域发展战略规划：桂北地区为桂林市；桂中地区包括柳州市、来宾市；桂南地区包括南宁市、崇左市、北海市、钦州市、防城港市；桂东地区包括梧州市、贺州市、玉林市、贵港市；桂西地区包括百色市、河池市。

不同区域的经济高质量发展转型成本指数测算结果列入表 12-7 和图 12-4。广西区域经济高质量发展转型成本梯度差异明显。桂南地区经济高质量发展转型成本指数明显高于其他区域，达到 0.4699，居广西区域经济高质量发展转型成本指数水平的第一层级；桂北、桂中、桂西地区经济高质量发展转型成本指数较接近，分别为 0.4339、0.3972、0.3607，居广西区域经济高质量发展转型成本指数水平的第二层级；桂东地区经济高质量发展转型成本指数明显低于其他区域，仅为 0.2755，居广西区域经济高质量发展转型成本指数水平的第三层级。

表 12-7　2018 年广西区域经济高质量发展转型成本指数

区域	城市	创新发展成本	协调发展成本	绿色发展成本	开放发展成本	共享发展成本
桂北	桂林	0.4522	0.3803	0.2155	0.4343	0.5326
桂中	柳州	0.1541	0.5887	0.3341	0.0457	0.8388
	来宾	0.3913	0.5546	0.3550	0.2507	0.1791
桂南	南宁	0.3678	0.6089	0.4891	0.3040	0.9869
	崇左	0.2404	0.5937	0.1463	0.8849	0.1508
	北海	0.5612	0.7240	0.2884	0.3573	0.5097
	钦州	0.4227	0.5503	0.3198	0.2975	0.1689
	防城港	0.0455	0.6950	0.7399	0.6891	0.4678

续表

区域	城市	创新发展成本	协调发展成本	绿色发展成本	开放发展成本	共享发展成本
桂东	梧州	0.5230	0.3253	0.1905	0.3102	0.3280
	贺州	0.4320	0.4772	0.2106	0.3457	0.1737
	玉林	0.5194	0.2694	0.1207	0.2643	0.1123
	贵港	0.4596	0.2759	0.2989	0.2698	0.0436
桂西	百色	0.4351	0.5174	0.5467	0.3278	0.2794
	河池	0.5086	0.5550	0.1591	0.2801	0.2237

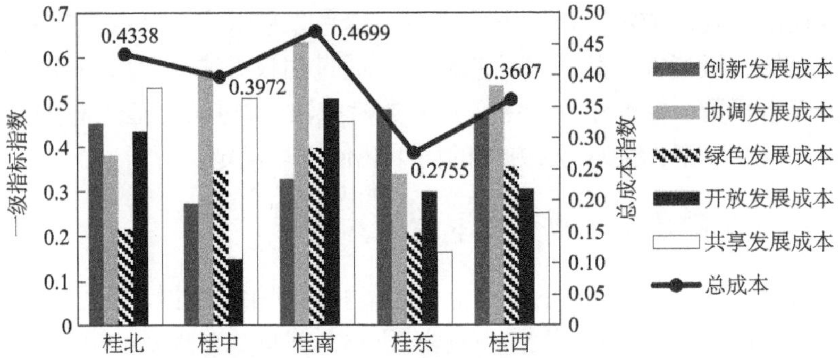

图 12-4　2018 年广西区域经济高质量发展转型成本指数分布图

在协调发展成本、绿色发展成本和开放发展成本等一级指标上，桂南地区均排名首位；桂东地区除了创新发展成本指数排在首位外，其余各项一级指标指数均处于较低水平，其中，协调发展成本、绿色发展成本和共享发展成本均为五大区域最低水平；桂中地区的开放发展成本指数最低，其余各项一级指标指数均处于中等水平；桂西地区各一级指标大致处于中等水平，且相比其余四个区域，各项一级指标间的差距较小，相对均衡；桂北地区共享发展成本指数排在首位，开放发展成本和创新发展成本指数较高，但协调发展成本和绿色发展成本指数较低。广西区域经济高质量发展转型成本梯度差异明显。桂南地区最高，桂东地区最低。桂北、桂中、桂西地区经济高质量发展转型成本指数较为接近。由于桂南地区整体经济实力较高，经济高质量发展转型进程比较快；且桂南地区转型程度较高，进一步地转型发展成本必然很高，因此桂南地区经济高质量发展转型成本高于其余四个区域。桂东地区以发展现代农业、乡镇企业以及外向型经济为主，增长质量较低且经济发展相对滞后，导致经济高质量发展转型进程慢，成本较低。

桂北、桂东、桂西地区创新发展成本指数处于较高水平，均达到 0.45 以上，其中桂东地区最高，达到 0.48，桂西、桂北地区其次，分别为 0.47 和 0.45；桂南、桂中数值明显较低。可见，广西区域创新发展成本指数空间差异较大。创新发展成本指数主要由劳动生产率和科学技术支出占一般公共预算支出比重衡量。劳动生产率的低下将会严重阻碍经济高质量发展转型，从而增加转型成本，桂东、桂西地区产业结构落后，经济发展动力不足，劳动生产率远低于桂北、桂南、桂中，这将导致其转型发展成本上升。此外，值得关注的是尽管桂南地区整体创新发展成本指数较低，但是其内部五个市之间仍存在显著差异，北海创新发展成本指数达到 0.5612，而防城港仅为 0.0455。

桂南地区协调发展成本指数最高，达 0.63，属第一层级；桂中、桂西地区协调发展成本指数较为接近，处于 0.55 上下，属第二层级；桂北和桂东地区属第三层级，桂东地区协调发展成本指数最低，为 0.34。可见，协调发展成本指数区域间差异明显。协调发展成本指数由产业结构系数、城乡人均收入比等指标决定。桂南地区协调发展成本较高主要因为其城乡收入差距大，发展不协调；另外，虽然南宁、钦州以及北海主要发展港口经济、高新技术产业，产业结构良好，产业结构协调性也较高，但崇左和防城港以发展工业产业为主，产业结构较不协调。桂东地区协调发展成本指数最低，主要原因是其以发展现代农业、乡镇企业以及外向型经济为主，产业结构协调性处于相对优势。

桂南地区绿色发展成本指数最高，达 0.40，属第一层级；桂中、桂西地区绿色发展成本指数较为接近，位于 0.35 左右，属第二层级；桂北和桂东地区属第三层级，桂东地区绿色发展成本指数最低，为 0.21。可见，区域间绿色发展成本指数差异明显。绿色发展成本指数由万元 GDP 能耗和万元 GDP 水耗两个指标决定，桂中、桂西绿色发展成本较高主要因为其发展石油石化、冶金、矿业等工业产业，能耗、水耗均较大，经济发展的同时环境污染问题突出；桂南地区虽然有南宁、钦州以及北海这样产业结构相对良好、能耗较低的城市，但崇左与防城港两地的工业发展需求导致能耗和水耗较高，拉高了桂南地区的整体水平，导致桂南地区绿色发展成本指数较高；桂北和桂东地区能耗较低，两地区环境质量具有相对优势，因此绿色发展成本指数较低。

桂南地区开放发展成本指数最高，达 0.51，桂北地区次之，达 0.43，两者属第一层级；桂东和桂西地区较为接近，处于 0.3 左右，属第二层级；桂中地区开放发展成本指数最低，仅为 0.15，属第三层级。可见，广西区域开放发展成本指数的空间差异较大。开放发展成本指数由利用外资、对外贸易依存度和境外人员旅游人数占旅游总人数比重三个指标共同决定。桂南地区的南宁、钦州以及北海依托区位优势和“一带一路”倡议积极扩大对外开放，提高了利用外资水平，一定程度上降低了开放发展成本；然而，崇左和防城港以发展工业产业为主，利用外资水平较低，对外贸易依存度较高，开放发展成本指数都较高，从而拉高了桂南地区整体开放发展成本指数。桂林境外人员旅游人数占旅游总人数比重位列广西第一，因此桂北地区有着较高的开放发展成本指数。桂中地区主要因为其对外贸易依存度较低，所以开放发展成本指数最低。

桂北、桂中、桂南地区共享发展成本指数均处于较高水平，属第一层级，其中桂北地区最高，达到 0.53，桂中和桂南次之，分别为 0.51、0.46；桂东和桂西共享发展成本指数远低于其余三区域，桂西为 0.25，属第二层级；桂东最低，仅为 0.16，属第三层级。由此可见，广西区域共享发展成本指数空间差异较大。共享发展成本指数由每万人公共交通客运量、每万人拥有专任教师数、每万人拥有卫生技术人员、每万人医院卫生院拥有病床数以及人均邮电业务量五个指标共同决定。桂北地区共享发展成本指数较高，主要因其每万人拥有专任教师数、每万人拥有卫生技术人员和人均邮电业务量较高。桂东地区五项指标数值均处于较低水平，使得共享发展成本指数最低。

3. 广西区域经济高质量发展转型成本空间差异性影响因素

广西各区域在创新发展成本、协调发展成本、绿色发展成本、开放发展成本和共享发展成本五大方面均存在明显的空间差异，从而导致经济高质量发展转型成本的空间差异。本部分将逐一分析广西区域经济高质量发展转型成本空间差异性的影响因素。

广西各区域创新发展成本由高到低依次为：桂东、桂西、桂北、桂南、桂中地区。桂中、桂南地区创新发展成本明显低于桂东、桂北和桂西地区，空间差异明显。桂东地区创新发展成本最高的影响因素可归结于技术创新水平较低，生产技术相对落后，所以劳动生产率较低，进而加大了创新发展成本。2017 年初，《北部湾城市群发展规划》的批准实施明确了北部湾经济区在打造“一湾双轴、一核两极”的城市群框架中具有重要地位和作用，为经济区带来新的重大发展机遇，而桂南地区均属于北部湾经济区，特别是南宁、钦州以及北海主要发展高新技术产业、港口经济及海洋产业，科学技术投入较高，一定程度上增加了创新发展成本；但桂南地区劳动生产率较高，压缩了社会劳动必要时间，从而大幅度降低了成本，最终表现为创新发展成本在五大区域中仅排名第四。桂中地区创新发展成本最低的主要原因在于：一方面，柳州积极推进技术创新，借助“产学研”创新平台，以实施科技项目为载体，在产品研发及创新方面成效显著，劳动生产率的提高使得成本降低；另一方面，来宾经济发展动力不足，科学技术水平较低，虽然劳动生产率不高，但科学技术支出较低。

广西区域协调发展成本由高到低依次为：桂南、桂中、桂西、桂北、桂东地区，区域间梯度差异显著。本书认为，影响协调发展成本空间差异的主要因素是城乡收入差距。广西农村人口基数大，2017 年广西常住人口城镇化率为 49.21%，户籍人口城镇化率仅为 31.23%，城镇居民人均可支配收入与农民人均纯收入二者之比从 1980 年的 2.63∶1 增加到 2017 年的 2.69∶1，城乡收入差距持续拉大。一方面，广西大部分农村地区多处在山地、丘陵、裂谷等地带，自然环境恶劣，不仅交通不便，而且灾害风险抵御能力差，这增加了农村地区全面脱贫的难度。另一方面，与大部分地区类似，城乡二元结构的存在，导致广西城市居民的人均收入及消费水平均高于农村居民。具体地，桂南地区属于广西经济相对发达区域，政府投入大量资金用于城市的发展和建设，城市居民的生活水平得到大幅度提高；然而农村地区却源源不断地向城市输送各种资源，生产方式依然单一，经济发展水平难以提升，这导致桂南地区城乡收入差距较大，区域协调发展成本较高。而桂东地区本身经济就相对落后，因此城乡收入在低水平上较为均衡，城乡收入差距不大，协调发展成本较低。

广西区域绿色发展成本由高到低依次为：桂南、桂西、桂中、桂北、桂东地区，区域间梯度差异明显。从指标体系和统计数据来看，影响绿色发展成本空间差异性的主要因素为能耗和水耗。桂中、桂西地区绿色发展成本高的主要原因是其发展石油石化、冶金、矿业等工业产业，人均 GDP 能耗、人均 GDP 水耗均较大，经济发展带来的环境污染问题突出，政府不断加大环境治理投入，造成绿色发展成本持续上升；桂南地区虽然有南宁、钦州和北海等产业结构相对良好、能耗较低的城市，但崇左以有色金属加工产业、建材产业作为支柱产业，防城港市正致力于打造现代化钢铁基地、有色金属基地、能源化工基地，这两地的能耗和水耗提升了桂南地区的整体水平，导致桂南地区绿色发展成本较高。桂北以发展旅游业和农业为主，属于低能耗的产业类型，桂东地区以发展现代农业、乡镇企业以及外向型经济为主，两地区环境质量具有相对优势，绿色发展成本较低。

广西区域开放发展成本由高到低依次为：桂南、桂北、桂西、桂东、桂中地区。广西区域开放发展成本的空间差异较大。其主要原因在于各区域利用外资和对外贸易依存度的差异。桂南地区的南宁、钦州以及北海凭借区位优势优先发展对外经济，经济对外依存度相对较高，近年来，经济全球化进程不断加快和区域经济发展竞争愈发激烈，这些区域从区位优势和特色产业出发坚定不移地实施招商引资战略，大力发展开放型经济，积极培植外向型财源，使得开放发展投入不断增加，开放发展成本较高；崇左和防城港以发展工业产业为主，在利用外资、对外贸易依存度和境外人员旅游人数占旅游总人数比重等指标上均处于劣势，经济开放度低，开放发展成本最高，进一步拉高了桂南地区整体开放发展成本。相比之下，桂中地区开放发展成本最低，原因在于来宾和柳州是广西工业的脊梁，来宾是广西传统的工业城市，柳州是广西新兴工业的聚集地，经济对外依存度较低，使得开放发展成本较低。2018 年，柳州在《柳州市人民政府关于进一步扩大对外开放积极利用外资的实施意见》中强调，积极开展投资促进活动，鼓励外商投资先进制造业、现代服务业，不断提高外资引进水平，2018 年柳州利用外资水平位列广西 14 个地级市首位，利用外资水平的提高有利于降低开放发展成本。桂北地区的桂林是国际著名旅游城市，据桂林市旅游发展委员会统计，2018 年桂林市旅游业呈现快速发展态势，2018 年全市接待入境过夜游客 274.70 万人次，同比增长 10.36%，说明桂北地区国际旅游业活跃，发展速度快，使得开放发展成本高。

广西区域共享发展成本由高到低依次为：桂北、桂中、桂南、桂西、桂东地区。其中，桂北、桂中、桂南地区共享发展成本均处于较高水平，而桂东和桂西地区共享发展成本明显较低。影响共享发展成本空间差异的主要因素是社会公共服务水平。桂北地区共享发展成本较高，主要因其社会公共服务水平较高。2018 年桂林发布了《桂林市基本公共服务均等化“十三五”规划》，强调保障基本公共服务财政支出，夯实基层服务基础，实现城乡区域间、群体间基本公共服务大体均衡，广大群众享有基本公共服务的可及性显著提高。相比其他地区，桂林的每万人公共交通客运量、每万人拥有专任教师数、每万人拥有卫生技术人员、每万人医院卫生院拥有病床数以及人均邮电业务量五个指标均处于较高水平。桂东地区排名最后主要因其经济发展水平相对落后，基础设施尚不完善，公共服务水平较低，特别是在每万人公共交通客运量指标上位列倒数，使得共享发展成本较低。桂南部分地区，如南宁、北海，全力推进公共服务设施建设，不断提升社会公共服务水平，在部分指标上高于桂北地区；但桂南地区共享发展成本排名中游，其原因在于还有部分地区，如崇左、钦州，经济发展动力不足，这样导致社会公共服务水平较低，因此整体上拉低了桂南地区的共享发展成本。

12.4　成本视角下广西经济高质量发展转型政策研究

随着高质量发展不断深入推进，广西经济高质量发展转型成本总体呈现上升态势，这将会增加转型的阻力，掣肘广西经济高质量发展。为了推进广西经济社会健康高质量发展，建设大美桂乡，谱写新时代广西发展新篇章，应合理、有效、科学地控制广西经济高质量发展转型成本。本节在转型成本测算与分析基础上，提出广西经济高质量发展转型若干政策建议，为广西经济高质量发展转型提供参考和信息支持。

12.4.1 推进经济高质量发展转型成本总量控制与结构优化

现阶段广西经济高质量发展转型成本进入高位平稳阶段，保证在经济高质量发展转型后期成本稳中有降是当前政策制定的重要目标。为改善经济高质量发展转型成本现状，必须从经济高质量发展转型成本的总量稳定和结构优化进行政策指导。

1. 控制经济高质量发展转型成本总量

广西经济高质量发展转型成本自 2017 年以来进入“成本高位时期”，在既定宏观经济目标的推动下，广西在经济高质量发展转型初期阶段被转移或隐藏的成本逐一显现，将广西经济高质量发展转型成本推向高位。较高的经济高质量发展转型成本意味着广西经济高质量发展转型中会承受巨大的转型成本压力和约束，而过高的转型成本会弱化转型收益，使得经济高质量发展转型目标无法实现。当前，经济高质量发展转型成本已处于高位，如果短时间内转型成本陡然降低则可能会引起经济系统的剧烈波动，因此保证经济高质量发展转型成本稳中有降是实现宏观经济目标和经济社会高质量健康发展的必要保障。

首先，持续保证经济总量的稳定增长。宏观经济目标与经济高质量发展转型目标具有一致性，保证经济总量的稳定增长也是实现经济高质量发展转型目标的前提。目前的经济高质量发展转型成本已经处于高位时期，只有经济总量的稳定增长才能确保转型收益可以覆盖更多的转型成本，保证经济高质量发展转型成本的稳定状态。

其次，保证金融体系稳定，优化金融资源配置效率。金融体系作为经济运行的媒介，在确保经济畅通运行方面起到了至关重要的作用。金融能否有效服务于实体经济不仅是金融自身的内在要求，也会对经济高质量发展转型成本的高低产生直接影响，保障金融渠道的畅通、提高金融资源配置的效率是降低经济高质量发展转型成本的重要手段。

最后，增加科研投入，鼓励技术创新。劳动生产率和资本产出率是衡量经济高质量发展转型成本的要素，科技产出的增加可以直接改善社会劳动技术状况，进一步降低转型中的经济成本要素。同时，技术创新可以大大增强广西产品的国际竞争力，技术附加值可以为广西带来更多经济收益。增强广西的贸易自主能力，提升对外开放程度，也是降低经济高质量发展转型成本的有效手段。

2. 促进经济高质量发展转型成本结构合理

经济高质量发展转型成本的结构变化影响经济高质量发展转型成本的控制效果。为保证经济高质量发展转型成本处于合理区间内，必须从优化经济高质量发展转型成本结构入手。

首先，推动第三产业快速发展，保证经济平稳运行。广西经济高质量发展转型已经进入后期阶段，工业化已经进入后半程，此时第三产业成为加快经济增长的重要突破口，发展第三产业能够在推动经济发展的同时提供就业机会，促进协调发展、共享发展。此外，由于第三产业的发展程度是衡量一个国家现代化水平的标准，其快速发展可以改变当前对高能耗、高污染的第二产业依赖的现状，是降低经济高质量发展转型成本的有效途径。

其次，注重社会公平，优化城乡二元结构现状，有效降低社会成本。广西经济总量的高速粗放增长在给居民带来财富的同时也加剧了广西城乡二元结构现象，低效率的再分配也加重了社会的贫富差距。正是二元结构的存在，政府需要支付更多的公共领域补偿成本。所以应优化社会成本结构，在居民收入增加的前提下更加注重再分配的公平性，有效控制城乡居民收入差距，缓解城乡二元结构现状，同时加大对公共民生领域的补偿力度，保证社会的和谐稳定发展，使转型成本处于合理区间。

最后，确保金融有效地服务实体经济。只有从金融体系自身入手，保证地方金融资产负债水平与经济总量相匹配、财政支出与财政收入相匹配、虚拟经济与实体经济相匹配，才能确保金融能够有效服务于实体经济部门。应构建普惠金融和绿色金融政策体系，利用好国家政策，促进中小企业和绿色低碳行业发展，从而改变经济高质量发展转型成本结构，保证经济高质量发展转型成本处于合理区间内。

12.4.2　协调经济高质量发展转型成本空间差异

广西各地区资源禀赋和战略定位差异较大，资源和政策效果的不均衡往往导致不同的发展转型过程和结果。在区域战略布局和协调空间发展中，要充分考虑各地市、各区域的经济高质量发展转型成本，进而分析不同空间的经济高质量发展转型成本的阶段性与分布特征，据此因地制宜地制定政策，促进各地区共同高质量发展转型。

1. 改善现有市场机制，实现资源最优配置

随着市场在资源配置中从起基础性作用向起决定性作用的转变，有效的市场机制已经成为决定资源配置效率的关键和经济长期健康发展的基础。首先，各区域经济高质量发展转型时初始禀赋和经济发展模式不同，导致市场机制中的供求、价格、竞争和风险等要素的差异，最终造成各区域转型成本的差异。因此，政府应根据各区域的自身特征和经济发展规律对市场进行改造和优化，结合行政化管制和市场化力量促进与引导市场化进程。其次，资源在市场经济中通过自由竞争与自由交换来实现配置，但是各区域资源禀赋的差异造成了转型成本的差异。政府应根据各区域资源的不同对其资源配置和经济发展进行正确的引导，采取区域地理和自然环境互补以及鼓励地方根据自身条件走出一条创新道路来实现资源的最优配置，缩小转型成本的差异。

2. 制定合理的财政政策，调整区域经济发展模式

财政政策和经济发展模式的差异是造成经济高质量发展转型成本区域差异的根本原因，因此也是协调广西经济高质量发展转型成本空间差异的突破口。首先，各区域财政政策导向和经济投入的不同，导致各区域的经济红利具有显著的差异性。政府应制定

合理的财政政策，合理分配各区域的经济投入，改善各区域的经济基础，促进各区域经济的高效发展。其次，在广西经济高质量发展转型过程中桂北、桂南、桂东、桂西和桂中都各自拥有一套具有特色的经济发展模式。发展模式的不同会影响各地区经济高质量发展转型进程，进而影响经济高质量发展转型成本。因此，为了调整区域间经济高质量发展转型成本的空间差异，可以从改变经济发展模式入手，某些地区不合理的发展模式滞后于经济高质量发展转型，则需要及时修正调整发展战略，向转型成功的区域进行借鉴学习，同时结合自身特点找到属于自己的经济发展模式。

3. 协调区域金融发展，优化各区域的经济高质量发展转型路径

广西经济高质量发展转型整体上采用“渐进式”的路径，后一个阶段的转型是在前一个阶段转型的基础上开展并加强。由于不同地域自然资源、地理区位、社会经济条件、人力资源和文化传统的差异，因此在经济高质量发展转型过程中各区域经济高质量发展转型的驱动力不同。总体上，不同区域金融发展和经济基础设施的差异造成经济高质量发展转型路径的多样化，各地方政府应根据各区域的差异性不断创造适宜各自区域经济高质量发展转型的有利条件，合理分析经济高质量发展转型路径中各区域的经济基础设施与经济发展是否协调和相互适宜，动态调整各区域自身的市场能力和经济能力，使得各区域经济高质量发展转型路径能够不断地进行自我强化。同时，经济高质量发展转型中投入与产出的均衡是经济高质量发展转型路径实现的表现，经济高质量发展转型路径的差异会影响转型投入和产出的均衡度，应找出经济高质量发展转型投入与产出的均衡点，使得区域转型路径达到最优化水平。

12.4.3 促进经济高质量发展转型成本均衡化

1. 协调产业结构，均衡成本分摊

首先，积极扶持第一产业发展，提升第一产业的多样性与技术产量。第一产业是我国的基础产业，粮食安全更是国家稳定安全的根本，但是长期以来第一产业都未获得足够的重视，相对于第二、三产业，第一产业获得的基本建设投资、收益以及社会福利均最少。然而，第一产业却承担了较重的转型成本。作为西部后发地区，广西农业在经济结构中占较大比例，现代特色农业高质量发展是广西地区重要的战略之一。此外，农业发展还关系到广西广大农村地区的全面脱贫工作，因此推进广西农业高质量发展具有重要意义。政府应通过行政指导、经济补贴等方式在粮食生产稳定发展的情况下，鼓励与扶持农民种植经济作物，提升产业收益；积极发展农业技术，提高农业生产效率，降低第一产业成本，以推进第一产业成本分摊的合理化；推进“以农保工，以工促农”的产业协作，在第一产业保障第二、三产业农产品需求的同时，推动产业反哺，大力发展农资、农机等行业，扩大第二产业市场，促进农业现代化，加快涉农餐饮、涉农观光旅游的发展，促进第三产业产品多样化，增加农民收入。其次，稳健推进第二产业发展方式的变革，有计划地淘汰落后产能，逐步将第二产业中劳动密集型、资源消耗型的低端产业模式替换为技术、资本密集且门类齐全的新型产业模式，合理规划布局新工业区和各

地区支柱产业，避免为了短期经济增长而新增过剩产能、落后产能；第二产业虽然有着较为合理的成本分摊比例，但是也存在诸多结构性问题，若不能稳定持续地推进第二产业转型，则可以预见未来第二产业上的转型成本必将提升。最后，重视第三产业的地位，加快发展服务业，促进服务业市场化、专业化和国际化。广西的第三产业在经济高质量发展转型中获利较大，承担的成本也较少。这是由广西经济高质量发展转型的客观条件所决定的，只有坚定不移地发展第三产业才能缓解目前制约广西发展的能源与资源问题，扩大内部消费，促进收入再分配，提升抗风险能力。应立足国家主体功能区规划和“一带一路”倡议，发展具有壮乡特色的优势第三产业。南宁等北部湾地区利用得天独厚的区位优势，发展对外贸易和跨国交通运输业，加快北部湾沿海港口建设，推进港口资源整合与分工，建设出海出边出境的西南立体交通大通道，巩固区域综合交通枢纽的地位和阶段性成果，并在南宁地区等通道节点性城市发展总部经济，在重点开发区建设现代化的第三产业。对于桂北、桂东等广大的限制开发区、生态保护区，建设绿色观光旅游业，一方面提升景区服务质量，另一方面加快旅游客运交通体系建设，建设多维便捷的交通通道，在巩固已有客源的前提下，打好“西江”和“一带一路”两张牌，加快地区旅游业发展。

2. 协调经济主体，合理分摊成本

这里从经济高质量发展转型中各机构部门转型成本协调性的角度来分析。

首先，在政策允许和风险控制的前提下，鼓励金融发展与创新。广西的金融行业起步较晚，起点也较低，与东部发达地区的金融行业水平相比也具有一定的差距。虽然在市场经济建立的过程中，广西金融行业在优化资源配置、促进实体经济发展方面起到了重要作用，但不可否认的是广西的金融业务受政策约束较多，本土金融机构弱小，不仅金融产品较少，而且抗风险能力也较差。广西的金融系统只有不断完善与发展，才能在下一阶段的经济高质量发展转型中更好地为实体经济服务。一方面，整合广西地区本土金融资源，在控制金融风险和遵守金融政策的前提下，稳步推进城市银行、农村城商行、地区金融投资公司等资源的整合，依托企业和财政力量，建设区域性金融机构，增建区域性银行、信托、投行，产业投资基金及资产处理公司，做大做强新桂系金融业。另一方面，加快引入区外金融机构入驻，利用区外资源，活跃广西金融活动，服务本土实体经济。此外，作为金融后发地区，广西在加强传统金融产业发展的同时，立足地域特色，促进金融创新，建立多层次的普惠金融体系，在信用担保、中小企业贷款、供应链金融等方面完善机制，服务广西企业；利用广西在自然环境和生态保护上的独特优势，展开绿色金融建设，发展生态补偿交易、碳交易和绿色信贷等，建立健全绿色金融体系。

其次，加快转变政府职能，完善宏观调控机制。广西的政府部门在经济高质量发展转型中承担的成本也相对较重，这与长期以来政府干预经济的传统密切相关。政府干预经济虽然能更好地掌握经济发展的方向，但也不可避免地会出现效率损失。并且广西所处的客观发展环境决定了政府不能完全放弃经济调控，需要依靠政府力量来保证广西经济发展的短期与长期利益的均衡。因此，在下一阶段的转型中，政府必须完善调控机制，在保证政府对核心经济问题控制力的基础上，提升调控效率，加强管理水平。

再次，提升收入分配公平性，引导住户部门消费。住户部门分摊的转型成本较为合理，但需要注意的是，其中也存在收入差距增大与消费能力不足的问题。较大的收入差距不但会影响社会稳定，更会进一步降低全社会的消费水平，而消费水平低下则会影响经济体的自身造血能力，使得经济不得不更多依赖对外贸易，进而降低经济体系的稳定性。

最后，优化实体经济结构，提升资源使用效率。非金融公司部门分摊的成本较少，这是由于其他机构部门为非金融公司部门的发展创造了条件，也体现了广西目前对于实体经济的支持力度。广西实体经济结构本身还有很大的优化空间，在转型后期，继续淘汰落后产能，将资源投入收益更高的企业中将是进一步提升实体经济发展水平的关键。

12.4.4 以高水平开放引领经济高质量发展转型

广西深入贯彻“三大定位”新使命，深层次融入“一带一路”建设，并取得显著成效[①]。《中国（广西）自由贸易试验区总体方案》和《西部陆海新通道总体规划》先后发布，广西迎来了国家战略叠加的重大机遇期，应抢抓机遇，以建设高水平开放自贸区为抓手，高标准建设西部陆海新通道，以高水平开放引领高质量发展。

1. 加强制度创新，推出一批贸易便利化措施

习近平总书记指出，自由贸易试验区建设的核心任务是制度创新[②]。广西应抢抓获批设立自贸区的重大机遇，加快推进贸易便利化、投资便利化、监管便利化改革，着力健全“三个一”体系，即国际贸易“单一窗口”受理、投资合作“一站式”服务、贸易监管“一张网”管理。

从国际贸易“单一窗口”受理来看，广西应在继续完善前三期建设取得的成果的基础上，着重在以下几个方面进行深化：一是建设覆盖桂滇黔、川渝、粤港澳等的区域性单一窗口，推进通关一体化，更好地服务“一带一路”建设；二是依托亚太示范电子口岸网络机制，与“一带一路”沿线口岸互联互通，建设国际贸易网络枢纽节点；三是探索利用大数据、人工智能技术，加快包装检查验视，提升“单一窗口”智慧化水平。从投资合作“一站式”服务来看，应依托政府职能部门、民间组织和中介服务机构共同组建广西企业“走出去”综合服务中心，打造对外投资合作“一站式”服务平台，重点在信息咨询服务、会展及海外推广服务、商事法律服务、海外网络建设、贸易投资便利化、金融支持服务等领域，为各类企业“走出去”开展国际化投资经营提供一站式、全方位、综合性的服务。从贸易监管“一张网”管理来看，一是探索建立自贸区市场竞争秩序监测体系，评估市场竞争率，监测市场运行状况，及时发布不公平竞争行为的预警信息；二是研究制定促进广西自贸区市场公平竞争工作相关办法，将整个公平竞争领域纳入规范监管范围，确定竞争政策的效力范围从传统的货物贸易延展到服务贸易，以及与贸易有关的知识产权市场等领域。

---

① 新华网. 2018. 广西：“三大定位”新使命引领改革开放新格局[EB/OL].（2018-04-28）. http://www.xinhuanet.com/ politics/2018-04/28/c_1122760611.htm。

② 中国经济网. 2016. 习近平：自贸区建设核心是制度创新[EB/OL].（2016-03-07）. http://district.ce.cn/newarea/roll/201603/07/t20160307_9321365.shtml。

2. 打造数字贸易中心，抢占未来发展制高点

信息化、数字化是未来经济发展的重要形态，也是推动经济高质量发展转型的重要抓手。建议以建立自贸区为契机，构建安全便利的国际互联网数据专用通道，依托商品与服务贸易，大力发展高端数字贸易，打造数字贸易中心，抢占未来发展制高点。重点面向“一带一路”沿线国家和地区，整合数字化信息等贸易标的，构建数字贸易生态圈。

一是建立数字贸易总部基地，培育市场主体。全力打造应用云计算、大数据、物联网、人工智能等先进技术，集聚制造业、金融、运输、旅游等重点领域的全球数字贸易总部基地，吸引和集聚一批数字企业总部，支持其在广西建立“一带一路”创新中心、研发中心、运营中心、应用中心、数据中心和培训中心等。二是加强信息化基础设施建设，筑牢数字贸易基础。在继续完善交通等基础设施的基础上，加快推进新一代信息基础设施建设，着力开展 5G 网络规模部署和试商用，推进 5G、物联网、IPv6 等应用部署，支持基础电信企业实施网络架构升级，促进网络智能化改造，全面提升基础支撑能力和服务质量。三是建立数字贸易多元化人才引进和培育机制。创新人才引进和培育机制，积极引进数字贸易发展所需的各类优秀人才，对国际型高端人才的住房、子女入学等配套服务给予保障。建立数字贸易多元化人才培育机制，通过政府购买等形式集聚社会资源，举办数字贸易各领域的专业培训班，搭建数字贸易人才培训中心。

3. 全面对接粤港澳大湾区

广西经济高质量发展应借力大湾区的发展，连接大湾区市场，服务大湾区产业建设，进而形成新的经济发展带。此外，广西应以交通为连接，大力提升西江黄金水道航运能力，加快推进铁路和高铁等重大交通项目建设，完善通往大湾区的高速公路网，建设全面对接大湾区的交通体系。

广西经济高质量发展应以承接大湾区产业为重点，着力于健康、大数据、物流、新材料、新能源、新制造等重点产业，建设大湾区产业承接最佳地，充分利用广西旅游生态资源和农业资源为大湾区提供丰富的生态物资，大力发展沿江经济带，促进大湾区城市到广西发展“飞地经济”和建设“科创飞地”。

广西经济高质量发展应重点突出人才带动开放发展，实施专项人才引进计划，响应国家鼓励港澳同胞到内地就业创业的政策，深化桂港和桂澳合作共赢，加强相互的科技合作和文化交流。

12.4.5　以科技创新驱动经济高质量发展转型

提升科技支撑能力、推动传统产业优化升级、促进新兴产业迅猛发展，以科技创新培育新动能，打造中国高质量发展的强劲动力。习近平总书记指出，“科技创新是核心，抓住了科技创新就抓住了牵动我国发展全局的‘牛鼻子’”。[①]科技创新是广西促进经济高质量发展、加快经济发展方式调整、优化经济结构的关键，也是当前经济发展的新推力。

① 央广网. 2018.【听，习近平论科技创新】抓住科技创新，就抓住了发展全局的“牛鼻子”[EB/OL].(2018-05-28). http://china.cnr.cn/news/20180528/t20180528_524248599.shtml。

1. 以创新促进产业高质量发展

以产业技术创新为引领，加快新旧动能转换和融合发展，加快传统产业转型升级，大力发展数字经济、智能制造、新材料、生物制药等战略性新兴产业，加快数字化、网络化、智能化技术在各领域的运用，促进现代服务业和先进制造业的深度融合，实现新产品、新技术的产业化。倡导重点行业企业运用新装备、新技术、新工艺、新业态、新模式改造提升传统产业，加快培育高成长性企业。构建项目全过程管理机制，加快建成新产业、新技术类型重点项目和重大产业项目。

2. 激发企业创新创造活力

深化科技计划管理改革，完善科技投入财政机制，加大对企业研发经费投入的补贴力度。建立科研资金跨地区使用机制，实施科研经费区外使用试点。完善广西的科学技术奖评定办法，着重关注利于经济社会发展的重大产业技术攻克和应用转化的突破性成果。实施促进优质科创企业发展计划，如科技型中小企业成长计划、高新技术企业再倍增计划以及独角兽企业培育计划等。

3. 打造产学研一体的高标准创新链

建设产学研协同创新体系，引导龙头企业与科研院所、高校建立技术创新联盟。大力引进国内外知名企业、顶尖科研院所在广西设立分支机构和建立研发平台。推动应用类科研院所向科技企业转型，推进业务相关科研院所整合重组。设立科技成果转化引导基金，在考核评价高校的重要指标和科研院所创新活动的衡量标准中加入科技成果的转化与产业化内容，加强人才、资金、产业、创新、政策间的深度融合。

参 考 文 献

蔡侃. 2010. 生态经济理论与中国产业政策导向[D]. 上海：东华大学.

蔡薇. 2012. 推进创新型科技园区建设[J]. 浙江经济，(22)：52.

曹春晖. 2019. 黄河中上游流域水质环境影响因素分析研究[J]. 科技创新与应用，(25)：61.

曹坤华. 2018. 构建全方位开放创新体系 厚植广西高质量发展根基[N]. 广西日报，2018-12-25(10).

曹有光. 2015. 对当下大学科技园建设和发展的思考[J]. 江苏高教，(6)：58-59.

陈丹丹. 2010. 中国经济转型成本的测度：1978—2007年[J]. 数量经济技术经济研究，(2)：40-53.

陈建敏. 2001. 世界大学科技园建设模式比较研究[J]. 高教探索，(1)：58-61.

陈林，伍海军. 2015. 国内双重差分法的研究现状与潜在问题[J]. 数量经济技术经济研究，(7)：133-148.

陈庆华. 2014. 科技园区建设的基本模式与创新发展战略研究[J]. 科学管理研究，(4)：1-3, 39.

陈田. 2018. 中小企业的发展现状、税负水平及税收筹划探究[J]. 南方企业家，(2)：59, 61.

陈兆伟，谭广雄. 2011. 社区天气资讯网络在香港的发展[C]. 第28届中国气象学会年会——S16第四届气象科普论坛，厦门.

重庆日报. 2017.《重庆市建设互联网经济高地"十三五"规划》发布[EB/OL]. (2017-01-18)[2019-12-18]. http://www.cac.gov.cn/2017-01/18/c_1120337905.htm.

邓俊淼. 2010. 基于人文与生态资源整合的旅游产业集群构建[J]. 商业时代，(19)：112-114.

邓勇，缪成晨，王丽丽. 2017. 扬州市水生态文明城市试点建设成效评价[J]. 水利发展研究，(12)：46-51.

丁桦，胡峰力，史玲. 2012. 青藏铁路沿线生态环保经济效益分析[J]. 青海民族研究，23(2)：160-164.

范德清. 2000. 我国大学科技园建设中的几个问题[J]. 科学学与科学技术管理，(7)：4-7.

方军. 2003. 依托生态资源优势 培育绿色食品产业[J]. 中国农垦经济，(2)：49-50.

龚涛. 2010. 科技园建设与大学发展互动探索[J]. 中国高校科技与产业化，(9)：28-29.

广西经济编辑部. 2019. 高水平开放 高质量发展[J]. 广西经济，(9)：1.

郭申阳. 2012. 倾向值分析：统计方法与应用[M]. 重庆：重庆大学出版社.

国务院参事室长江经济带发展研究中心，中国宏观经济研究院. 2019. 长江经济带高质量发展研究报告[M]. 北京：社会科学文献出版社.

国务院发展研究中心课题组，马建堂，张军扩. 2020. 充分发挥"超大规模性"优势 推动我国经济实现从"超大"到"超强"的转变[J]. 管理世界，36(1)：1-7, 44, 229.

国务院发展研究中心课题组. 2019. 高质量发展的目标要求和战略重点[M]. 北京：中国发展出版社.

韩冰，刘浩，田小燕. 2016. 发达国家农业生态旅游与经济协调发展研究[J]. 世界农业，(3)：148-151.

郝秀平，夏军，王蕊. 2010. 气候变化对地表水环境的影响研究与展望[J]. 水利水电技术，(1)：67-68.

何俊杰，陈营华，谭广雄，等. 2013. 香港社区天气观测计划[C]. 创新驱动发展 提高气象灾害防御能力——S17第五届气象科普论坛，南京.

胡国良. 2010. 外商直接投资对长三角制造业竞争力影响机制研究[M]. 南京：江苏人民出版社.

胡咏君，吴剑，胡瑞山．2019．生态文明建设“两山”理论的内在逻辑与发展路径[J]．中国工程科学，21(5)：151-158.

胡长生，胡宇喆．2018．习近平新时代生态文明观的理论贡献[J]．求实，(6)：4-20.

华烨．2019．无锡市水生态文明城市建设试点的实践与思考[J]．水资源开发与管理，(7)：73-75.

黄祖辉，姜霞．2017．以“两山”重要思想引领丘陵山区减贫与发展[J]．农业经济问题，38(8)：4-10.

江苏省人民政府．2016．石泰峰主持召开省政府常务会议[EB/OL]．(2016-05-17)[2019-12-10]．http://www.jiangsu.gov.cn/zwhd/201605/t20160517_432302.html.

江苏省人民政府．2018．我省国家级水生态文明城市试点全部通过验收[EB/OL]．(2018-12-22)[2020-01-10]．http: //www.jiangsu.gov.cn/art/2018/12/22/art_60085_7962165. html.

江苏省水利厅．2014．《江苏省水利厅关于推进水生态文明建设的意见》解读[J]．江苏水利，(4)：3.

江苏省统计局，国家统计局江苏调查总队．2018．2017年江苏省国民经济和社会发展统计公报[M]．北京：中国统计出版社.

焦子伟，郭岩彬，孟凡乔，等．2011．论生态资源丰富经济欠发达区绿色产业发展战略——以新疆伊犁河谷地区为例[J]．中国农业资源与区划，32(2)：13-17.

靳乐山，吴乐．2018．我国生态补偿的成就、挑战与转型[J]．环境保护，46(24)：7-13.

科技日报．2017．重庆实施67项重大工程 发展互联网经济[EB/OL]．(2017-02-03)[2019-12-18]．http:// finance.china.com.cn/roll/20170203/4085552.shtml.

李德潮．1994．资源产业理论及在海洋海岸带资源管理中的应用[J]．海洋开发与管理，(2)：28-30.

李金昌，史龙梅，徐蔼婷．2019．高质量发展评价指标体系探讨[J]．统计研究，36(1)：4-14.

李清龙，张焕祯，王路光，等．2004．水环境承载力及其影响因素[J]．河北工业科技，(6)：31.

李庭辉，彭佳颖，郑玉航．2015．中国区域经济转型成本的分布动态演进与差异性研究[J]．统计与决策，(19)：146-150.

李湘桔．2008．创新生态系统——创新管理的新思路[J]．电子科技大学学报(社会科学版)，(17)：45-48.

李昭华，汪凌志．2012．中国对外贸易自然资本流向及其影响因素——基于I-O模型的生态足迹分析[J]．中国工业经济，(7)：31-43.

荔枝网．2017．江苏省首批国家级水生态文明城市建设试点率先通过部省联合验收[EB/OL]．(2017-07-26)[2019-12-21]．http: //news.jstv.com/a/20170726/153717.shtml.

林思纯．2019．乡村振兴战略背景下大岭村产业与生态融合发展对策研究[J]．古今农业，(3)：7-13.

刘丹萍，梁雪石．2018．基于森林资源资产价值评估的旅游生态补偿机制研究——以帽儿山国家森林公园为例[J]．国土与自然资源研究，(6)：71-72.

刘金龙．2018．大力推进新时代生态文明建设[EB/OL]．(2018-05-28)[2019-12-20]．http://theory.people.com.cn/n1/2018/0528/c40531-30017027.html.

刘某承，李文华，谢高地．2010．基于净初级生产力的中国生态足迹产量因子测算[J]．生态学杂志，(3)：182-187.

刘晓莉．2019．我国市场化生态补偿机制的立法问题研究[J]．吉林大学社会科学学报，59(1)：47-53.

刘志雄，陆扬．2019．广西工业高质量发展影响因素的实证研究[J]．玉林师范学院学报，40(4)：34-41, 52.

隆国强，邱薇．2010．中国经济开放度研究[J]．国际贸易，(5)：6-11.

吕炜．2005．基于中国经济转轨实践的分析方法研究——兼作对“北京共识”合理逻辑的一种解释[J]．经济研究，(2)：16-25.

吕炜．2006．转轨过程的最终费用结算与绩效评价问题：中国例证[J]．中国社会科学(英文版)，27(1)：110-122.

吕永龙，王一超，苑晶晶，等．2019．可持续生态学[J]．生态学报，39(10)：3401-3415.

马茹，罗晖，王宏伟，等．2019．中国区域经济高质量发展评价指标体系及测度研究[J]．中国软科学，(7)：

60-67.
马瑜. 2010. 大学科技园建设模式评析[J]. 中国经贸导刊, (9): 98-99.
梅亮. 2014. 创新生态系统: 源起、知识演进和理论框架[J]. 科学学研究, (12): 1771-1780.
南通市政府. 2019. 南通市国家级水生态文明城市建设试点通过技术评估验收[EB/OL]. (2018-07-02) [2019-12-11]. http: //www.nantong.gov.cn/ntsrmzf/bmyw/content/1a97562a-8e11-46b9-bebc- cafd92a62e05. html.
聂国秋, 刘学平. 2005. 欠发达地区县域经济发展中县级政府的角色定位[J]. 科技进步与对策, (4): 41-43.
聂倩, 匡小平. 2014. 公共财政中的生态补偿模式比较研究[J]. 财经理论与实践, 35(2): 103-108.
人民日报特约评论员. 2014. 七、让老百姓过上好日子[N]. 人民日报, 2014-07-10(8).
人民网. 2014. 习近平总书记系列重要讲话读本[EB/OL]. (2014-09-01) [2019-12-22]. http: //cpc.people.com.cn/n/2014/0901/c164113-25580891.html.
任保平. 2019. 中国经济增长质量发展报告(2019): 新时代下中国经济的高质量发展[M]. 北京: 中国经济出版社.
任梅, 王小敏, 刘忠梅, 等. 2019. 中国区域生态效率时空变化及其影响因素分析[J]. 华东经济管理, 33(9): 71-79.
邵建平, 李芳红. 2012. 欠发达地区核心人才流失与地域认同度关系实证研究[J]. 科技进步与对策, (7): 28-31.
盛洪. 1994. 中国的过渡经济学[M]. 上海: 上海人民出版社.
史丹, 李鹏. 2019. 中国工业 70 年发展质量演进及其现状评价[J]. 中国工业经济, (9): 5-23.
宿迁网. 2018. 生态河湖润宿迁——宿迁市创建全国水生态文明城市纪实[EB/OL]. (2018-07-08)[2019-12-10]. http: //news.sq1996.com/sqyw/2018/0708/252328. shtml.
孙庆刚, 郭菊娥, 安尼瓦尔・阿木提. 2015. 生态产品供求机理一般性分析——兼论生态涵养区"富绿"同步的路径[J]. 中国人口·资源与环境, 25(3): 19-25.
谭娜, 周先波, 林建浩. 2015. 上海自贸区的经济增长效应研究——基于面板数据下的反事实分析方法[J]. 国际贸易问题, (10): 16.
檀庆瑞. 2019. 让生态经济成为广西高质量发展的新引擎新动能[N]. 中国环境报, 2019-08-13(3).
唐亮. 2010. 体制转型的模式、初期条件与社会主义国家的体制转型[J]. 当代中国政治研究报告, (1): 61-75.
陶健, 鲍身玉, 于秀琴. 2019. 生态资源价值认知及其核算体系构建——以雄安新区整体性治理中的应用为例[J]. 行政论坛, 26(3): 80-86.
田心. 2019. 应急管理部、国家减灾委办公室发布 2018 年全国自然灾害基本情况[EB/OL]. (2019-01-08) [2019-05-31]. http: //www.chinasafety.gov.cn/xw/zhsgxx/201901/t20190108_242580.shtml.
王季潇, 曾紫芸, 黎元生. 2019. 区域生态补偿机制构建的理论范式与实践进路——福建省重点生态区位商品林赎买改革案例分析[J]. 福建论坛(人文社会科学版), (11): 185-193.
王金南, 苏洁琼, 万军. 2017. "绿水青山就是金山银山"的理论内涵及其实现机制创新[J]. 环境保护, 45(11): 13-17.
王璟睿, 陈龙, 张燚, 等. 2019. 国内外生态补偿研究进展及实践[J]. 环境与可持续发展, 44(2): 121-125.
王庆五, 吴先满. 2017. 2017 年江苏经济发展分析与展望[M]. 北京: 社会科学文献出版社.
王兆峰, 刘庆芳. 2019. 长江经济带旅游生态效率时空演变及其影响因素[J]. 长江流域资源与环境, 28(10): 2289-2298.
温铁军, 罗士轩, 董筱丹, 等. 2018. 乡村振兴背景下生态资源价值实现形式的创新[J]. 中国软科学, (12): 1-7.

吴建祖，王蓉娟. 2019. 环保约谈提高地方政府环境治理效率了吗?——基于双重差分方法的实证分析[J]. 公共管理学报，(1)：57-58.
吴敬琏. 2010. 论中国改革的市场经济方向[J]. 中国市场，(11)：28-34.
吴先满. 2016. 论江苏民生驱动战略[M]. 南京：江苏人民出版社.
吴小玉. 2010. 我国大学科技园空间扩散机制研究[D]. 北京：中国科学院研究生院.
吴越. 2014. 国外生态补偿的理论与实践——发达国家实施重点生态功能区生态补偿的经验及启示[J]. 环境保护，42(12)：21-24.
习近平. 2017. 习近平谈治国理政(第二卷)[M]. 北京：外文出版社.
夏锦文. 2018. 中国改革开放全景录系列丛书(江苏卷)[M]. 北京：中央党史和文献出版社.
谢高地，曹淑艳. 2006. 生态足迹方法作为生态系统评估工具的潜力[J]. 资源科学，(4)：9.
徐彬. 2003. 中国经济转型成本分摊的合理性探讨[J]. 改革，(6)：13-18.
徐彬，宋德勇. 2008. 中国经济转型的社会成本[J]. 中国物流与采购，(17)：70-71.
徐枫. 2011. 大学科技园房地产建设运营管理研究[D]. 成都：电子科技大学.
严瑾. 2004. 我国资源产业的产权改革和可持续发展[D]. 武汉：武汉大学.
杨鹏，张润强，张鹏飞. 2019. 广西工业高质量发展：理论逻辑、现实挑战与应有对策[J]. 改革与战略，35(6)：58-69.
杨荣. 2014. 从企业创新系统到创新生态系统：创新系统研究的演变及其比较[J]. 科技和产业，(22)：136-141.
杨伟民. 1997. 对我国欠发达地区的界定及其特征分析[J]. 经济改革与发展，(4)：52-56.
叶新云. 2010. 科技园建设的技术经济发展战略研究[J]. 长春理工大学学报(自然科学版)，(5)：62-64.
尹怀斌. 2017. 从“余村现象”看“两山”重要思想及其实践[J]. 自然辩证法研究，33(7)：65-69.
朱华桂，吴林海. 2003. 欠发达地区政府推进技术创新的机制[J]. 经济社会体制比较，(4)：106-110.
朱晓红，陈寒松，张腾. 2019. 知识经济背景下平台型企业构建过程中的迭代创新模式——基于动态能力视角的双案例研究[J]. 管理世界，35(3)：142-156.
朱之鑫，张燕生，马庆斌，等. 2019. 中国经济高质量发展研究[M]. 北京：中国经济出版社.
Hou J M, Wang Y J. 2017. Study on the assessment of the comprehensive benefits of the utilization of sediment resources in reservoir areas[J]. International Journal of Sediment Research, 32 (3)：313-323.
Hung T K, Wo O C. 2012. Development of a Community Weather Information Network (Co-WIN) in Hong Kong[J]. Weather, 67(2)：48-50.
Isckia T , Lescop D . 2015. Strategizing in platform-based ecosystems: Leveraging core processes for continuous innovation[J]. Communications & Strategies, 99(3)：91-110.
Kim J, Lim S, Yoo S. 2017. Public willingness to pay for restoring destroyed tidal flats and utilizing them as ecological resources in Korea[J]. Ocean & Coastal Management, (142)：143-149.
Lin B Q, Tan R P. 2016. Ecological total-factor energy efficiency of China's energy intensive industries[J]. Ecological Indicators, (70)：480-497.
Miao C L, Fang D B, Sun L Y, et al. 2017. Natural resources utilization efficiency under the influence of green technological innovation[J]. Resources, Conservation and Recycling, (126)：153-161.
Peng B H, Li Y, Elahi E, et al. 2019. Dynamic evolution of ecological carrying capacity based on the ecological footprint theory: A case study of Jiangsu province[J]. Ecological Indicators, (99)：19-26.
Sarkar A, McKillop W. 1991. Economic efficiency and ecological considerations in resource development policies: A case study[J]. Ecological Economics, 4(1)：57-67.
Steyn J M, Franke A C, van der Waals J E, et al. 2016. Resource use efficiencies as indicators of ecological sustainability in potato production: A South African case study[J]. Field Crops Research, (199)：136-149.

Tariq A, Badir Y F, Tariq W, et al. 2017. Drivers and consequences of green product and process innovation: A systematic review, conceptual framework, and future outlook[J]. Technology in Society, 51(1): 8-23.

Zhang J, Zhang C L, Shi W L. 2019. Quantitative evaluation and optimized utilization of water resources-water environment carrying capacity based on nature-based solutions[J]. Journal of Hydrology, (568): 96-107.

Zhang X, Huang G H, Liu L R, et al. 2018. Ecological and economic analyses of the forest metabolism system: A case study of Guangdong Province, China[J]. Ecological Indicators, 95(1): 131-141.

附录　指标解释

1）绿色贸易

本项指标包括企业 ISO14001 认证总数，数据主要来源于《中国认证认可年鉴》。因无政策目标供参考，目标值以评估期前三年数据拟合获得的预测值代替。

2）绿色创新

本项指标包括规模以上企业 R&D 经费（万元），数据来自《江苏统计年鉴》。因无政策目标供参考，目标值以评估期前三年数据拟合获得的预测值代替。

3）可再生能源供给

本项指标包括可再生能源供给占比（%），以区域可再生能源（核电、水电、风电、光伏发电等）电厂发电量占江苏省总发电量的比例计算。数据来自《江苏统计年鉴》和《中国能源统计年鉴》，指标目标来自《可再生能源中长期发展规划》。

4）能源利用

本项指标包括单位 GDP 能耗（吨/万元），指标基于江苏省年度能源消费总量和年度 GDP（以 2010 年不变价计）进行计算，主要数据来源为《江苏统计年鉴》。该项指标的目标来自《江苏省“十二五”节能减排综合性工作方案》和《江苏省“十三五”节能减排综合实施方案》，即到 2015 年能耗强度较 2010 年降低 18%（年均下降约 3.89%），到 2020 年能耗强度较 2015 年降低 17%（年均下降 3.66%）。

5）资源足迹

由于无法获取省级层面原材料消费量的统计数据，本书认为江苏省的资源消费与居民消费息息相关，故以城镇居民人均消费性支出和农村居民人均消费性支出代替，数据来自《江苏统计年鉴》。因无政策目标供参考，目标值以评估期前三年数据拟合获得的预测值代替。

6）帕尔马比率

本项指标包括乡-城人均年收入比，以农村人均可支配收入比城市人均可支配收入计，数据来自《江苏统计年鉴》。因无政策目标供参考，目标值以评估期前三年数据拟合获得的预测值代替。

7）基础设施建设

本项指标包括生活垃圾清运量（万吨/万人）及平均每万人拥有公共汽车数量，数据来自《江苏统计年鉴》。因无政策目标供参考，目标值以评估期前三年数据拟合获得的预测值代替。

8）教育

本项指标包括平均受教育年限（年），不识字或识字很少以0年计、小学以6年计、初中以9年计、高中以12年计、大学及以上以16年计，分别以相应的统计人数为权重，加权平均后求得平均受教育年限，数据来自《中国人口和就业统计年鉴》。因无政策目标供参考，目标值以评估期前三年数据拟合获得的预测值代替。

9）预期寿命

本项指标包括婴儿死亡率（‰），数据来自《江苏统计年鉴》。因无政策目标供参考，目标值以评估期前三年数据拟合获得的预测值代替。

10）性别平等

本项指标包括城镇单位从业人员女性占比（%），以城镇单位女性从业人员占城镇单位从业人员总数的百分比计，数据来自《江苏统计年鉴》。因无政策目标供参考，目标值以评估期前三年数据拟合获得的预测值代替。

11）社会保障

本项指标包括养老保险覆盖率（%）、医疗保险覆盖率（%）和失业保险覆盖率（%），以参保人数占常住人口总数的比例计，数据来源为《江苏统计年鉴》。因无政策目标供参考，目标值以评估期前三年数据拟合获得的预测值代替。

12）大气污染

本项指标包括江苏省 $PM_{2.5}$ 年平均浓度（微克/米^3）和二氧化硫排放强度（百吨/亿元 GDP，万吨/万人）。$PM_{2.5}$ 年平均浓度数据来自《江苏省环境状况公报》，目标来源于《江苏省大气污染防治行动计划实施方案》。二氧化硫排放强度主要基于二氧化硫年度排放量和年度 GDP/人计算求得，各项数据主要来自《江苏统计年鉴》，目标值基于二氧化硫总量目标、GDP 增长目标和人口增长目标求得。其中，二氧化硫总量目标来源于《江苏省“十二五”环境保护和生态建设规划》和《江苏省“十三五”生态环境保护规划》，GDP 增长目标和人口增长目标来源于《江苏省国民经济和社会发展第十三个五年规划纲要》和《国家人口发展规划（2016—2030年）》。

13）自然保护区

本项指标包括自然保护区面积占比，以年末自然保护区面积占国土面积比例计。数据来自《江苏统计年鉴》，无政策目标供参考。此外，自然保护区面积占比指标呈逐年下降趋势，同时《江苏省生态保护与建设规划（2014—2020年）》提出，到2020年，保持全省自然保护区面积占全省面积5.5%不下降。因此，本指标体系选择2014年作为自然保护区面积评价基准年份，即以2014年自然保护区面积占比为基准，若有所增加或保持不变，则给予1分；若有所下降，则给予0分。在此基础上，2015年得分为1分，其含义为“保持2014年自然保护区面积不下降”。指标权重1.00，指标得分1分，加权得分1.00分。

14）温室气体排放

温室气体排放指标基于江苏省碳排放强度进行考虑。本书参考《江苏省市县级温室气体清单编制指南》，按能源活动、工业生产过程和农业三个温室气体排放的主要部门，使用可获得的公开数据对江苏省温室气体排放情况（亿吨碳）进行简单核算。该项指标目标来自《“十二五”控制温室气体排放工作方案》和《“十三五”控制温室气体排放工作方案》，即到2015年江苏省碳排放强度较2010年降低19%（年均下降约4.13%），到2020年江苏省碳排放强度较2015年降低20.5%（年均下降4.48%）。

15）氮排放

本项指标包括总氮排放强度与氨氮排放强度（吨/亿元 GDP，吨/万人）。总氮和氨氮排放强度主要基于其年度排放量和年度 GDP/人计算求得，各项数据主要来自《江苏统计年鉴》，目标值基于总氮和氨氮总量目标、GDP增长目标和人口增长目标求得。其中，总氮和氨氮总量目标来源于《江苏省“十二五”环境保护和生态建设规划》和《江苏省“十三五”生态环境保护规划》，GDP增长目标和人口增长目标来源于《江苏省国民经济和社会发展第十三个五年规划纲要》和《国家人口发展规划（2016—2030年）》。

16）取水量

本项指标包括人均耗水量（米^3），单位GDP用水量（米^3/万元）。数据来自《江苏省水资源公报》和《江苏统计年鉴》。因无政策目标供参考，目标值以评估期前三年数据拟合获得的预测值代替。

17）土地利用

本项指标包括耕地面积占比（%），数据来自《江苏统计年鉴》，为年末耕地面积比国土总面积。因无政策目标供参考，目标值以评估期前三年数据拟合获得的预测值代替。

18）生态足迹

生态足迹指标参考世界自然基金会（WWF）发布的《地球生命力报告·中国2015》及中国科学院地理科学与资源研究所计算的各土地利用类型产量因子，使用可获得的公开数据对江苏省生态足迹进行简单核算。数据主要来源于《江苏统计年鉴》，最终指标以人均生态足迹（万吨碳/万人）计。因无政策目标供参考，目标值以评估期前三年数据拟合获得的预测值代替。